Llunio Hanes

Llunio Hanes
Hanesyddiaeth a Chrefft yr Hanesydd

Golygwyd gan

Meilyr Powel a Gethin Matthews

2022
Gwasg Prifysgol Cymru

Hawlfraint © Y Cyfranwyr a'r Coleg Cymraeg Cenedlaethol, 2022

Ailargraffwyd 2022

Mae testun yr e-lyfr hwn wedi'i ryddhau dan y drwydded *Creative Commons BY-SA 4.0*, sy'n eich caniatáu i'w ail-ddefnyddio a'i newid mewn unrhyw ffordd os ydych yn cydnabod y ffynhonnell wreiddiol, ac yn trwyddedu eich fersiwn ddeilliadol yn yr un modd. Gweler testun y drwydded am ragor o fanylion.

www.gwasgprifysgolcymru.org

Mae cofnod catalogio'r gyfrol hon ar gael gan y Llyfrgell Brydeinig.

ISBN   978-1-78683-898-8
e-ISBN   978-1-78683-899-5

Datganwyd gan y Cyfranwyr eu hawl foesol i'w cydnabod yn awduron ar y gwaith hwn yn unol ag adrannau 77 a 78 Deddf Hawlfraint, Dyluniadau a Phatentau 1988.

Cysodwyd gan Eira Fenn Gaunt, Pentyrch, Cymru
Argraffwyd gan CPI Antony Rowe, Melksham, Y Deyrnas Gyfunol

Cynnwys

Rhestr Termau — vii

Cyflwyniad: Beth yw Hanes? — 1
  Meilyr Powel

1 O'r 'Gwleidyddol' i'r 'Cymdeithasol' ac i'r 'Diwylliannol':
  Syrffio ar Donnau Hanes dros y Degawdau — 21
  Gethin Matthews

2 Hanes Cenedlaethol — 45
  Huw Pryce

3 Hanes Marcsaidd — 65
  Douglas Jones

4 Hanes o'r Gwaelod: Y Werin, y Gweithwyr, Menywod, a'r Darostyngol — 93
  Arddun H. Arwyn

5 Hanes ac Anthropoleg — 113
  Iwan Morus

6 Ôl-strwythuraeth a'r Tro Diwylliannol: Rhywedd, Dwyreinioldeb ac Ôl-drefedigaethedd — 129
  Marion Löffler

Epilog: Dyfodol Hanes — 155
  Meilyr Powel

Llyfryddiaeth — 165

Mynegai — 185

Rhestr Termau

Achosiaeth (*causality*)
Sut mae un broses neu endid yn achosi proses neu ddigwyddiad arall neu'n cyfrannu ato. I haneswyr, mae canfod ac esbonio achosiaeth digwyddiadau neu brosesau hanesyddol yn hollbwysig.

Anwythol (*inductive*)
Dechrau gyda'r ffeithiau, ac yna adeiladu'r theori – cyffredinoli ar sail enghreifftiau. Er enghraifft, mae pob alarch rwy wedi'i weld yn wyn, felly mae pob alarch yn y byd yn wyn.

Aristocratiaid llafur (*labour aristocracy*)
Arweinwyr o fewn y dosbarth gweithiol wedi eu cymathu â'r drefn gyfalafol trwy dderbyn buddion imperialaeth.

Y Chwilys (*the Inquisition*)
Llys yr Eglwys Gatholig a sefydlwyd yn y ddeuddegfed ganrif i atal heresi ac i gosbi hereticiaid. Daeth y Chwilys yn enwog am greulondeb ac arteithio yn ogystal â'i erledigaeth o Iddewon a Mwslemiaid, gan orfodi tröedigaeth grefyddol ar nifer o bobl a dienyddio eraill. Chwilys Sbaen o bosib oedd y Chwilys mwyaf adnabyddus.

Cyfundrefn gast (*caste system*)
System hierarchaidd o drefnu'r gymdeithas Hindwaidd yn ôl *karma*. Hyd heddiw, mae'r system yn sail i berthnasau cymdeithasol yn ogystal â rhagolygon swyddi a gyrfaoedd pobl.

Cyswllt rhyng-ddiwylliannol (*hybridity*)
Term dadleuol a ddefnyddir mewn damcaniaeth ôl-drefedigaethol sydd yn cyfeirio at ffurfiau rhyng-ddiwylliannol a gynhyrchir gan wladychiad (*colonisation*).

Damcaniaeth Cadi (*Queer Theory*)
Daeth y ddamcaniaeth hon i'r amlwg mewn astudiaethau ôl-strwythurol yn y 1990au. Mae'r ddamcaniaeth yn herio'r syniad fod gan ddynion a menywod nodweddion hanfodol. Dadleua damcaniaethwyr Cadi nad ydy'r corff dynol o reidrwydd yn un gwrywaidd neu fenywaidd; bod rhyw a rhywedd yn ddau beth gwahanol.

Darllen yn agos (*close reading*)
Techneg ddadansoddi mewn beirniadaeth lenyddol yn ogystal â'r dyniaethau yn fwy cyffredinol a'r gwyddorau gymdeithasol. Canolbwyntia'r dechneg hon ar y penodol yn hytrach na'r cyffredinol drwy gynnal dadansoddiad beirniadol sy'n ffocysu ar fanylion a phatrymau i ddatblygu dealltwriaeth ddofn o ffurf, iaith, strwythur ac ystyr testun.

Diddwythol (*deductive*)
Dechrau gyda'r theori, ac yna dod i gasgliad am enghraifft benodol. Er enghraifft, mae pob aderyn yn gallu hedfan; mae'r alarch yn aderyn, felly mae elyrch yn gallu hedfan.

Disgwrs (*discourse*)
Cysyniad pwysig mewn damcaniaeth cymdeithasol; modd o gyfathrebu yw disgwrs ond mae'n cyfleu systemau meddwl a gwybodaeth sydd yn creu ein profiadau ni o'r byd. Mae rheolaeth o ddisgwrs yn bwerus iawn gan ei fod yn gallu dylanwadu sut mae'r byd yn cael ei ddirnad gan bobl. I Michel Foucault (1926–1984), nid yw gwybodaeth yn bodoli ar wahân i rym.

Epistemoleg (*epistomology*)
Daw o'r Groeg, *epistēmē*, a olyga 'gwybodaeth'. Epistemoleg yw'r astudiaeth o natur, gwreiddiau, a chyfyngiadau gwybodaeth. Beth, er enghraifft, a olygir pan ddywedwn ein bod ni'n 'gwybod' rhywbeth? Mater yw hwn o ddeall yn union beth yw gwybodaeth a sut y gallwn archwilio realaeth.

Goddrychedd a **Gwrthrychedd** (*subjectivity* and *objectivity*)
Hona rhai haneswyr nad oes modd cyflwyno hanes gwrthrychol gan nad oes gorffennol safonol yn bodoli ble gellir gwerthuso deongliadau gwahanol. Mae unrhyw ddealltwriaeth sydd gennym o'r gorffennol wedi cael ei ffurfio gan ragfarnau o'n sefyllfa hanesyddol unigryw ni, ac felly mae ein naratifau hanesyddol wastad yn oddrychol i ryw raddau.

Hanesiaeth (*historicism*)
Mae hanesiaeth yn annog gofal wrth ddehongli'r gorffennol gan bwysleisio cyd-destun y cyfnod a'r lle, ac yn rhybuddio rhag gosod a defnyddio gwerthoedd cyfoes i feirniadu'r gorffennol.

Hegemoni (*hegemony*)
Damcaniaeth Antonio Gramsci (1891–1937) sy'n gysylltiedig a gwladwriaethau cyfalafol. Golyga Gramsci trwy hegemoni y traarglwyddiaeth o ideoleg a moesau o'r dosbarth llywodraethol i gadw atgynhyrchu perthnasau dosbarth a chynnal ei goruchafiaeth dros gymdeithas.

Isadeiledd ac aradeiledd (*base and superstructure*)
Er mwyn deall natur cymdeithas, credai Karl Marx (1818–1883) fod rhaid deall y sylfaen economaidd. Dyma'r 'isadeiledd' sydd yn graidd i gymdeithas a ble mae'r 'materol' yn cael ei gynhyrchu. Ar ben yr isadeiledd y bodolai'r aradeiledd neu'r goruwchadeiledd (*Überbau*), sef ideoleg a bywyd diwylliannol sydd yn hawlio hygrededd a dilysrwydd perthnasau grym. Rhwng yr isadeiledd a'r aradeiledd y mae'r tensiwn sydd yn gyrru newid cymdeithasol.

Materoliaeth hanesyddol (*historical materialism*)
Cysyniad allweddol Karl Marx sy'n dadlau fod cymdeithasau a sefydliadau diwylliannol megis crefydd, y gyfraith a moesoldeb, yn ogystal a phob newid cymdeithasol, yn deillio o'r modd cynhyrchu.

Metanaratif (*Meta-narrative*, neu *grand narrative* neu *master narrative*)
Metanaratif yw'r gystrawen sy'n rhoi siâp i stori – y fframwaith sydd yn cloriannu'n cyfan o'r dechrau, trwy'r canol, hyd at y

diwedd. Mewn hanes, fe ddylai metanaratif gynnig atebion cynhwysfawr sydd yn gallu egluro pam y digwyddodd pob peth a ddigwyddodd.

Pau cyhoeddus a phau preifat (*public sphere* a *private sphere*)
Datblygwyd cysyniad y pau cyhoeddus gan yr ysgolhaig Almaenig Jürgen Habermas, sydd yn ei ddisgrifio fel gofod dinesig wedi'i nodweddu gan sefydliadau yn amodol ar y gyfraith. Meddianna'r pau cyhoeddus y maes rhwng y wladwriaeth ac actorion preifat. Yn groes i'r pau cyhoeddus, mae'r pau preifat yn sector o fywyd sydd fel arfer yn cyfeirio at fywyd teuluol neu waith sydd yn ymwneud ag unigolion yn hytrach na sefydliadau. Nid yw'r gwahaniaeth rhwng y ddau wastad yn eglur, fodd bynnag.

Penderfyniaeth economaidd (*economic determinism*)
Damcaniaeth Marcsaidd sydd yn honni mai perthnasau economaidd yw sylfaen pob trefniad cymdeithasol a gwleidyddol mewn cymdeithas.

Positifiaeth (*positivism*)
Damcaniaeth athronyddol sy'n pwysleisio dulliau gwyddonol o arsylwi, arbrofion, a thystiolaeth fathemategol.

Rhywedd (*gender*)
Yn hytrach nag ystyried gwahaniaethau biolegol rhwng dynion a menywod, mae ysgolheigion sy'n astudio rhywedd yn edrych ar y disgwyliadau a osodir ar ddynion a menywod i ymddwyn mewn ffyrdd priodol. Mae'r cysyniad o wrthgyferbyniadau deuol yn un pwysig: mae diwylliant yn gosod disgwyliadau ar ddynion i ymddwyn mewn ffordd sydd ddim yn 'fenywaidd', ac i fenywod ymddwyn mewn ffordd sydd ddim yn 'wrywaidd'.

Staliniaeth (*Stalinism*)
Y modd o lywodraethu a ddatblygwyd o dan Joseph Stalin (1878–1953) yn yr Undeb Sofietaidd rhwng 1927 a 1953 lle roedd diwydiannu cyflym, cyfunoli amaethyddiaeth, a gwladwriaeth dotalitaraidd yn nodweddion o'r gyfundrefn.

Strwythur a galluedd (*structure and agency*)
Wrth geisio egluro pam a sut mae pethau'n newid, fe all yr ymchwilydd ystyried ffactorau strwythurol yn ogystal â galluedd unigolion neu grwpiau o unigolion. Mae ffactorau strwythurol yn rhai amhersonol, ac yn weithredol ar gynfas eang: er enghraifft ffactorau economaidd, crefyddol, cymdeithasol, diwylliannol, ieithyddol neu hinsoddol. Wrth sôn am alluedd, rydym yn golygu'r gallu sydd gan unigolyn neu grŵp i weithredu'n bwrpasol tuag at ddibenion arbennig. Cyffyrdda hyn ar y syniad o ewyllys rydd dynol.

Testunau (*texts*)
Nid dogfennau ysgrifenedig yn unig a olygir wrth 'destun' disgwrs, ond unrhywbeth sy'n gallu cyfleu ystyr, megis 'testun' llafar, 'testun' gweledol, 'testun' clywedol, neu unrhyw fodd arall sydd yn cyfathrebu gwybodaeth.

Yr Ymoleuo (*Enlightenment*)
Symudiad deallusol a diwylliannol Ewropeaidd yn yr ail ganrif ar bymtheg a'r ddeunawfed ganrif. Pwysleisiodd syniadau'r Ymoleuo rôl gwyddoniaeth a rhesymeg i geisio deall y byd a chyflwr yr hil ddynol, gan herio esboniadau crefyddol.

Rhestr Termau

Cyflwyniad

Meilyr Powel

Mae hanes yn berthnasol i ni i gyd. Mae ein syniadau a'n canfyddiadau am y gorffennol yn gallu bod yn bwerus iawn. Heb os, maent yn dylanwadu ar ein hunaniaeth a'n diwylliant yn y presennol. Trwy ddehongliad penodol o hanes yn aml bydd pobl yn trefnu eu hunain yn gymunedau. Trwyddynt hefyd mae sylfaen ein hargraffiadau o bobl eraill yn cael eu ffurfio. Ystyriwch effeithiau'r Chwyldro Diwydiannol ar Gymru, er enghraifft, wrth i gymunedau ymsefydlu o amgylch y pyllau glo, y gweithfeydd haearn, a'r chwareli llechi yn y ddeunawfed a'r bedwaredd ganrif ar bymtheg. Yn y cymunedau hyn ffurfiwyd hunaniaeth lleol a chenedlaethol, traddodiadau ac arferion, a hyd yn oed tafodieithoedd a geirfa benodol sydd i gyd yn cyfrannu at frithlen ein bywydau heddiw. Ynghlwm wrth y chwyldro, fodd bynnag, roedd tlodi enbyd a achoswyd gan sgil-effeithiau trefoli ac anghydraddoldeb y drefn economaidd gyfalafol. O ganlyniad, daeth hunaniaethau dosbarth i'r amlwg gan gynnig llwybrau newydd i bobl ddehongli ac ymgysylltu a'r byd o'u hamgylch. A gallwn beidio ag osgoi chwaith y ffaith i fathu'r Chwyldro Diwydiannol ddigwydd yng nghyd-destun y fasnach gaethion wrth i nifer o ddiwydianwyr ledled Prydain fuddsoddi mewn technoleg a'r llafurlu gydag elw a wnaethpwyd ar draul dioddefaint caethweision ben arall y byd. Yn wir, mae hanes yn berthnasol i ni i gyd.

Mae effeithiau a chreithiau'r Chwyldro Diwydiannol yn parhau hyd heddiw, ac eto ryw ddydd yn y dyfodol bydd ein presennol ni yn cael ei astudio fel hanes rhywun arall. Ond sut yn union bydd ein hanes ni yn cael ei adrodd? Ar beth ac ar bwy bydd y pwyslais?

Pa fath o gwestiynau fydd yn arwain yr ymchwilydd a pham cymryd yr ongl benodol honno? Bwriad y gyfrol hon yw bwrw golwg ar natur gymhleth hanes; y ffyrdd mae haneswyr wedi cyflwyno'r gorffennol ac yn parhau i wneud, ac i ba bwrpas. Y nod yw dangos i'r darllenydd gyfoeth hanes fel disgyblaeth a chyflwyno rhai o'r prif themâu a'r syniadau mae haneswyr dros y canrifoedd wedi'u defnyddio, ac yn dal i'w defnyddio, wrth ysgrifennu a 'llunio' hanes.

Beth yw hanes?

Yn 1964 cyhoeddwyd llyfr arloesol E. H. Carr (1892–1982), yn seiliedig ar ei ddarlithoedd yn 1961, yn dwyn y teitl ymchwilgar, 'What is history?'[1] Mae'n gwestiwn sy'n ymddangos yn ddigon hawdd ei ateb ar yr olwg gyntaf: astudiaeth o'r gorffennol, neu a bod yn fwy penodol, y gorffennol dynol. Yr hyn sydd eisoes wedi 'bod' yn natblygiad dyn. Gan ei fod yn bwnc mor eang, ymdrinir â'r gorffennol drwy ei rannu yn gyfnodau gwahanol megis oesoedd hynafol, clasurol, canoloesol a modern, a gellir ystyried hanes fel yr ymgais i ddarganfod – neu adfer – ffeithiau am y cyfnodau hyn.[2] Mae'n bwysig, felly, gwahaniaethu rhwng 'y gorffennol' a 'hanes'. Fel y noda Willie Thompson, mae'r 'gorffennol' yn cyfeirio at draddodiadau nas archwiliwyd, mythau, a rhagdybiaethau cyfredol ymysg cymunedau sydd yn hanesyddol ymwybodol; tra bo 'hanes' yn cyfeirio at wirioneddau'r gorffennol a ddeëllir drwy astudiaeth hanesyddol sy'n ceisio sefydlu gwirionedd hanesyddol.[3] Mae 'adfer' y gorffennol, fodd bynnag, yn aml ynghlwm wrth dueddiadau gwleidyddol, damcaniaethol, a thechnegol, a thrwy gipolwg ar hanes fel disgyblaeth broffesiynol, gellir gweld y ffyrdd mae'r tueddiadau hyn wedi siapio'r grefft o ysgrifennu hanes.

I sawl hanesydd traddodiadol, y nod yw adrodd hanes o natur wleidyddol ar sail empiriaeth; y dull ymchwilio sydd â'i wreiddiau yn y chwyldro gwyddonol a'r Ymoleuo rhwng yr unfed ganrif ar bymtheg a'r ddeunawfed ganrif ac sy'n haeru ei fod yn cyflwyno hanes diduedd ac annibynnol o feddwl yr hanesydd. Athrawiaeth **epistemolegol** yw empiriaeth sydd yn honni fod modd caffael

Cyflwyniad

gwybodaeth am y gorffennol drwy argraffiadau'r synhwyrau, yn benodol profiad ac arsylwadau. O ganlyniad, honnir bod modd 'darganfod' hanes drwy archwilio ffynonellau. Mae empiriaeth yn dal i chwarae rhan ymron pob dull o ysgrifennu hanes, ond bellach mae hanes fel disgyblaeth wedi ei rannu yn nifer o is-ddisgyblaethau a dulliau rhyng-ddisgyblaethol. Nid gwleidyddiaeth y 'Dynion Mawr' yn unig yw prif ffocws haneswyr heddiw, fel yr oedd hi yn y gorffennol. Serch hyn, dywedodd Carr fod hanes yn 'broses barhaus o ryngweithio rhwng yr hanesydd a'i ffeithiau, deialog diderfyn rhwng y presennol a'r gorffennol.'[4] Golyga Carr mai cynnyrch yr hanesydd yn y pen draw yw'r broses o ysgrifennu hanes. Does dim modd hawlio didueddrwydd llwyr. Y cwestiwn i'r hanesydd, felly, yw penderfynu pa ffeithiau i'w defnyddio a pha rai i'w hanwybyddu. Ers i hanes gael ei broffesiynoli fel disgyblaeth yn y bedwaredd ganrif ar bymtheg, mae'r ymgais i ddarganfod esboniadau newydd i'r gorffennol wedi bod yn nodwedd amlwg, a hyd yn oed ers cyhoeddiad Carr yn y chwedegau, mae tirwedd yr hanesydd wedi newid yn syfrdanol.

Felly sut mae ysgrifennu hanes, neu a bod yn fwy penodol, 'llunio' hanes? Datblygiad cymharol fodern yw ysgrifennu hanes yn y modd yr ydym yn ei adnabod heddiw. Tan i ysgolheictod modern ymddangos yn y bedwaredd ganrif ar bymtheg, roedd ysgrifennu am y gorffennol yn tueddu i drin themâu mawr neu gyflwyno naratifau crand. Esiampl o hyn oedd cyfrolau mawr Edward Gibbon (1737–94) ar gwymp yr Ymerodraeth Rufeinig.[5] Ceisiodd Gibbon olrhain y gwareiddiad Gorllewinol o uchafbwynt yr Ymerodraeth Rufeinig tan gwymp Caergystennin (*Constantinople*) yn y bymthegfed ganrif. Roedd chwe chyfrol i astudiaeth Gibbon

---

Epistemoleg (*epistomology*)

Daw o'r Groeg, *epistēmē*, a olyga 'gwybodaeth'. Epistemoleg yw'r astudiaeth o natur, gwreiddiau, a chyfyngiadau gwybodaeth. Beth, er enghraifft, a olygir pan ddywedwn ein bod ni'n 'gwybod' rhywbeth? Mater yw hwn o ddeall yn union beth yw gwybodaeth a sut y gallwn archwilio realaeth.

a'r fenter yn bellgyrhaeddol. Yn amser Gibbon roedd creu a chynnal mythau cenedlaethol yn rhan annatod o ysgrifennu am y gorffennol gyda'r bwriad o sefydlu statws eithriadol i'r genedl neu barhad hanesyddol ei chyndeidiau. Mae'r traddodiad hwn yn mynd yn ôl i'r Oesoedd Canol, â rhai testunau'n hawlio bod y Cymry'n tarddu o Gaerdroea gan gysylltu'r genedl Gymreig â'r byd clasurol. Yn ôl y testun o'r nawfed ganrif, *Historia Brittonum*, Brutus o Gaerdroea, disgynnydd o'r arwr Troeaidd, Aeneas, oedd brenin cyntaf y Prydeinwyr ac un o gyndeidiau Cymry y canol oesoedd. Caniatâi'r honiad hwn i'r Cymry hawlio'u lle fel gwir Brydeinwyr yr ynys. Roedd gweithiau hanes, felly, yn gallu bod yn bwerus iawn wrth greu a chynnal hunaniaeth pobl, boed i'r hanes fod yn wir ai peidio.

Roedd plethu mytholeg debyg â chroniclau brwydrau ac unigolion grymus yn nodweddiadol o destunau canoloesol. Dyma oedd natur nifer o ysgrifau mynachod megis Gildas, Nennius, a Beda rhwng y chweched a'r nawfed ganrif, a blwyddnodion diawdur fel *Annales Cambriae* yn y ddegfed ganrif.[6] O'r croniclau hyn, oedd yn aml yn gopïau o ddogfennau cynharach, y dechreuwyd ffurfio chwedlau a mytholeg o amgylch rhai unigolion a digwyddiadau sydd wedi parhau tan heddiw. Yn nhestun Nennius, er enghraifft, gwelir un o'r cyfeiriadau cyntaf at Arthur wrth i'w enw ymddangos mewn cofnod am frwydr Mynydd Baddon. Enwir y frwydr hon yn y flwyddyn 516 yn *Annales Cambriae* lle nodir i Arthur gario croes 'ein Harglwydd Iesu Grist ar ei ysgwyddau am dri diwrnod a thair noson, a bu'r Prydeinwyr yn fuddugol'. O'r ddogfen hon ac eraill tebyg fe dyfodd mytholeg o amgylch cymeriad Arthur, â Sieffre o Fynwy (c.1095–c.1155) o bosib yn gwneud mwy na neb i ddyrchafu statws Arthur yn un chwedlonol yn ei destun ef, *De gestis Britonum*, yn y ddeuddegfed ganrif. Yng nghyfnod Sieffre, defnyddiwyd hen ddogfennau'r mynachod i blethu mytholeg a chwedloniaeth a chreu stori hanner ffug o'r gorffennol, yn aml wrth geisio cynnig arweiniad moesol neu olrhain gwreiddiau arwrol a sanctaidd ei bobl gydag elfen o broffwydoliaeth am y dyfodol.[7]

Ac felly fe ddychwelwn at gwestiwn Carr, 'beth yw hanes?' Yn wir, mae'n gwestiwn dwys a damcaniaethol sy'n haeddu ystyriaeth ofalus a beirniadol. I groniclwyr yr oesoedd canol, hanes oedd y weithred o gofnodi digwyddiadau, talu teyrnged i frenhinoedd, ac

> **Achosiaeth** (*causality*)
>
> Sut mae un broses neu endid yn achosi proses neu ddigwyddiad arall neu'n cyfrannu ato. I haneswyr, mae canfod ac esbonio achosiaeth digwyddiadau neu brosesau hanesyddol yn hollbwysig.

esbonio unrhyw newid mawr mewn modd proffwydol ac fel rhan o gynlluniau Duw. Ond a yw hi'n wir dweud bod Duw wastad wedi chwarae rhan wrth i ddyn ysgrifennu hanes? Coleddai athroniaeth Carr hanes seciwlar, yn rhydd o ddeongliadau hanesyddol a oedd yn priodoli newid a chynnydd i ddylanwad Duw.[8] Dyma natur hanes fel disgyblaeth broffesiynol bellach. Ond erys cymaint o gwestiynau eraill i'w hystyried: sut, er enghraifft, mae'r hanesydd yn penderfynu pa gyfnodau, digwyddiadau, syniadau ac unigolion o'r gorffennol sy'n haeddu ei sylw? Oes cymhelliant penodol i awdur ysgrifennu'r hanes hwn? Ymhlyg yn hyn mae'r her i ganfod ac esbonio **achosiaeth**. Bydd rhai haneswyr yn pwysleisio **galluedd** dyn ac eraill yn ffafrio grymoedd mwy **strwythurol**, cymdeithasol ac economaidd. Yn ogystal â'r cwestiynau hyn, rhaid ystyried i ba ddiben y mae hanes yn cael ei ysgrifennu. Pam 'gwneud' hanes yn y lle cyntaf?

> **Strwythur a galluedd** (*structure and agency*)
>
> Wrth geisio egluro pam a sut mae pethau'n newid, byddai'r hanesydd yn ystyried ffactorau strwythurol yn ogystal â galluedd unigolion neu grwpiau o unigolion. Mae ffactorau **strwythurol** yn rhai amhersonol, ac yn weithredol ar gynfas eang: er enghraifft ffactorau economaidd, crefyddol, cymdeithasol, diwylliannol, ieithyddol neu hinsoddol. Wrth sôn am **alluedd**, rydym yn golygu'r gallu sydd gan unigolyn neu grŵp i weithredu'n bwrpasol tuag at ddibenion arbennig. Cyffyrdda hyn ar y syniad o ewyllys rydd dynol.
>
> Yn naturiol, er bo'r rhan fwyaf o haneswyr yn tueddu i bwysleisio naill ai strwythur neu alluedd, byddent fel arfer yn cydnabod bod y ddau yn bresennol, ac yn aml yn ystyried sut maen nhw'n gweithio ar y cyd, a'r cydbwysedd rhyngddyn nhw.

Llunio Hanes

Gellir olrhain ymdrechion Gorllewinol cynnar o 'wneud' hanes i'r bumed ganrif CC (Cyn yr Oes Gristnogol), i oes y rhyfeloedd rhwng Persia a dinas-wladwriaethau Groeg, a gwaith Herodotus (c.484–c.425 CC), *Yr Hanesau*.[9] Yn wir, yma y deillia'r gair 'history', o'r gair Groeg '*historia*', a olygai 'ymchwiliad.'[10] Daw'r gair Cymraeg 'ystyr' hefyd o'r term Groeg '*historia*.' Ceisiodd Herodotus esbonio achosion y rhyfeloedd, ac wrth wneud hyn creodd gyfres o straeon. Dull Herodotus tu ôl i'r *Hanesau* oedd casglu gwybodaeth – neu dystiolaeth – o'r cyfnod drwy deithio'r rhanbarth a chyfweld â phobl, gan wrando ar straeon, barn, ac atgofion gwahanol bobl o ochrau gwahanol. O dro i dro defnyddiwyd ffynonellau ysgrifenedig, yn enwedig gwaith ei ragflaenydd, Hecataeus o Filetus (c.550–c.476 CC) ac, mae'n debyg, cerdd Aristeas, y Groegiad a deithiodd i Ganol Asia c.600 CC.[11] Serch y ffynonellau ysgrifenedig, hanes llafar oedd conglfaen techneg Herodotus ac mae'n grefft sydd wedi cael ei hadfywio gan haneswyr heddiw. Wrth gwrs, roedd dilysrwydd a dibynadwyedd rhai o'r straeon llafar hyn yn amheus ac fe'u beirniadwyd gan Herodotus yn *Yr Hanesau*. Ond yr hyn a oedd yn arloesol yng ngwaith Herodotus oedd ei fwriad i ysgrifennu testun drwy gymhwyso tystiolaeth llygaddystion, straeon, a thraddodiadau cyn dod i gasgliadau. Cynigiodd Herodotus ddeongliadau personol cryf o'r ffynonellau cymhleth a gasglodd, gyda themâu rhyddid, cyfiawnder, a moethusrwydd yn amlwg yn ei 'ymchwiliad'.[12] Bathodd Herodotus ddull arloesol o gyflwyno'r gorffennol. O'i herwydd, gannoedd o flynyddoedd yn ddiweddarach, galwyd Herodotus gan yr awdur Rhufeinig, Cicero (106–46 CC), yn 'Tad Hanes'.

Erbyn heddiw, mae amrywiaeth o ymarferion hanesyddol yn bodoli. Eang yw'r meysydd sy'n caniatáu ymchwiliad i'r gorffennol. Ynghlwm wrth astudiaethau hanesyddol mae'r cwestiwn o wrthrychedd a thueddiadau'r hanesydd. Pan ddaeth Carr at ei gasgliadau, dadleuodd fod tuedd yn rhan annatod o ysgrifennu hanes, a hynny'n aml yn anfwriadol. Mae'r hanesydd, tybiai, yn gynnyrch ei (h)amgylchedd, ac o ganlyniad yn dewis ei ffynonellau. Yr hanesydd sydd yn dewis pa 'ffeithiau'r gorffennol' sydd yn haeddu bod yn 'ffeithiau hanes' a pha gwestiynau y dylid eu gofyn. Os felly, mae ysgrifennu hanes yn weithred berthynol: mae'r presennol

Cyflwyniad

yn dylanwadu ar ganfyddiadau a chwestiynau am y gorffennol, ac felly does dim modd cyfleu hanes gwrthrychol. Fel nododd Carr ei hun: 'Nid yn unig y digwyddiadau sydd yn ansefydlog. Mae'r hanesydd ei hun yn ansefydlog.'[13] Dadleuol yw'r farn hon, a beirniadwyd Carr am roi'r gorau i ymdrech onest i gyrraedd gwrthrychedd diduedd wrth ysgrifennu hanes. Heddiw, mae safonau a chanllawiau hanes fel disgyblaeth academaidd yn ceisio ymgadw rhag unrhyw duedd amlwg sydd yn gwyrdroi tystiolaeth, ond mae natur hanes yn golygu fod anghytuno a thrafodaeth ymysg haneswyr yn rhan annatod o'r broses o lunio hanes.

Hempel a Collingwood

Uchelfraint yr hanesydd yw penderfynu ar brif achosion digwyddiadau'r gorffennol; egluro yn hytrach na disgrifio. Mewn traethawd a gyhoeddwyd yn 1852, ysgrifennodd yr athronydd Karl Marx (1818–83): 'Mae pobl yn gwneud eu hanes eu hunain ond nid yn ôl eu dymuniad.' Rai blynyddoedd yn ddiweddarach, mewn llythyr at Albert G. Hodges (1802–81) ym mis Ebrill 1864 ysgrifennodd Arlywydd yr Unol Daleithiau, Abraham Lincoln (1809–65): 'Nid wyf yn honni i mi reoli digwyddiadau; rwy'n cyffesu'n agored fod digwyddiadau wedi fy rheoli i.' Cyfeiria'r ddau ddyfyniad hyn at gysyniadau strwythur a galluedd ac i ba raddau mae pobl yn rhydd i wneud penderfyniadau a llywio eu trywydd eu hunain mewn bywyd. Mae egluro achosiaeth yn ganolog i unrhyw fath o ysgrifennu hanes, ac fel mae'r penodau canlynol yn ei amlygu, gellir adnabod gwrthdaro damcaniaethol yn ymdrechion haneswyr i esbonio achosiaeth mewn hanes.

Yn 1961 cyhoeddwyd astudiaeth ddwys A. J. P. Taylor (1906–90), *The Origins of the Second World War*.[14] Hyd heddiw, mae'r llyfr yn un o'r gweithiau mwyaf poblogaidd ym maes hanes rhyngwladol ac yn enghraifft gampus o waith strwythurol. Canolbwyntiodd dadl Taylor ar Realaeth a strwythurau grym i esbonio cychwyn y rhyfel, gan ddiystyru'r ddadl mai Hitler a yrrodd ac a lywiodd ddigwyddiadau.[15] Roedd y dehongliad hwn yn cefnogi 'damcaniaeth yr esboniad' Carl Hempel (1905–97), a nodwyd yn ei bapur,

The Function of General Laws in History (1942). Yn ganolog i'r ddamcaniaeth hon roedd y gymhariaeth rhwng hanes a gwyddoniaeth lle bodola deddfau sydd yn penderfynu datblygiadau os oes amodau penodol yn bresennol. Roedd y ddamcaniaeth yn tynnu ar fathemateg a'r gwyddorau naturiol tra'n gwanhau cyfeiriadau at alluedd unigolion ac ewyllys rhydd.[16] Â'r ddamcaniaeth hon yn groes i syniadau R. G. Collingwood (1889–1943). Yn hytrach na phwysleisio ffactorau strwythurol fel y rhai sy'n gyrru hanes, dadleuodd Collingwood dros weithredu dynol a galluedd yr unigolyn fel achosiaeth prosesau hanesyddol. Yn *The Idea of History* (1946) a gyhoeddwyd ar ôl ei farwolaeth, eglura Collingwood ei athroniaeth o ystyried hanes fel astudiaeth o'r meddwl dynol ac o'r cymhelliant sydd y tu ôl i weithredoedd unigolion.

Mae syniadau Hempel a Collingwood yn cynorthwyo'r drafodaeth ar achosiaeth hanesyddol; mae'r naill yn pwysleisio galluedd unigolion drwy ystyried cymhelliant, a'r llall yn argymell damcaniaeth benderfyniaethol. Efallai mai'r 'maes y gad' clasurol rhwng y ddau safbwynt yw'r drafodaeth ar bolisïau ymledol Hitler ac yn enwedig sut cyrhaeddwyd yr 'Ateb Terfynol'. Mewn un garfan gwelir haneswyr 'bwriadol' yn blaenoriaethu rôl Hitler a'i fwriad ymwybodol yn gyrru ymlediad y Natsïaid trwy ei ddymuniad i geisio cael gwared ar yr hil Iddewig. Yn y garfan arall gwelir y ddadl 'strwythurol', sy'n pwysleisio sut datblygodd polisïau'r Natsïaid o bwysau biwrocratiaeth, economaidd, a chymdeithasol; awgryma hyn mai canlyniad anfwriadol oedd yr 'Ateb Terfynol' a ddeilliodd o broses ddeinamig o radicaleiddio fwyfwy.[17] Hyd heddiw, mae'r drafodaeth ynghylch achosiaeth yr 'Ateb Terfynol' yn parhau, ond gellir gweld hanfodion damcaniaethol y drafodaeth mewn unrhyw bwnc hanesyddol.

Hanes Traddodiadol a Datblygiadau Cynnar

Roedd cyhoeddiad Carr, *What is History?* yn rhannol yn ymateb i'r dull empiraidd o lunio hanes. Ymddangosodd empiriaeth yn y bedwaredd ganrif ar bymtheg gan bwysleisio ffeithiau fel hanfod hanes. Adlewyrchai hyn ideoleg **positifiaeth** y cyfnod a'r ymgais i

Cyflwyniad

gyrraedd y gwirionedd diduedd. Yr unigolyn a hyrwyddodd y dull hwn yn anad neb oedd yr Almaenwr, Leopold von Ranke (1795–1886), a bwysleisiodd yr ymdriniaeth wyddonol â ffynonellau. Heriai hyn draddodiad Chwigaidd y ganrif gynt a welai gynnydd graddol yn hanes gwareiddiad, cysyniad a adlewyrchai rai o hanfodion yr **Ymoleuo**.

> **Positifiaeth** (*positivism*)
>
> Methodoleg ymchwil a damcaniaeth athronyddol sy'n pwysleisio dulliau gwyddonol o arsylwi, arbrofion, a thystiolaeth fathemategol.

Roedd ffynonellau'r empirwyr yn aml yn bapurau swyddogol o'r byd gwleidyddol a diplomyddol ac roedd hanes empiraidd y bedwaredd ganrif ar bymtheg yn adlewyrchu i raddau helaeth dyfiant gwladwriaethau gyda'u gweinidogaethau amrywiol, archifau, a chyfathrebu rhyngwladol. Adleisiai llawer o'r gwaith hwn ddamcaniaeth y 'Dyn Mawr', y syniad y gellid esbonio achosiaeth hanesyddol drwy weithredoedd dynion (yn aml brenhinoedd, gwleidyddion, a chadfridogion) grymus. Sylwer ar hanes milwrol, un o feysydd hynaf ysgrifennu hanes, oedd yn nodedig am bwysleisio'r arddull hon yn y gorffennol, a'r ffocws ar gadfridogion llwyddiannus neu frwydrau tyngedfennol yn newid cwrs hanes, er bod dulliau o drin y maes bellach yn hynod amrywiol ac yn adlewyrchu datblygiadau ehangach mewn hanesyddiaeth.[18]

> **Yr Ymoleuo** (*Enlightenment*)
>
> Symudiad deallusol a diwylliannol Ewropeaidd yn yr ail ganrif ar bymtheg a'r ddeunawfed ganrif. Pwysleisiodd syniadau'r Oleuedigaeth rôl gwyddoniaeth a rhesymeg i geisio deall y byd a chyflwr yr hil ddynol, gan herio esboniadau crefyddol.

Un o nodweddion hanes traddodiadol oedd ymwybyddiaeth hanesyddol yr hanesydd, neu **hanesiaeth**. Daeth hyn yn gydran bwysig o ymholiadau hanesyddol i gyd-fynd ag arddull yr empirwyr. Mae'n werth nodi gosodiad Leopold von Ranke ynghylch parchu awtonomiaeth y gorffennol: 'Wie es eigentlich gewesen', meddai ef; 'sut y bu hi mewn gwirionedd'. Mae geiriau nodedig

> **Hanesiaeth** (*historicism*)
>
> Mae hanesiaeth yn annog gofal wrth ddehongli'r gorffennol gan bwysleisio cyd-destun y cyfnod a'r lle, ac yn rhybuddio rhag gosod a defnyddio gwerthoedd cyfoes i feirniadu'r gorffennol. Am enghraifft o'r agwedd hon yn y Gymraeg, gweler y sylwadau hyn gan R.T. Jenkins:
>
>> Y mae'n gwbl naturiol a phriodol inni feirniadu effeithiau dyfnion polisi'r Tuduriaid ar y bywyd Cymreig. Y peth pwysig y dylem ei gofio yw hyn: peidio â chymysgu barn ar *effeithiau* â barn ar *fwriadau*. Darlun ambell un o Harri'r Wythfed yw dyn dieflig maleisus, a fwriai ambell egwyl rhwng dwy briodas i ymholi "pa ddrwg *nesa'* fedra i ei wneud i'r Cymry felltith 'ma?" Ni ddaw hi'r ffordd yna [...] Y mae gan y Tuduriad hawl [...] i gael eu barnu gennym yng ngoleuni syniadau (neu "athroniaeth") eu hoes, ac nid yng ngoleuni syniadau 1950.
>
> R.T. Jenkins, 'Pedair Canrif o Hanes Cymru', *Y Llenor* XXIX (1950), 175–91, tt. 182–3

nofel *The Go-Between* (1953) gan L. P. Hartley (1895–1972) yn werth eu cofio yma: 'the past is a foreign country; they do things differently there'. I haneswyr, rhybudd yw hwn fod pob oes yn unigryw o ran diwylliant a gwerthoedd ac mae'n bwysig nad yw'r hanesydd yn gosod gwerthoedd a safonau modern cymdeithas y presennol ar y cyfnod o dan astudiaeth. Roedd cyd-destun, felly, yn holl bwysig i'r broses o lunio hanes lle roedd gwreiddio'r testun yn niwylliant a gwerthoedd y cyfnod yn hanfodol.

Gwladweinyddiaeth oedd ffocws yr hanesydd traddodiadol empiraidd. Byddai haneswyr, er gwaethaf eu honiadau o wrthrychedd, yn llunio hanes o fewn fframwaith cenedlaethol os nad cenedlaetholgar, gan gymryd yn ganiataol fod y cenhedloedd roeddent yn ysgrifennu amdanynt yn bodoli fel unedau cadarn. Daeth diplomyddiaeth yn ganolog i hanes ynghyd â'r ymgais i esbonio newid drwy gyflwyno tystiolaeth. Dechreuwyd symud i ffwrdd oddi wrth yr hen draddodiad o awgrymu bod Rhagluniaeth Duw yn dylanwadu ar newid hanesyddol. Ar y naill law roedd hyn

Cyflwyniad

yn barhad o syniadau'r Ymoleuo a'r awydd i esbonio'r gorffennol trwy resymeg a gwyddoniaeth yn hytrach na Duwioldeb, er i Ranke ei hun barhau i ganfod hanes dyn fel dymuniad Duw.[19] Ar y llaw arall, heriwyd y syniad o gynnydd graddol a gadawyd yr arfer o olrhain twf gwareiddiad, sef rhai o nodweddion traddodiad Chwigaidd y ddeunawfed ganrif.

Â'r ganrif yn mynd yn ei blaen a datblygiadau gwleidyddol a thechnolegol yn newid ffurf cymdeithas, dechreuodd disgyblaeth hanes newid. Roedd hanes bellach yn rhan o'r system addysg ar draws Ewrop a chyfnodolion arbenigol yn cynnig llwyfan i gyhoeddi ysgrifau newydd. Ar gyfandir Ewrop, dylanwadwyd ar hanes gan syniadau'r damcaniaethwr gwleidyddol, Karl Marx, a'r cymdeithasegwyr Emile Durkheim (1858–1917) a Max Weber (1864–1920) a gynigiai ddull gwyddonol, cymdeithasol, i astudio'r gorffennol.[20] Ynghyd â'r datblygiadau deallusol hyn, cynyddodd twf democratiaeth. Roedd ymddangosiad undebau a phleidiau llafur yn her i ddisgyblaeth hanes. Dechreuodd haneswyr droi oddi wrth yr ymdriniaeth draddodiadol â gwleidyddion a'r rhai grymus i geisio deall cymdeithas a phrofiadau'r 'bobl gyffredin' yn well. Ymddangosodd hanes economaidd a chymdeithasol ym Mhrydain yng nghyfnod olaf y bedwaredd ganrif ar bymtheg, a hyn unwaith eto'n adlewyrchu'r newidiadau gwleidyddol, cymdeithasol, ac economaidd oedd ar droed.

Yn dilyn y Rhyfel Byd Cyntaf rhannwyd hanes yn ddulliau pellach. Yn 1929 sefydlwyd Ysgol yr *Annales* gan y Ffrancwyr Marc Bloch (1886–1944) a Lucien Febvre (1878–1956) i herio hanes traddodiadol ac i hybu mwy eto amrywiaeth o fethodolegau. Bathwyd 'hanes newydd' drwy Ysgol yr *Annales* a ddeallai hanes fel problemau i'w datrys, gan annog dulliau rhyngddisgyblaethol. Gwnaethpwyd ymdrech gan haneswyr yr *Annales* i ddarbwyllo eraill i edrych y tu hwnt i'r gwleidyddol a'r diplomyddol wrth ysgrifennu hanes tuag at bersbectifau newydd hanes cymdeithasol ac economaidd.[21] Roedd gwleidyddiaeth ac amgylchiadau'r presennol i'w gweld yn ysgogi dulliau newydd o ymdrin â hanes hefyd. Wedi'r Ail Ryfel Byd gwelwyd sefydlu systemau rhyngwladol newydd, rhai economaidd, gwleidyddol a milwrol. Roedd cyd-destun y Rhyfel Oer yn gefnlen i ysgrifau haneswyr megis

W. W. Rostow (1916–2003) a geisiai brofi model economaidd lwyddiannus nad oedd yn un comiwnyddol. Fodd bynnag, gall ymdrechion hanesydd gael eu tanseilio a'u cyfyngu gan system wleidyddol y wlad; gwelwyd, er enghraifft, y defnydd o hanes dogmataidd mewn gwladwriaethau comiwnyddol er mwyn hyrwyddo ideoleg y gyfundrefn, ac mae'r patrwm hwn yn parhau mewn gwledydd awtocrataidd heddiw. Mae democratiaeth, rhyddid barn, ac argaeledd ffynonellau yn caniatáu hanes mwy cyflawn a beirniadol.

Hyd at 1930 felly, daeth hanes newydd i'r amlwg, hanes 'o'r gwaelod' yn hytrach nag 'o'r brig'. Treiddiodd materion cyfoes i ysgrifau haneswyr wrth i broblemau'r presennol ysbrydoli ymchwil i'r gorffennol. Roedd R. H. Tawney (1880–1962) yn ysgrifennu yng nghyfnod y dirwasgiad rhwng y rhyfeloedd. Fel athronydd cymdeithasol a hanesydd economaidd, roedd ef am ddarganfod pam oedd y system ariannol gyfalafol wedi methu â chreu cymdeithas decach.[22] Bu Tawney a'i gyfoedion yn ysgrifennu hanes er mwyn datrys problemau'r presennol. Ers y 1960au, fodd bynnag, mae hanesyddiaeth wedi ymrannu ymhellach, gan adlewyrchu'r amgylchedd gwleidyddol a syniadol cyfoes. Tyfodd maes hanes cymdeithasol yn sylweddol, a dulliau Marcsaidd-ddiwylliannol yn cael eu defnyddio. Roedd gwaith E. P. Thompson (1924–93), er enghraifft, *The Making of the English Working Class* (1963), yn arloesol yn y maes hwn drwy gynnig ffocws newydd i hanes cymdeithasol ac i natur hyblyg dosbarthiadau cymdeithasol.[23]

Y 'tro diwylliannol' a'r her ôl-fodern

Yn hwyrach yn yr ugeinfed ganrif daeth cynrychiolaeth ac ystyr yn fwy pwysig fel ffocws hanesyddol. Roedd haneswyr yr *Annales* eisoes wedi mynd â hanes oddi wrth y pwyslais ar wleidyddiaeth a diplomyddiaeth, ond o'r 1970au ymlaen gwelwyd symudiad deallusol newydd yn datblygu a fyddai'n effeithio ar hanesyddiaeth. Llwyddodd syniadau ôl-fodern ysgolheigion fel Roland Barthes (1915–80), Michel Foucault (1926–84), a Jacques Derrida (1930–2004) i danseilio honiadau rhai haneswyr o'u gallu i ganfod

Cyflwyniad

a dehongli'r byd dynol gydag unrhyw sicrwydd. Gan ddangos dylanwad Ferdinand de Saussure (1857–1913), ystyriwyd iaith yn holl bwysig yng nghyflwyniad y gorffennol. Mynnai Foucault nad oedd y fath beth â realaeth; dim ond cynrychiolaeth o realaeth gan iaith. Wrth ysgrifennu yng nghyd-destun mudiadau cymdeithasol y 1960au a 1970au – gwrth-ryfel, gwrth-hiliol, ffeministaidd – daeth Foucault i ganolbwyntio ar systemau meddwl, a'r ffyrdd mae gwybodaeth yn cael ei chynhyrchu a'i chynnal drwy ddisgwrs.[24] Roedd iaith, symbolaeth, a chynrychiolaeth yn hollbwysig i Foucault a haerai y dylid ystyried disgyrsiau wrth geisio deall y byd materol. I Foucault, disgyrsiau yw'r 'ymarferion sydd yn systematig yn creu'r gwrthrych o dan sylw'.[25] I Raphael Samuel (1934–96), wrth iddo grynhoi dylanwad Roland Barthes, ymddangosai hanes fel 'rhestr o arwyddwyr yn esgus bod yn gasgliad o ffeithiau.'[26] Yn 1973 cyhoeddwyd *Metahistory: The Historical Imagination in Nineteenth-century Europe* gan Hayden White (1928–2018). Bu'r gwaith hwn yn hynod ddylanwadol wrth herio'r canfyddiad bod iaith yn gyfrwng niwtral. Oherwydd y dybiaeth bod arwyddwyr yn agored i'w dehongli, dadleuodd White fod modd diystyru'r defnydd o esboniadau hanesyddol fel cimera i gysuro'r rheini nad oedd yn gallu wynebu byd heb ystyr.[27]

Er gwaetha'r olwg besimistaidd hon, mae ôl-fodernwyr wedi llwyddo i gynnig dau bersbectif pwysig i haneswyr eu hystyried. Yn gyntaf, pwysleisiwyd bod gwaith hanesydd yn gynnyrch llenyddol sydd, fel pynciau eraill, yn bodoli o fewn confensiynau penodol. Yn ail mae'r gosodiad bod yr hanesydd yn gweithredu yn y presennol ac felly'n agored i argraffiadau anniben yr hanes y mae'n ceisio ei gyfleu. O ganlyniad, nid yw ysgrifennu hanes byth yn gallu bod yn ddidueddd.[28] Daeth haneswyr i dderbyn bod y berthynas rhwng arwyddwyr a'r arwyddedig yn agored i'w dehongli. Gan dynnu ar y syniad ôl-fodern fod iaith nid yn unig yn cynrychioli'r byd ond hefyd yn creu'r byd, datblygodd agwedd mewn hanesyddiaeth fod popeth yn gymharol ac na ellir byth ystyried bod gwirionedd un dehongliad yn gwbl ddilys.

Yng nghyd-destun syniadau ôl-strwythurol, gwelwyd 'tro diwylliannol' yn cychwyn yn y 1970au ymysg ysgolheigion y dyniaethau a'r gwyddorau cymdeithasol wrth i'r ffocws gynyddu ar arferion cymdeithas a chynrychioliadau ohoni. Goblygiadau'r tro diwylliannol oedd twf astudiaethau o wahanol fathau o fynegiant diwylliannol.[29] Ymysg haneswyr ystyriwyd y datblygiad hwn yn ymateb pellach i hanes traddodiadol sy'n canolbwyntio ar wleidyddiaeth, diplomyddiaeth a'r elît cymdeithasol.[30] Ymhlyg yn yr hanesau traddodiadol hyn, ac yn aml iawn yn ddigon amlwg, roedd y gosodiad mai dyma oedd yr hanes 'cywir'. Gorfododd y tro diwylliannol i haneswyr ehangu diffiniad eu maes a chydnabod nad oedd hanes cenedlaethol a rhyngwladol yn golygu dibyniaeth ar archifau llywodraethau yn unig.[31] Noda George G. Iggers fod y tro diwylliannol wedi deillio yn rhannol o ganlyniad i'r symudiad o gymdeithas ddiwydiannol at y gymdeithas wybodaeth, a effeithiodd ymhellach ar ymwybyddiaeth.[32] Yn ychwanegol ag astudio'r wladwriaeth a'r arweinwyr gwleidyddol, daeth agweddau megis hil, dosbarth, rhywedd, crefydd, ymfudo ac ieithyddiaeth yn fframweithiau dilys i astudio hanes.

Llwyddodd syniadau ôl-fodern i ddylanwadu ar sawl llwybr newydd i ymchwilio i'r gorffennol drwy ddefnyddio 'testunau' newydd. Gall y rhain amrywio o bensaernïaeth cerfluniau a chofebion rhyfel i systemau meddwl fel y ddelfryd berffaith o fenyw. Trowyd hefyd at ffynonellau amgen megis llên gwerin, caneuon, a thraddodiadau poblogaidd. Yn ogystal â'r don newydd o syniadau ôl-fodern, trodd haneswyr o hyd at ddulliau cymdeithaseg, economeg, a llenyddiaeth i ysgrifennu hanes gan geisio amlygu bron pob agwedd o brofiadau pobl o bob dosbarth cymdeithasol. Bu twf yn amrywiaeth y lleisiau a oedd bellach yn hawlio lle mewn hanes i gyd-fynd â'r rhai swyddogol, gwleidyddol ac awdurdodol. Mae'r hanes newydd sydd wedi datblygu'n sylweddol ers ail hanner yr ugeinfed ganrif wedi llwyddo i lenwi bylchau enfawr yng nghynrychiolaeth y gorffennol a chyfoethogi ein dealltwriaeth o hanes a phrosesau hanesyddol. Un enghraifft o hyn yw datblygiad hanes menywod. Fel y nodir gan Ceridwen Lloyd-Morgan, 'Mae hanes dynion mawr y byd yn gallu edrych yn bur wahanol o safbwynt merch.'[33]

Cyflwyniad

Menywod, Rhywedd, a Grym

Ymrannodd hanesyddiaeth ar ôl yr Ail Ryfel Byd yn sawl maes newydd. Mae hanes menywod wedi adlewyrchu'r awyrgylch gwleidyddol cyfoes yn sgil tonnau'r symudiad ffeministaidd a hybwyd gan ysgrifau, beirniadaeth, a gweithredoedd unigolion fel Hubertine Auclert (1848–1914), Sarojini Naidu (1879–1949), Simone de Beauvoir (1908–86), a Betty Friedan (1921–2006). Adfer profiadau menywod yw prif nodwedd hanes menywod, ond ar yr un pryd gellir sylwi ar feirniadaeth hanesyddol a chyfoes ar strwythurau cymdeithasol modern a ffurfiwyd mewn ffordd sydd yn ystyried dynion fel y grym pennaf mewn materion gwleidyddol, economaidd, a diwylliannol. Yn ystod y 1960au, er enghraifft, gwelwyd y don gyntaf o weithiau hanesyddol â ffocws ar fenywod wrth i'r mudiad Rhyddhad Menywod afael yn y ddisgwrs wleidyddol a diwylliannol ar draws y byd.[34] Llwyddodd hanes menywod i chwyldroi dealltwriaeth haneswyr o'r teulu, o brosesau newid economaidd, ac o ddosbarthiad grym o fewn cymdeithasau traddodiadol a diwydiannol.[35] Roedd damcaniaeth Farcsaidd yn sail i sawl ymdriniaeth â hanes menywod hefyd, a gweithiau Sheila Rowbotham a Sally Alexander yn enghreifftiau o gyfuno dadansoddiad dosbarth a hanes menywod.[36]

O faes hanes menywod gwelwyd astudiaethau rhywedd yn cynyddu, wrth i haneswyr ystyried cynrychiolaethau a rolau dynion a menywod mewn cymdeithas ac mewn materion rhyngwladol. Drwy hanes menywod, a oedd yn gynyddol yn awgrymu nad oedd hunaniaeth rhyw yn fiolegol ond yn hytrach yn gynnyrch cymdeithasol a hanesyddol, daeth ymdrech i adfer yr ystyron penodol a fu i fenywaidd-dra a gwrywdod dros amser, ac felly ddatgelu natur adeiledig hanesyddol y cysyniadau hyn yn ein byd presennol.[37] Gwelir, er enghraifft, astudiaeth Andrew Rotter sy'n archwilio polisi tramor yr Unol Daleithiau at India rhwng 1947 a 1964 drwy ddefnyddio rhywedd fel cyfrwng dadansoddol. Dadleua Rotter fod canfyddiadau Americanwyr fod cymeriad benywaidd i ddynion India – ac y byddent felly'n wan wrth wrthwynebu Comiwnyddiaeth – wedi tanseilio unrhyw gynnydd ym mherthynas y ddwy wlad. Mewn modd tebyg, dadleua fod yr

Unol Daleithiau wedi ffafrio cynghreirio gyda Phacistan gan fod ei phoblogaeth wrywaidd yn 'fwy ymosodol, uniongyrchol, a gwrywaidd na Hindŵiaid.'[38] Dyma un ffordd o geisio deall polisïau tramor sydd nid yn unig yn ychwanegu at ddehongliad traddodiadol o'r Rhyfel Oer ac o wleidyddiaeth grym, ond sydd hefyd yn ehangu'r diffiniad o rym.

Mae'r tro diwylliannol, gyda'i ffocws ar gynrychiolaeth, yn trin y cysyniad o rym mewn ffyrdd newydd. Gellir ystyried hanes rhyngwladol fel maes sydd wedi esblygu'n fawr o ganlyniad i'r syniadau hyn. Yn ail hanner yr ugeinfed ganrif gwelwyd cynnydd mewn cysylltiadau rhyngwladol, rhwydweithiau byd-eang, cysylltiadau electronig a phobloedd symudol. I sawl hanesydd golyga'r datblygiadau hyn fod y genedl-wladwriaeth wedi colli ei lle canolog a'i phwysigrwydd iddynt. Mae hyn yn groes i gred gynt Leopold von Ranke a fynnai mai cysylltiadau gwleidyddol rhwng gwladwriaethau oedd y ffactorau pwysicaf mewn datblygiadau hanesyddol.[39] Gwelwyd nad oedd grym mor ganoledig ag y tybid wrth i'r ugeinfed ganrif fynd yn ei blaen, ac felly bu angen esboniadau newydd o'r gorffennol wrth i'r genedl-wladwriaeth wywo fel prif gysyniad cysylltiadau rhyngwladol. O ganlyniad, gwelir heddiw fwy o astudiaethau sy'n ystyried hanes rhyngwladol fel hanes cyfansawdd; hanes lle mai'r prif thema yw ymadweithiau byd-eang yn hytrach na naratifau cenedl-wladwriaethau.

Yn 1980 sefydlwyd y *World History Association* i adlewyrchu'r datblygiadau hyn ac yn enwedig i bwysleisio amherthnasedd cynyddol ffocws Ewrosentrig yn oes y globaleiddio. Gwelir astudiaethau Odd Arne Westad o'r Rhyfel Oer fel esiamplau o hanes hollfydol ac o'r defnydd o ddiwylliant a modelau anghonfensiynol i ddehongli hanes. Cynigia Westad, er enghraifft, dri phersbectif gwahanol i ddeall y Rhyfel Oer: yn hytrach na'i ddehongli fel gwrthdaro gwleidyddol rhwng dau uwch-bŵer, noda Westad ideoleg, technoleg, a'r Trydydd Byd fel deongliadau amgen i gyfnod y Rhyfel Oer.[40] Mae gwaith Westad yn adlewyrchu'r sgôp hollfydol sydd wedi ymddangos mewn hanesyddiaeth yn y degawdau diwethaf, a hyn yn cynnig llwybr arall i ni gael dadansoddi, dehongli, a llunio hanes. Yn wir, ymestyna'r agwedd hollfydol i amrywiaeth eang o feysydd. Gweler campwaith

Cyflwyniad

David Goldblatt fel enghraifft o sgôp hollfydol yn trîn hanes pêl-droed.[41] Mae natur chwaraeon, yn enwedig chwaraeon proffesiynol, yn estyn ei hun i ogwyddau hollfydol. Gweler gwaith diweddar Stephen Wagg am drafodaeth debyg ar griced gyda'i chynodiadau hanesyddol o imperialaeth, gan ganolbwyntio ar ddadgoloneiddio, hiliaeth, globaleiddio a llwgrwobrwyo yng nghyd-destun y gêm.[42] Yn fwy cyffredinol, yn 2011 cyhoeddwyd cyfrol pwysig Daniel Woolf, *A Global History of History*, a oedd yn arloesol wrth gynnig hanes hollfydol o'r grefft o ysgrifennu hanes, o'r hynafol i'r presennol.[43] Wrth wneud hyn, cymerodd Woolf arddull rhyng-ddiwylliannol i ddangos y gwahanol fathau o ymwybyddiaeth hanesyddol sydd yn bodoli ar draws y byd ynghyd â'r cysylltiadau rhwng diwylliannau gwahanol dros dair mil o flynyddoedd. Ar gyfer hanesyddiaeth mwy modern yr ugeinfed ganrif, gweler cyfrol arbennig Georg G. Iggers, Q. Edward Wang a Supriya Mukherjee am drafodaeth hollfydol.[44] Mae'r cyfrolau hyn yn sicr o gymell syniadau a gogwyddau ffres ar ein gallu i lunio hanes beirniadol a chlodwiw, a fydd yn cysylltu'r neilltuol gyda'r cyffredinol, a'r lleol gyda'r rhyngwladol a hollfydol.

Llunio Hanes

Cododd y syniad o gyhoeddi'r llyfr hwn ar ôl sylweddoli nad oes testun Cymraeg diweddar yn bodoli ar sut mae hanes yn cael ei lunio. Yn wir, dewiswyd yn fwriadol y teitl *Llunio Hanes* gan mai dyma yw hanfod hanes: mae'n cael ei greu, ei lunio, yn y presennol. Dilyna'r gyfrol yn fras gyrsiau hanesyddiaeth myfyrwyr israddedig prifysgolion Cymru. Yn Abertawe, Aberystwyth, Bangor a Chaer-dydd, dysgir y modiwlau *'Practice of History'*, *'Llunio Hanes'*, *'Dehongli'r Gorffennol'*, ac *'Approaches to History'*. Er nad yw pob elfen o'r modiwlau hyn yn cael eu crybwyll yn y gyfrol hon, tynnir sylw at y prif themâu sydd ynghlwm wrth ysgrifennu hanes. Cynigir rhestr ddarllen ychwanegol ar ddiwedd pob pennod. Fel rhan o genhadaeth y Coleg Cymraeg Cenedlaethol i ddarparu adnoddau pwrpasol Cymraeg eu hiaith i fyfyrwyr, un o brif amcan-ion y gyfrol hon yw cynnig testun o'r math a chyflwyno'r darllenydd i'r eirfa a'r cysyniadau priodol sydd eu hangen. Ond gobeithir hefyd y bydd y darllenydd chwilfrydig yn elwa wrth i gyfranwyr ysgolheigaidd y gyfrol amlygu'r ffyrdd y mae hanes, ac ysgrifennu hanes, wedi esblygu hyd heddiw. Mae hanes yn faes amrywiol a chystadleuol lle y ceir amrywiaeth arddull, deongliadau ac ideolegau. Dengys y penodau canlynol rai o brif ddulliau ysgrifennu hanes, o'r cenedlaethol a'r gwladwriaethol i'r economaidd, y diwylliannol, darostyngol a'r ôl-strwythurol. Y bwriad yw dangos i'r darllenydd y trywydd y mae hanes wedi ei gymryd ac i ba gyfeiriad yr aiff yn y dyfodol. Ers sefydlu ysgolheictod hanes yn y bedwaredd ganrif ar bymtheg, mae'r ddisgyblaeth wedi profi cyfnodau o ddemocrateiddio a adlewyrchai newidiadau cymdeithasol a gwleidyddol cyfoes. Bellach, mae cynnwys astudiaethau hanesyddol wedi ehangu'n syfrdanol. Mae strwythurau cymdeithasol cyfan yn cael eu hastudio, yn ogystal â meddylfrydau ynghyd â'r berthynas rhwng cymdeithas a'r amgylchedd naturiol.[45] Yn dilyn twf hanes menywod ers y 1960au, mae lleiafrifoedd yn y gymdeithas yn hawlio mwy o sylw. Prin yw'r agweddau a'r diwylliannau hynny nad yw'r hanesydd modern yn sylwi arnynt o gwbl, a cheir amlinelliad o sawl maes hanes yn y tudalennau dilynol. Mawr obeithir y llwydda'r gyfrol hon yn ei hymgais i gynnig trosolwg o hanes fel disgyblaeth, ac i oleuo'r darllenydd ynghylch y dulliau gwahanol sydd ohoni.

Nodiadau

[1] E. H. Carr, *What is History?* (Harmondsworth: Penguin, 1964).
[2] Jeremy Black a Donald M. Macraild, *Studying History*, 3ydd arg. (Basingstoke: Palgrave, 2007), t. 3.
[3] Willie Thompson, *What Happened to History?* (Llundain: Pluto Press, 2000), t. 1.
[4] Carr, *What is History?*, t. 24.
[5] Edward Gibbon, *The History of the Decline and Fall of the Roman Empire* (Llundain: Strahan and Cadell, 1776–89).
[6] Gildas, *De Excidio et Conquestu Britanniae* [Ar Ddinistr a Goresgyniad Prydain]; Nennius, *Historia Brittonum* [Hanes y Prydeinwyr]; Bede, *Historia Ecclesiastica Gentis Anglorum* [Hanes Eglwysig y Bobl Seisnig].

Cyflwyniad

7 Black and Macraild, *Studying History*, tt. 31–2.
8 Geoffrey Elton, *The Practice of History* (Llundain: Methuen, 1967), t. 40.
9 Herodutus, *The Histories*, cyf. Aubrey de Sélincourt, nodiadau John Marincola (Llundain: Penguin, 2003).
10 Diddorol nodi fod y gair Cymraeg 'hanes' yn rhannu ei darddiad gyda'r Hen Wyddeleg *sanas* ('sibrwd' neu 'cyfrinach'). Diolch i Owain Wyn Jones o Brifysgol Bangor am y wybodaeth hon.
11 Robin Lane Fox, *The Classical World: An Epic History of Greece and Rome* (Llundain: Penguin, 2006), t. 139.
12 Lane Fox, *The Classical World*, t. 139.
13 Carr, *What is History?*, t. 36.
14 A. J. P. Taylor, *The Origins of the Second World War* (Llundain: Hamish Hamilton, 1961).
15 Marc Trachtenberg, *The Craft of International History* (Rhydychen: Princeton University Press, 2006), tt. 60–7.
16 Karl W. Schweizer a Matt J. Schumann, 'The Revitalization of Diplomatic History: Renewed Reflections', *Diplomacy and Statecraft*, 19/2 (2008), 164.
17 Patrick Finney, 'Introduction', yn Patrick Finney (gol.), *Palgrave Advances in International History* (Basingstoke: Palgrave Macmillan, 2005), t. 8.
18 Am drosolwg o ddatblygiadau hanes milwrol gweler Setphen Morillo and Michael F. Pavkovic, *What is Military History?*, 2il arg. (Caergrawnt: Polity Press, 2013)
19 Anna Green and Kathleen Troup (goln), *The Houses of History: A Critical Reader in Twentieth-Century History and Theory* (Manceinion: Manchester University Press, 2012), t. 2.
20 Black a Macraild, *Studying History*, t. 29.
21 J. H. Hexter, 'Fernand Braudel and the Monde Braudellien', *Journal of Modern History*, 44/4 (1972).
22 Black and Macraild, *Studying History*, tt. 64–6.
23 E. P. Thompson, *The Making of the English Working Class* (Llundain: Penguin, 2013).
24 Anna Green, *Cultural History* (Basingstoke: Palgrave Macmillan, 2008), t. 71.
25 Michel Foucault, *The Archaeology of Knowledge and the Discourse on Language* (Efrog Newydd: Pantheon, 1972), t. 49.
26 Raphael Samuel, 'Reading the Signs', *History Workshop Journal*, 32 (1991), 93.
27 Hayden White, *The Content of the Form* (Baltimore: John Hopkins University, 1987), t. 72. Gwelir trafodaeth pellach yn John Tosh, *The Pursuit of*

History: Aims, methods and new directions in the study of modern history, 5ed arg. (Harlow: Pearson, 2010), tt. 195–213.
28 Tosh, *The Pursuit of History*, tt. 198–9.
29 Miri Rubin, 'What is cultural history now?', yn David Cannadine (gol.), *What is History Now?* (Basingstoke: Palgrave Macmillan, 2002), t. 90.
30 Peter Burke, *What is Cultural History?* (Caergrawnt: Polity Press, 2004), t. 2.
31 David Reynolds, 'International History, the Cultural Turn and the Diplomatic Switch', *Cultural and Social History*, 3/1 (2006), 77.
32 George G. Iggers, *Historiography in the Twentieth Century: From Scientific Objectivity to the Postmodern Challenge* (Connecticut: Wesleyan University Press, 2005), t. 6.
33 Ceridwen Lloyd-Morgan, 'Rhai Sylwadau ar Ferched a'r Gyfundrefn Addysg', *Y Traethodydd* (Ionawr 1986), 7.
34 Dyma beth mae rhai haneswyr yn ei alw'n 'second-wave feminism'.
35 Carroll Smith-Rosenberg, *Disorderly Conduct: Visions of Gender in Victorian America* (Rhydychen: Oxford University Press, 1986), t. 11.
36 Sheila Rowbotham, *Hidden from History: 300 Years of Women's Oppression and the Fight Against It*, 3ydd arg. (Llundain: Pluto Press, 1977); Sally Alexander, 'Women's Work in Nineteenth Century England: A Study of the Years 1820–1850', yn Juliet Mitchell ac Anne Oakley (goln), *The Rights and Wrongs of Women* (Llundain: Penguin, 1976), tt. 59–111.
37 Laura Lee Downs, *Writing Gender History* (Llundain: Hodder, 2004), t. 3.
38 Andrew J. Rotter, 'Gender Relations, Foreign Relations: The United States and South Asia, 1947–1964', *The Journal of American History*, 81/2 (Medi 1994), 538.
39 Reynolds, 'International History', 76.
40 Odd Arne Westad, 'The New International History of the Cold War: Three (Possible) Paradigms', *Diplomatic History*, 24/4 (Hydref 2000), 551–65; Odd Arne Westad, *The Global Cold War* (Caergrawnt: Cambridge University Press, 2007).
41 David Goldblatt, *The Ball is Round: A Global History of Football* (Llundain: Penguin, 2007).
42 Stephen Wagg, *Cricket: A Political History of the Global Game, 1945–2017* (Llundain: Routledge, 2019).
43 Daniel Woolf, *A Global History of History* (Caergrawnt: Cambridge University Press, 2011).
44 Georg G. Iggers, Q. Edwarad Wang a Supriya, *A Global History of Modern Historiography* (Harlow: Pearson Education, 2008).
45 Tosh, *The Pursuit of History*, t. 330.

1

O'r 'Gwleidyddol' i'r 'Cymdeithasol' ac i'r 'Diwylliannol' : Syrffio ar Donnau Hanes dros y Degawdau

Gethin Matthews

'The bowels of university libraries are often cluttered with the remnants of past historical approaches' – Andrew Dilley[1]

Nid yw hanes erioed wedi aros yn llonydd. Mae ein byd yn troelli; mae'r ddynoliaeth yn esblygu; mae cenhedloedd yn tyfu a gwywo; mae hanes yn symud yn ei flaen gan adlewyrchu newidiadau yn ein hamgylchiadau economaidd, syniadau gwleidyddol, datblygiadau technolegol ac agweddau moesol. Wrth reswm, felly, mae gweithiau hanesyddol a fu'n dderbyniol neu hyd yn oed yn arloesol ddegawdau yn ôl bellach yn gallu ymddangos braidd yn oddrychol, bylchog a/neu'n anfoddhaol eu rhesymeg. Nid yw hyn i'w ddibrisio'n gyfan-gwbl, a gwae neb a fydd yn diystyru rhai o gyfraniadau mawr cewri'r gorffennol am nad ydynt yn cyd-fynd â'r ffad athronyddol diweddaraf. Fodd bynnag, mae'n rhaid derbyn bod angen darllen gweithiau hanesyddol yn feirniadol – ac wrth gwrs mae hyn yn arfer da ar gyfer gweithiau cyfoes yn ogystal â chynnyrch y degawdau a fu.

Fe ddaw'r dyfyniad bachog uchod o adolygiad o ddau lyfr a ystyriai agweddau ar hanes ymerodrol: maes lle gellir gweld yn ddigon eglur sut mae ffasiynau, daliadau ac agweddau wedi newid. Cyfeiria Andrew Dilley yn benodol at gyfres fawreddog y *Cambridge History of the British Empire*, a gyhoeddwyd mewn wyth cyfrol rhwng 1929 a 1959.[2] Fel yr eglura Dilley, byrdwn y gyfres oedd pwysleisio esblygiad esmwyth a gorfoleddus yr Ymerodraeth i fod yn Gymanwlad, gyda'r ffocws yn bennaf ar y Dominiynau, ac yn fwy na hynny, ar orchestion yr ymfudwyr o dras Brydeinig a Gwyddelig a fowldiodd y tiriogaethau yn eu delwedd eu hunain. Yn ogystal â gweld bai ar y dadansoddiadau hyn am iddynt gofleidio syniadau am oruchafiaeth y dynion gwyn a'u hawl i goncro a meddiannu tiroedd ar draws y byd, mae'r cenedlaethau a ddilynodd yn eu beirniadu hefyd am ffocysu ar ddim ond un garfan o'r trefedigaethau. Fe anwybyddwyd hanesion y gwledydd yn Affrica a mannau eraill lle na wnaeth dynion gwyn ymgartrefu ynddynt mewn niferoedd, ac nid ystyriwyd y rhannau helaeth ar draws y byd lle roedd rheolaeth Prydain yn anffurfiol – hynny yw, rheoli trwy ddulliau economaidd yn hytrach na thrwy rym milwrol.

Teg dweud, wrth i'r llith hwn gael ei ysgrifennu yn 2019, bod maes hanes yr ymerodraeth yn un cyffrous lle gwelir nifer o ddadleuon egnïol a dadansoddiadau treiddgar sy'n defnyddio technegau a methodolegau na fyddai golygyddion cyfrolau'r *Cambridge History* yn eu hadnabod o gwbl. Bellach derbynia ymchwilwyr yr egwyddor hanfodol nad prosesau un-ffordd, unffurf oedd coloneiddio na rhedeg ymerodraeth, ac felly mae'n rhaid rhoi sylw i weithredoedd a dyheadau'r rhai a goloneiddiwyd yn ogystal â'u meistri. Roedd amgylchiadau'n amrywio'n fawr yn y trefedigaethau gwahanol, ac felly mae'n rhaid ystyried gweithgareddau ar y cyrion gyn gymaint â'r penderfyniadau a wnaethpwyd gan y llywodraethwyr yn eu canolfannau grym.

Bwriad y bennod hon yw cynnig trosolwg o'r modd mae ffasiynau hanes wedi newid dros y degawdau, o ddiwedd y bedwaredd ganrif ar bymtheg hyd at ddechrau'r unfed ganrif ar hugain. Er bod perygl sylweddol or-symleddio, y patrwm a gynigir yw bod prif ddiddordebau haneswyr wedi esblygu o fod â phwyslais ar hanes gwleidyddol (neu hanesion y 'dynion mawr') i fod â phwyslais ar hanes cymdeithasol ac yna, ar hanes diwylliannol. I gynnig enghraifft o hyn, testun fy noethuriaeth oedd y Rhuthr Aur i Golumbia Brydeinig, a welodd ei benllanw yn y 1860au. Rhoddodd y don gyntaf o haneswyr a ystyriodd yr hanes eu pwyslais pennaf ar weithredoedd yr arloeswyr a ddarganfu'r aur, ac ymateb y dynion mewn awdurdod a geisiai reoli a llywio'r sefyllfa.[3] Yna fe

O'r 'Gwleidyddol' i'r 'Cymdeithasol' ac i'r 'Diwylliannol'

symudodd y pwyslais i fywyd economaidd a materol y cloddwyr aur: beth oedd cyflwr byw'r cloddwyr; sut oedd economi trefi'r meysydd aur yn gweithio; sut berthynas oedd rhwng y perchenogion a'r gweithwyr wedi i'r aur hawdd-ei-ddarganfod redeg allan a'r cloddwyr bellach angen cyfalaf i sefydlu cwmnïau cloddio?[4] Wedyn, fe newidiodd cyfeiriad y cwestiynu i ystyried credoau a hunaniaeth y cloddwyr. Crëwyd cymdeithas y meysydd aur gan gasgliad o ddynion amrywiol a fudodd i'r meysydd aur gyda'r amcan o wneud ffortiwn yn gyflym. Pa rinweddau, felly, oedd i'w diwylliant a'u ffordd feunyddiol o fyw? Gyda'r prinder menywod yn y meysydd aur, beth oedd eu syniadau am wrywdod a chartrefgarwch? Sut oeddynt yn edrych ar y trigolion brodorol, y rhai yr oeddent wedi'u disodli o'u cynefin?[5] Cwestiwn o bwys i mi fy hun, yn naturiol, oedd sut oedd y Cymry alltud yn eu gweld eu hunain, wrth iddynt geisio dal gafael ar eu hunaniaeth Gymraeg mewn amgylchiadau estron.[6]

Mae gen i fwriad arall wrth ysgrifennu'r bennod hon – un digon amlwg, ond mae'n werth ei danlinellu – sef yw iddi fod o ddefnydd i fyfyrwyr Cymraeg eu hiaith sy'n astudio hanes mewn prifysgol. Yn gyntaf, mae pwrpas ymarferol i hyn, oherwydd a finnau wedi dysgu hanesyddiaeth i fyfyrwyr mewn pedair prifysgol yng Nghymru, rwy'n hyderus bod bwlch ar gyfer y fath gyfraniad. Yn ail, fy uchelgais yw darbwyllo'r darpar-haneswyr ei bod yn bwysig i'w datblygiad yn y grefft iddynt werthfawrogi pwysigrwydd rhai o'r datblygiadau yn y ddisgyblaeth, a'r cwestiynau athronyddol sy'n codi o'r dadleuon. I grynhoi fy nadl, mae astudio hanes disgyblaeth hanes yn miniogi sgiliau ymarferol y myfyrwyr ac yn eu paratoi i ateb cwestiynau am werth astudiaethau hanesyddol.

Wrth geisio dod o hyd i'r man priodol i gychwyn ar y llith hwn am hanes ein disgyblaeth, y duedd gyfarwydd fyddai ffocysu ar Leopold von Ranke (1795–1886) a'i gyflwyniad o strwythurau sefydlog ar gyfer yr astudiaeth o hanes ar lefel prifysgol. Ganed Leopold Ranke yn nhref Wiehe yn Sacsoni yn 1795 ac fe astudiodd y clasuron a diwinyddiaeth ym Mhrifysgol Leipzig. Gweithiodd fel ysgolfeistr am rai blynyddoedd cyn cael ei benodi i swydd ym Mhrifysgol Berlin wedi iddo gyhoeddi ei lyfr cyntaf. Dros y trigain mlynedd nesaf fe gyhoeddodd dros 60 o lyfrau, ac roedd o hyd wrthi'n ysgrifennu pan fu farw'n 91 oed. Wrth gwrs, roedd gweithiau hanesyddol yn cael eu cynhyrchu cyn datblygiadau von Ranke, ond yn ei gyfnod ef daeth trawsnewidiad pellgyrhaeddol yn y modd y gweithredai haneswyr a hefyd yn statws y ddisgyblaeth.[7] A chan fod von Ranke yn hynod o gynhyrchiol dros gyfnod o chwe degawd, mae'r ymadrodd hanes 'Rankeaidd' wedi glynu, i ddisgrifio'r hyn y gallwn ei alw'n hanes 'gwleidyddol', traddodiadol sy'n tarddu o waith empeiraidd.

Yn y drafodaeth sy'n dilyn, lle byddaf yn ceisio cyflwyno'n gryno yr hyn rwy'n ei ystyried fel y datblygiadau pwysicaf yn ffasiwn ysgrifennu hanes y ganrif a hanner ers dyddiau von Ranke, byddaf yn rhoi sylw arbennig i dair agwedd. Yn gyntaf, fel y soniwyd yn y bennod flaenorol, mae'n bosibl rhannu'r ffactorau a ystyrir gan haneswyr yn rhai strwythurol ac yn rhai sy'n ymwneud â galluedd, ond mae'r pwyslais a roddir ar y naill a'r llall yn amrywio yn yr ysgolion hanes gwahanol. Yr ail agwedd dan sylw yw sut mae haneswyr dros y degawdau wedi trafod y syniad o wrthrychedd, ac, yn dilyn o hynny, y cwestiwn o ba mor sicr y gallwn ni ei fod am ein dehongliadau ni o'r dystiolaeth. Ac yn drydydd, fe edrychaf ar y cwestiwn o ba mor gynhwysol oedd y drafodaeth ymysg yr ysgolion hanes gwahanol.

I Ranke, yr hanes a oedd yn werth ei adrodd oedd hanes y wladwriaeth, a symbylid gan weithredoedd ei llywodraethwyr. Felly yr hyn a oedd o bwys oedd gweithredoedd a syniadau y 'dynion mawr'. Defnyddiodd von Ranke yr hyn a ysgrifennwyd gan y rhai a fu'n agos at y brenhinoedd, tywysogion a gweinidogion i geisio olrhain eu symudiadau a'u hamcanion. Er enghraifft, un o hoff ffynonellau von Ranke oedd y llythyrau a ysgrifennwyd gan lysgenhadon Fenis, a ddisgrifiai gynlluniau a chynllwynion llysoedd brenhinol Ewrop. Felly gallwn ddweud â sicrwydd bod yr hanes a gynhyrchai yn rhoi pwyslais ar alluedd yr unigolion a oedd mewn grym, ac wrth ganolbwyntio ar y dynion hyn, ni ymboenai yn ormodol am fod yn gynhwysol.

Mynnai von Ranke fod ei ddull ef o weithio yn wrthrychol: roedd yn gadael i'r dystiolaeth siarad ag ef, a dweud wrtho beth ddigwyddodd. Ar adeg pan oedd llawer o fri'n cael ei roi i'r gwyddorau

> **Anwythol** (*inductive*)
> Dechrau gyda'r ffeithiau, ac yna adeiladu'r theori – cyffredinoli ar sail enghreifftiau (e.e.: Mae pob alarch rwy wedi'i weld yn wyn, felly mae pob alarch yn y byd yn wyn)
>
> **Diddwythol** (*deductive*)
> Dechrau gyda'r theori, ac yna dod i gasgliad am enghraifft benodol (e.e.: Mae pob aderyn yn gallu hedfan; mae'r alarch yn aderyn, felly mae elyrch yn gallu hedfan).

naturiol, roedd yn honni y dylai allbwn haneswyr (a oedd yn dilyn ei ganllawiau ef) gael eu hystyried yn yr un modd â chyfreithiau'r gwyddonwyr. Gyda'i hyfforddiant yn nulliau ieitheg (*philology*) fe bwysleisiodd fod angen i'r haneswyr brofi bod y dogfennau a ddefnyddir yn ddilys ac yn deillio o'r cyfnod dan sylw. Y ffynonellau gwreiddiol hyn oedd sail gwaith yr hanesydd – yn yr un modd ag y byddai gwyddonydd yn archwilio canlyniadau ei arbrawf yn y labordy. Felly rhesymeg **anwythol** (*inductive*) oedd y tu ôl i waith yr hanesydd, nid rhesymeg **ddiddwythol** (*deductive*). Fel ag y mae'r cemegydd yn cymysgu ei gynhwysion yn y tiwb profi ac yn cael yr un adwaith bob tro, byddai pob hanesydd yn dod i'r un casgliad trwy edrych ar yr un dystiolaeth: nid oedd lle i ragfarn na thuedd yn y dull wyddonol.

Un egwyddor sy'n deillio o'r pwyslais hwn ar fod yn wrthrychol a di-duedd yw hanesiaeth, sef y cysyniad bod yn rhaid parchu cyfnodau cynt ar eu telerau eu hunain, a pheidio â'u beirniadu am fethu â chyd-fynd â'n safonau, ein moesau neu'n syniadau gwleidyddol ni. Felly mynnodd von Ranke nad oedd ganddo fwriad i feirniadu'r gorffennol nac addysgu'r presennol er budd y dyfodol: 'Yr unig fwriad yw dangos hanfodion y pethau a ddigwyddodd'.[8] Er i syniadau von Ranke ennill bri mawr yn ei oes ei hunan – fe ddywedodd William Stubbs (1825–1901), Athro Hanes Modern Prifysgol Rhydychen, amdano ei fod *'beyond all comparison the greatest historical scholar alive'*[9] – gellir ystyried dwy ffordd lle gallwn weld diffygion. Yn gyntaf, er i von Ranke geisio bod yn ddi-duedd, mae'n glir bod rhagfarn ymhlyg yn ei ddewis o ffynonellau yr oedd yn dibynnu arnynt. Hyd yn oed os oedd adroddiadau llysgenhadon Fenis yn cael eu hysgrifennu gan ddynion a oedd yn ceisio cadw at y ffeithiau, roedd yn anochel eu bod yn cynnwys rhagfarn yr awduron ynglŷn â beth oedd yn werth ei gynnwys a'r hyn y gellid ei hepgor. Maent yn cynnwys safbwyntiau dynion a symudai yng nghylchoedd grym, ac felly nid oeddynt yn adlewyrchu'r hyn a ddatblygai y tu hwnt i'r cylchoedd cyfyng hynny. Pa wironeddau bynnag sy'n cael eu hamlygu yn y gweithiau sy'n deillio o'r ffynonellau hyn, nid ydynt yn gynhwysol.

Yn ail, roedd von Ranke yn ysgrifennu yn y degawdau pan gododd grym gwladwriaeth yr Almaen – hynny yw, pan ddaeth y wlad at ei gilydd am y tro cyntaf fel un ymerodraeth fawreddog. Roedd yntau'n ddibynnol ar y wladwriaeth Brwsaidd: cafodd ei benodi'n 'Hanesydd Brenhinol Prwsia' yn 1841 a'i wneud yn uchelwr (felly y 'von') gan yr Ymerawdwr Wilhelm I (1797–1888) yn 1865. Felly y genedl-wladwriaeth oedd ffocws gwaith von Ranke ac er iddo geisio peidio â rhoi rhagfarn Almaenaidd yn ei waith (ac mae clod haneswyr Saesneg yn dystiolaeth ei fod yn llwyddiannus yn hynny o beth), roedd grym y wladwriaeth yng nghanol pob darlun a luniodd. Fel y dywed Hans Kohn (1891–1971), *'In Ranke's histories the state became not only an individual but a higher form of individual, and upon its power depended all human happiness and all flowering of civilization'*.[10]

Yn y degawdau wedi cyfnod von Ranke fe barodd hanes i dyfu ac esblygu fel disgyblaeth. Wrth reswm, nid oedd pob hanesydd yn dilyn yr un cwys ond ym mhrifysgolion Ewrop roedd 'hanes gwleidyddol', a gymerodd fel ei bwnc ddatblygiad llywodraethol y genedl-wladwriaeth, yn tra-arglwyddiaethu. Roedd datblygiadau yn hanesyddiaeth Unol Daleithiau'r Amerig ychydig yn wahanol, gyda chyfraniad Frederick Jackson Turner (1861–1932) yn darbwyllo nifer o haneswyr mai ar ffiniau'r wlad, nid yn Washington D.C., yr oedd y gweithredoedd tyngedfennol wrth i'r weriniaeth ehangu.[11] Gwelwyd hefyd yn natganiadau Turner amheuaeth am y syniad bod haneswyr yn gallu bod yn wrthrychol: *'Each age writes the history of the past anew with reference to the conditions uppermost in its own time.'*[12]

Yn Ewrop hefyd, fe dyfodd ffyrdd eraill i adrodd naratif am y gorffennol. Yn Lloegr fe dyfodd y traddodiad o ysgrifennu hanes cymdeithasol yn gynnar, gyda gweithiau fel *A Short History of the English People* gan J. R. Green (1837–83) yn 1874 yn datgan nad hanes y brenhinoedd na'r gorchestion milwrol oedd yn gwneud hanes Lloegr eithr hanes pobl y wlad. Ef piau'r datganiad mai melltith yw *'drum-and-trumpet history'*.[13]

Felly fe esblygodd hanes gan ehangu ar yr ystod o bynciau yr ystyrid eu bod yn werth eu trafod, ac fe gyflymodd y broses o arall-gyfeirio oddi wrth 'hanes gwleidyddol' yn sgil y Rhyfel Mawr. Ceir nifer o resymau am hyn. Gellir gweld sut yr oedd rhai haneswyr yng ngwledydd y Cynghreiriaid yn ymwrthod â syniadau von Ranke am ei fod yn Almaenwr, a phwy fyddai eisiau derbyn gair Almaenwr wedi iddynt weld byddinoedd y Kaiser yn difrodi rhannau mawr o Ewrop? Ceir atsain clir o hyn yng ngeiriau G. M. Trevelyan (1876–1962), cenedlaetholwr Seisnig ac un a ddaeth yn enwog fel lladmerydd 'hanes cymdeithasol'.[14] Ciliodd y ffydd mewn hanes gwrthrychol oherwydd yn ystod y rhyfel fe gyhoeddodd haneswyr uchel eu parch weithiau yr honnid iddynt fod yn ffrwyth ysgolheictod 'gwyddonol', a oedd yn mawrygu achosion cenedlaethol gwledydd yr awduron, ac yn pardduo cenhedloedd eu gelynion. Roedd yn amlwg felly i ysgolheigion o wledydd eraill fod y gweithiau hyn yn seiliedig ar resymeg ddiffygiol, gyda'r haneswyr yn dethol eu tystiolaeth i gyd-fynd â'u rhagfarnau. Ond beth ddywed hyn am weithiau eraill a gynhyrchodd haneswyr a oedd yn ceisio dilyn egwyddorion 'gwyddonol'? Roedd y gwyddorau naturiol eu hunain hefyd yn newid eu syniadau am ddibynadwyedd 'ffeithiau gwrthrychol', yn dilyn syniadau Albert Einstein (1879–1955) a 'Damcaniaeth Perthynoledd'. Os oedd mesuriadau'r gwyddonwyr o'r byd o'u cwmpas yn ddibynnol ar safbwynt personol, byddai'r dystiolaeth a gasglai'r haneswyr hyd yn oed yn fwy agored i gael ei llygru gan duedd yr unigolyn.

O ran y naratif a gynigir gan haneswyr, roedd hefyd symudiad yn sgil y Rhyfel Mawr. Cyn hynny, byddai nifer o haneswyr yn ceisio adrodd hanes fel stori o gynnydd, ac o fewn cyfundrefn genedlaethol y byddai haneswyr yr Almaen er enghraifft yn cynnig naratif o sut y daeth y wlad ynghyd (yn anochel, neu'n naturiol) o dan arweinyddiaeth y Kaiseriaid. Mewn rhannau mawr o Ewrop lle roedd yr hen ymerodraethau wedi'u chwalu, nid oedd yn bosibl bellach adrodd y fath stori – ond roedd yn anos gwneud hynny hefyd yn y gwladwriaethau 'buddugol' fel Ffrainc a Phrydain lle gwelwyd cymaint o her i'r hen ffordd o wneud pethau.

Agwedd ddeallusol arall a ddaeth yn fwyfwy amlwg wedi 1918 oedd deongliadau Marcsaidd. Ffigwr ymylol bu Karl Marx (1818– 83) yn ystod ei fywyd ac yn y degawdau wedi ei farwolaeth, ond wedi i'r Bolsieficiaid ddod i rym yn Rwsia ym mlwyddyn olaf y rhyfel, fe dyfodd dylanwad ei syniadau, gyda diddordeb cynyddol ynddynt ymysg ysgolheigion.[15] Hyd yn oed pe na dderbyniodd pob ysgolhaig y syniad bod chwyldro gwleidyddol llesol ar fin cyrraedd, fe effeithiodd syniadau Marx am bwysigrwydd ystyriaethau materol yn fawr ar ystod eang o haneswyr. Penllanw hyn oedd y pwyslais cynyddol ar ffactorau strwythurol, yn hytrach nag ar weithredoedd unigolion.

Felly, y duedd yn negawdau canol yr ugeinfed ganrif oedd symud oddi wrth hanes 'gwleidyddol' a mabwysiadu ffyrdd eraill o adrodd hanes y gorffennol a roddai eu sylw pennaf i ffactorau eraill, y tu allan i ganolfannau grym y prifddinasoedd. Yn Lloegr roedd y *London School of Economics* ar flaen y gad o ran datblygu ffyrdd newydd o ystyried hanes cymdeithasol ac economaidd, proses a gafodd ei hwyluso gan y ffaith bod ysgolheigion o ddisgyblaethau eraill yn cydweithio gyda'r haneswyr.[16] Sefydlwyd cylchgrawn yr *Economic History Review* yn 1926 a hwylusodd ledaeniad y ffyrdd newydd o ddehongli'r gorffennol. Yn Ffrainc, fe ddechreuodd y cylchgrawn *Annales* yn 1929 gan Marc Bloch (1886–1944) a Lucien Febvre (1878–1956): y teitl llawn gwreiddiol oedd *Annales d'histoire économique et sociale*. Fe dyfodd ysgol yr *Annales* i fod yn hynod o ddylanwadol, gyda methodoleg a bwysleisiai ffactorau strwythurol fel prif achosion unrhyw ddatblygiadau. Derbyniwyd syniad disgyblaeth (newydd) cymdeithaseg fod cymdeithas yn fwy na chasgliad o nifer o unigolion, ac y dylid felly ceisio astudio cymdeithas yn ei chyfanrwydd.

Fel yr hanes a hybwyd gan yr LSE, roedd astudiaethau'r *Annales* yn benthyg syniadau a mewnwelediadau amrywiaeth o ddisgyblaethau eraill. Roedd dylanwad daearyddiaeth ar gymdeithasau dynol o dan y chwyddwydr yn aml, a chysyniadau seicolegol yn cael eu defnyddio: un o eiriau allweddol ysgol yr *Annales* yw *mentalité*, sef meddylfryd unigolion am eu cymdeithas a'i gwerthoedd a'u lle hwythau yn y byd. Benthycwyd syniadau disgyblaeth anthropoleg hefyd – er enghraifft, yn un o'i weithiau cynnar, edrychodd Marc Bloch ar y gred a oedd ar led yn Ffrainc yr Oesoedd Canol fod gan y brenin y gallu i wella rhai clefydau.[17] Yn fras gellir gweld i ffyrdd 'hanes cymdeithasol' o ddehongli'r gorffennol gyrraedd eu bri yn y degawdau wedi'r Ail Ryfel Byd. Roedd syniadau Marcsaidd am bwysigrwydd ffactorau economaidd yn ddylanwadol, a chafwyd tipyn o bwyslais ar ystadegau a dadansoddiad meintiol – felly er nad oedd cymaint o sôn am 'y dull gwyddonol' ceisiwyd dod dros problem 'gwrthrychedd' trwy ddefnyddio toreth o ddata. Roedd y gwahanol ffrydiau yn mentro bod yn fwy cynhwysol hefyd, gan sicrhau eu bod yn ystyried profiadau pobl 'gyffredin' ac nid dim ond gweithgareddau'r byddigions.

Pan ehangwyd y ddarpariaeth addysg uwch ym Mhrydain yn y 1960au fe agorodd nifer o adrannau hanes newydd yn Lloegr a thyfodd y rhai a fodolai eisoes ym Mhrifysgol Cymru. Yn naturiol ddigon, adlewyrchai'r math o hanes a ddysgwyd yn y mannau hyn ysbryd a dyheadau'r oes. Er bod perygl ystrydebu wrth edrych ar y 1960au fel cyfnod o chwyldro cymdeithasol, mae'n amlwg bod digon o weithiau hanesyddol blaengar yn deillio o'r degawd gan ddynodi newid sylfaenol o'r hyn a fu. I nodi dim ond un, roedd gwaith E. P. Thompson (1924–93), *The Making of the English Working Class*, yn hynod o ddylanwadol.[18] Yn wir, mae'n debyg fod ei eiriau enwog yn y Rhagair am achub y rheiny a fu'n byw trwy'r cyfnod 'from the enormous condescension of posterity' wedi cael eu dyfynnu'n amlach na'r un frawddeg arall o eiddo unrhyw hanesydd Saesneg yn yr 20fed Ganrif. Roedd hwn yn waith cynhwysol, a geisiodd wthio yn erbyn tuedd traddodiadol haneswyr Marcsaidd i anwybyddu galluedd unigolion a'u pwyslais ar ffactorau strwythurol. Fe ddilynodd Thompson syniadau'r athronydd o'r Eidal, Antonio Gramsci (1891–1937) wrth fynnu bod yn rhaid ystyried ffactorau diwylliannol yn ogystal â rhai economaidd.[19] Ystyrir cyfraniadau Thompson yn hanfodol i dwf 'hanes o'r gwaelod', a hefyd i ddatblygiad 'hanes llafur', i ledaenu ei orwelion i ystyried profiadau'r werin bobl.[20]

Yn Nghymru, bu traddodiad hanes llafur yn gryf iawn – am resymau sydd yn ddigon amlwg o ystyried pwysigrwydd glo a'r diwydiannau trwm yn hanes modern Cymru a thra-arglwyddiaeth y Blaid Lafur am y rhan fwyaf o'r ugeinfed ganrif.[21] Mae cyfraniad y cylchgrawn *Llafur* wedi bod yn allweddol o ran cynnig platfform ers y cychwyn ar gyfer ysgrifau gan haneswyr y tu hwnt i academia, sydd yn bennaf yn disgrifio eu cymunedau eu hunain. Dros y blynyddoedd mae'r cylchgrawn wedi symud o'i bwyslais ar lafur cyflogedig i ystyried ystod eang iawn o bynciau.[22] Gellir gweld y datblygiad yn rhychwant pynciau *Llafur* trwy nodi'r esblygiad a fu yn is-deitl y cyhoeddiad. Ar y cychwyn (1972, mewn un iaith yn unig) dyma *The Journal of the Society for the Study of Welsh Labour History*, yna, o gyfrol 5 ymlaen (1988, yn ddwyieithog) 'Cylchgrawn Hanes Llafur Cymru', wedyn am gyfnod (2002–2006) bu'n 'Cylchgrawn Cymdeithas Hanes Pobl Cymru' cyn setlo (cyfrol 9, 2007) ar 'Cylchgrawn Hanes Pobl Cymru'.

Yn ystod y degawdau pan fu'r cylchgrawn *Llafur* yn addasu ei is-deitl bu newidiadau mawr yn nisgyblaeth hanes, a arweiniodd maes o law at ddisodli hanes cymdeithasol fel y prif ffrwd hanesyddol gan hanes diwylliannol. Dyma ganlyniad ystod eang o ddylanwadau a ffactorau, ac nid yw'n stori unffurf o gwbl. Mae rhai'n dal i gynhyrchu gweithiau hanes 'cymdeithasol' sydd yn ymwneud â'r un cwestiynau, ac yn yr un modd mae rhai haneswyr 'gwleidyddol' yn parhau i ddilyn yr un gwys ag erioed. Un o'r ffactorau a weithiodd ar feddyliau tua diwedd yr ugeinfed ganrif oedd cwymp Wal Berlin a chwalfa'r gyfundrefn Sofietaidd yn nwyrain Ewrop. Wrth i'r pleidiau comiwnyddol gael eu gweld fel methiannau, ac yn waeth na hynny, yn rhagrithwyr oedd wedi ceisio ein twyllo rhag eu ffaeleddau, fe ddibrisiwyd syniadau Marcsaidd yn eu cyfanrwydd a chafwyd *'crisis of the Marxist paradigm'*, ys dywed Jay Winter ac Antoine Prost. Gan fod cysyniadau Marcsaidd wedi bod mor ddylanwadol yn hanes cymdeithasol, cafodd haneswyr eu gyrru i chwilio am loches arall, ac nid oedd yn rhy anodd iddynt eu hail-ddiffinio eu hunain fel haneswyr 'diwylliannol'.[23]

Nid dim ond datblygiadau gwleidyddol ar gynfas eang fu'n gyfrifol am ddibrisio gwerth cysyniadau Marcsaidd. O'r 1970au ymlaen fe ddaeth her dwys i hanes fel disgyblaeth wrth i syniadau ôl-fodernaidd ac ôl-strwythurol gwestiynu gwerth y prosesau cyfarwydd o adeiladu gwybodaeth. Mae ystod eang o syniadau yn dwyn yr enw 'ôl-fodern', sydd yn cwestiynu pob math o agweddau ar ddysg sy'n ceisio canfod 'gwirionedd'. Rydym yn gallu gweld beth sydd ar yr wyneb, ond beth sydd y tu-ôl i hynny? Ateb yr ôl-fodernwyr yw nad oes modd dweud: '*Postmodernists do not believe it is possible to uncover deep meanings*'.[24] Fodd bynnag, gan fod yr ymadrodd 'ôl-fodern' yn cael ei ddefnyddio i ddisgrifio ystod amrywiol o fudiadau a syniadau, mae'n well canolbwyntio ar un o'r canghennau sydd â seiliau athronyddol cadarn iddi, sef syniadau ôl-strwythurol.[25]

Y 'strwythur' mewn 'ôl-strwythurol' yw strwythur iaith: a chyn cyrraedd yr 'ôl-strwythurol' mae'n rhaid oedi i ystyried beth yw syniadau 'ieitheg strwythurol' (*structural linguistics*) a'u goblygiadau. Y man cychwyn priodol yw gwaith Ferdinand de Saussure (1857–1913). Fel y dywed Dafydd Jenkins (1911–2012) yn 1970, roedd ei lyfr *Cours de linguistique générale* (1916) 'nid yn unig yn hollol gyfoes ond o flaen yr oes i laweroedd ohonom heddiw.'[26] Yn fras fe ddatgymalodd de Saussure sut mae iaith yn gweithio fel system. Dywedodd fod geiriau yn fympwyol: arwydd o hynny yw'r gair 'ci' sydd, ym mhen y siaradwr Cymraeg, yn pwyntio at anifail anwes â phedair coes. Wrth adeiladu syniadau yn ein pennau i greu model o'r byd tu-allan, rydym yn creu cysylltiadau rhwng geiriau, ac un berthynas bwysig yw rhwng gwrthgyferbyniadau deuol (*binary opposites*). Felly, mae 'ci' yn anifail anwes sydd ddim yn 'gath' (a 'chath' yn anifail anwes sydd ddim yn 'gi'). Yn ein pennau, *ac nid yn y byd y tu-allan*, mae'r cysylltiadau hyn. Yn y modd hwn yr adeilada aelodau o gymuned ieithyddol eu dealltwriaeth o'r byd, felly mae iaith yn '[g]ystrawiad cyfundrefnol, cyson, isymwybodol, ffenomenon sydd yn perthyn nid i unigolion ond i gymuned iaith'.[27] Mae hefyd yn system gaeëdig, sydd yn golygu bod y geiriau yn cael eu hystyr o'u perthynas â geiriau eraill. Efallai nid yw hyn o gymaint o bwys wrth ystyried geiriau am bethau 'caled' fel anifeiliaid, ond wrth inni ystyried cysyniadau fel 'gwrywdod', mae'n fater arall. O ran ein syniadau am natur cystadleuol dynion, er enghraifft, a ydynt yn seiliedig ar wirionedd biolegol neu a ydynt yn hytrach yn arteffact ieithyddol, wedi'i greu gan y disgwyliad y dylai dynion ymddwyn mewn ffordd wahanol i ferched?[28]

Un ysgolhaig a ddatblygodd syniadau de Saussure oedd yr anthropolegydd Claude Lévi-Strauss (1908–2009), a oedd yn gyfrifol am ddatblygu 'anthropoleg strwythurol'. Yn y degawdau cynt bu anthropoleg yn ddisgyblaeth a gymerodd yn ganiataol fod hierarchiaeth o fewn diwylliannau: roedd rhai cymdeithasau yn 'flaengar' a rhai yn 'gyntefig'. Fodd bynnag, roedd Lévi-Strauss a'i gyd-weithwyr yn gyfrifol am dorri'r gwahanfuriau i lawr gan ddefnyddio rhesymeg de Saussure. Os mai'r diffiniad o gymdeithas flaengar oedd un nad oedd yn gyntefig, a'r diffiniad o gymdeithas gyntefig oedd un nad oedd yn flaengar, yna nid oedd disgrifio unrhyw gymdeithas benodol fel y naill neu'r llall o reidrwydd yn dweud llawer. Felly fe bwysleisiodd Lévi-Strauss mai cysyniadau perthynol yw labeli o'r fath. Fe weithiodd syniadau Lévi-Strauss i ddibrisio pwysigrwydd y **metanaratif** mewn hanes.[29] Hynny yw, nid yw'n bosibl ysgrifennu hanes holl-gwmpasog sydd yn egluro pam y digwyddodd pethau, ac (yn wahanol i syniadau Marcsaidd) fe fynnodd nad oedd gan hanes 'gyfeiriad' pendant.

> **Metanaratif**
> (*Meta-narrative*, neu *grand narrative* neu *master narrative*)
>
> Metanaratif yw'r gystrawen sy'n rhoi siâp i stori – y fframwaith sydd yn cloriannu'n cyfan o'r dechrau, trwy'r canol, hyd at y diwedd. Mewn hanes, fe ddylai metanaratif gynnig atebion cynhwysfawr sydd yn gallu egluro pam y digwyddodd pob peth a ddigwyddodd.

Fe esgorodd 'ieitheg strwythurol' ar nifer o ddeongliadau a gyfrannodd at wanhau haeriadau haneswyr eu bod yn cynnig darlun cywir o'r gorffennol wrth ddisgrifio ac egluro digwyddiadau'r oesoedd a fu. Fe awgrymodd Hayden White (1928–2018) yn 1966 bod ysgrifennu hanes yn ei hanfod yn debyg i ysgrifennu nofel. Yn ôl White, fel ag y mae awdur ffuglen yn adrodd ei stori gan ddefnyddio un o bedwar math o blot (digrif; trychineb; dychan neu ramantus), roedd haneswyr yn cyflwyno eu naratifau gyda'r un pedwar strwythur.³⁰ Honnodd nad oedd modd dweud bod unrhyw naratif a grëwyd gan hanesydd yn cyfleu'r 'gwirionedd' yn fwy na naratif a ddaeth o ddychymyg awdur.³¹ Ar y pwynt hwn gallwn symud ymlaen o syniadau 'strwythurol' i'r 'ôl-strwythurol'. Mae'r ddau yn cymryd mai iaith yw testun yr archwiliad ac nad oes perthynas hanfodol rhwng 'realiti' a'r geiriau a ddefnyddir i'w disgrifio, ond mae'r ôl-strwythurwyr yn pwysleisio bod iaith ei hun yn system ansefydlog. Mae geiriau yn bethau llithrig: maent yn newid eu hystyr gydag amser, felly sut gallwn ni ddweud i sicrwydd beth oedd ystyr unrhyw air arbennig ar ryw bwynt yn y gorffennol? Felly, fel y pwysleisiodd yr Athronydd Ffrengig Jacques Derrida (1930–2004), *'Il n'y a pas de hors-texte'* – 'Does dim byd y tu allan i'r testun'.³² Fel y dywed John Rowlands (1938–2015), wrth drafod gwaith Derrida, 'Twyll yw'r syniad fod iaith yn adlewyrchu realiti, neu'n rhoi mynediad inni at ryw wirionedd y tu hwnt iddi hi ei hun'.³³

Un agwedd ar hanes a dderbyniodd feirniadaeth hallt gan yr ysgolheigion a dderbyniodd syniadau Derrida a'i dechneg o 'ddadadeiladu' (sef datgymalu testunau gan edrych yn fanwl ar y geiriau a chynnig deongliadau amrywiol o'u hystyr) oedd hanes Marcsaidd traddodiadol. Sut oedd hi'n bosibl defnyddio 'dosbarth' i egluro pam oedd pethau'n digwydd a hwnnw yn ddim ond gair gydag ystyr braidd yn niwlog. (I fynd yn ôl at y syniad o wrthgyferbyniadau deuol, os mai'r diffiniad o rywun dosbarth gweithiol yw gweithiwr nad yw'n ddosbarth canol, a'r diffiniad o rywun dosbarth canol yw gweithiwr nad yw'n ddosbarth gweithiol, yna nid yw'r ysgolhaig yn mynegi unrhyw beth am y byd go-iawn wrth alw'r naill yn ddosbarth gweithiol a'r llall yn ddosbarth canol). Felly roedd holl seiliau hanesyddiaeth Marcsaidd yn edrych yn sigledig.³⁴

Teg nodi hefyd bod syniadau am 'wrthrychedd' yn cael eu dibrisio gan syniadau ôl-fodern ac ôl-strwythurol. Roedd y dulliau hyn o feddwl yn hynod o amheus a ellid cyrraedd unrhyw fath o 'wirionedd gwrthrychol'.³⁵ Nid oedd modd i neb wybod i sicrwydd beth oedd ym meddyliau awduron unrhyw eiriau pan gawsant eu hysgrifennu: i'r gwrthwyneb, ceir rhwyd-hynt i unrhyw awdur presennol roi ei ddeongliad ei hunan i'r geiriau (oherwydd cofiwch nid oes dim byd yn bodoli y tu hwnt i'r testun).³⁶

Ffrancwr arall a fu'n hynod o ddylanwadol oedd Michel Foucault (1926–84). Roedd yntau'n astudio sut oedd grym yn mynegi ei hunan ac yn gweithio i gryfhau statws y sawl a fedda ar rym. Cyflwynodd y cysyniad o **ddisgwrs** (*discourse*), sef y 'sgript' sydd ar gael i bobl ddeall y byd. Er enghraifft, yn oes Victoria a dechrau'r ugeinfed ganrif fe allwn gyfeirio at y 'disgwrs Imperialaidd' ym Mhrydain, pan roedd bron pob papur, sylwebydd a gwleidydd yn cymryd yn ganiataol ei bod yn briodol a theg i Brydain feddiannu tiriogaethau helaeth ar draws y byd. Roedd y neges hon yn cael ei hatgyfnerthu o gymaint o gyfeiriadau gwahanol (meddylier am yr atlasau a ddefnyddiwyd ym mhob ysgol yn dangos tiriogaethau eang yr Ymerodraeth mewn coch balch) fel bod ychydig iawn o le i leisio unrhyw wrthwynbiad.

> **Disgwrs** (*discourse*)
>
> Gallwn (or-)symleiddio'r cysyniad o ddisgwrs trwy adrodd y doetheiriau 'mae gwybodaeth yn rym, ac mae grym yn wybodaeth'. Mae'r grymoedd sydd yn cyfarwyddo nerth y wladwriaeth, yn rheoli'r cyfryngau ac yn penderfynu ar gynnwys cwricwla ysgolion yn gallu llywio sut mae trigolion yn gweld a deall y byd. Yn ôl Foucault, nid yw grym yn llywio cymdeithas o'r top i lawr trwy weithredoedd pwrpasol 'y llywodraeth' neu'r 'awdurdodau', eithr yn lleol y gweithia nifer o asiantau i gryfhau'r disgwrs tra-arglwyddiaethol. Fel y dywed Glyn Williams:
>
>> Pryd bynnag y gallwn ddisgrifio system wasgaredig sy'n cyfuno nifer o ddatganiadau, pryd bynnag y gallwn ddiffinio perthynas reolaidd rhwng gwrthrychau, mathau o ddatganiadau, cysyniadau neu ddewis themâu, dywedwn ein bod yn ymdrin â ffurfiant disgyrsaidd.
>>
>> ...I Foucault nid yw gwybodaeth yn bodoli ar wahân i rym. Ar y llaw arall 'does dim gwybodaeth y tu allan i ddisgwrs, sy'n golygu nad yw disgwrs yn bodoli ar wahân i rym; hynny yw, lleolwyd grym oddi mewn i ddisgwrs.
>
> Glyn Williams, 'Cynhyrchu disgwrs: sylwadau ar waith Michel Foucault', *Efrydiau Athronyddol*, 51 (1988), 37–46, t. 39; t. 43.

O'r 'Gwleidyddol' i'r 'Cymdeithasol' ac i'r 'Diwylliannol'

I roi enghraifft arall o ddisgwrs, yn ystod blynyddoedd y Rhyfel Mawr roedd bron pob papur newydd yng Nghymru yn gefnogol i ymgyrch Prydain. Yn y cyfnod cyn gorfodaeth filwrol felly, pan roedd y lluoedd arfog yn dibynnu ar wirfoddolwyr, fe dyfodd yr hyn y gallwn ei alw'n 'ddisgwrs recriwtio' yn y pau cyhoeddus. Defnyddiai'r adroddiadau eiriau penodol i ddisgrifio'r rhai a ymunai â'r fyddin (yn Saesneg, defnyddiwyd yn helaeth yr ymadrodd rhamantus *'joining the colours'*). Roeddent yn arwyr, yn anrhydeddus, yn gwneud eu dyletswydd, yn fodlon aberthu dros eu gwlad. Llyfrgwn – *'shirkers'* neu *'slackers'* yn Saesneg – oedd y dynion ifanc cymwys na ymunai â'r rhengoedd. Dengys yr enghraifft hon y rhinweddau a bwysleisia Foucault: nid 'yr awdurdodau' oedd yn gyfrifol am lywio'r disgwrs hwn, er iddynt ei gefnogi wrth reswm. Yn hytrach cododd yn lled ddigymell, wrth i olygyddion, sylwebwyr a phobl o bwys yn y gymdeithas benderfynu mai'r unig gwrs priodol oedd cefnogi achos Prydain i'r carn. Ni ddaeth arweiniad o un ffynhonnell lywodraethol, eithr cododd o nifer o leoliadau ar wasgar, yn lleol, yn rhanbarthol ac yn genedlaethol.

Edrychodd Foucault ar bynciau a oedd cyn hynny'n cael eu hystyried yn rhai ymylol, er enghraifft trosedd a chosb, meddyginiaeth, gwallgofrwydd a rhywioldeb.[37] Ymwrthododd â'r syniad ei bod yn bosibl ysgrifennu metanaratif a fyddai'n cwmpasu ystod eang o themâu: iddo ef nid oedd newid dros gyfnod o amser yn golygu cynnydd, nac unrhyw fath o ddilyniant. I'r gwrthwyneb, rhaid edrych yn fanwl ar sut oedd disgwrs yn mynegi ei hunan mewn amgylchiadau arbennig, gan ffocysu ar yr amgylchiadau penodol a oedd yn weithredol yn y fan a'r lle. Gallwn weld bod yr agwedd hon at hanes yn gynhwysol yn yr ystyr ei fod yn ystyried bod bywydau pob math o unigolion yn haeddu cael eu harchwilio, nid dim ond y rheiny a oedd mewn grym.

Mae ysgolheigion fel Georg Iggers (1926–2017) wedi dadlau bod syniadau Foucault wedi disodli'r dadansoddiad Marcsaidd fel y brif ffordd y mae haneswyr yn dadansoddi grym. Hynny yw, yn hytrach na chanolbwyntio ar rym economaidd (a sut mae cyflogwyr a'r dosbarth rheoli yn ceisio cadw gafael ar eu buddion), bellach mae haneswyr yn edrych ar wybodaeth a grym deallusol: pwy sy'n elwa ar y disgwrs dominyddol.[38] Gallwn weld pa mor ddylanwadol yw syniadau Foucault ar haneswyr sy'n dilyn Edward Said (1935–2003) wrth drafod 'Dwyreinoldeb' (*Orientalism*) – sef y syniad bod y 'Gorllewin' wedi adeiladu delwedd o'r 'Dwyrain' fel tiroedd cyfrin, estron, annatblygedig (mewn gwrthgyferbyniad â rhinweddau gwledydd y Gorllewin) ac felly yn diroedd a oedd yn briodol i'r Gorllewin eu dofi.[39]

Maes arall lle mae syniadau Foucault am ddisgwrs wedi bod yn fuddiol yw **rhywedd**. O'r 1960au ymlaen aeth nifer o fenywod arloesol ati i ysgrifennu hanes menywod gan geisio llenwi'r bylchau mewn hanes traddodiadol – hanes 'gwleidyddol' a hanes 'cymdeithasol' – â'i bwyslais ar ar yr hyn a ddigwyddai i ddynion yn unig. Roedd tebygrwydd cryf yn llawer o'u dulliau a'u methodoleg i'r 'Hanes o'r Gwaelod', ac roedd teitlau megis *'Hidden from History'* a *'Becoming Visible'* yn tanlinellu'r ffaith mai hanes oedd hwn a anwybyddwyd cynt.[40] Fodd bynnag, roedd perygl bod y cyfraniadau hyn yn cael eu hystyried yn ategol – fel petaent wedi eu bolltio at hanes dynion.[41] Yna, wrth i haneswyr gychwyn trafod rhywedd fe ddaeth rhai i ystyried y cyfle i glymu profiadau dynion

---

Rhywedd (*gender*)

Yn hytrach nag ystyried gwahaniaethau biolegol rhwng dynion a menywod (h.y. rhyw), mae ysgolheigion sy'n astudio rhywedd yn edrych ar y disgwyliadau a osodir ar ddynion a menywod i ymddwyn mewn ffyrdd priodol. Mae'r cysyniad o wrthgyferbyniadau deuol yn gysyniad pwysig: mae diwylliant yn gosod disgwyliadau ar iddynion ymddwyn mewn ffordd sydd ddim yn 'fenywaidd', ac i fenywod ymddwyn mewn ffordd sydd ddim yn 'wrywaidd'.

'Rhywedd yw'r broses o lunio cysyniadau o wahaniaethau gwrywaidd a benywaidd yn gymdeithasol, a'r ystyron a gysylltir wrth y gwahaniaethau hynny. Mae astudio rhywedd yn golygu ystyried sut mae gwahaniaethau rhyweddol yn cael eu llunio, eu hyrwyddo a / neu eu newid.'

Pat Hudson, 'Hanes Menywod a Hanes Rhywedd', *Y Cylchgrawn Hanes*, 9 (2006)

a menywod i fod yn rhan o'r un naratif, ac i fywiocáu a dyfnhau ein dealltwriaeth o fywydau trigolion yr oesoedd a fu.[42] Cwestiwn sydd i'w ddatrys gyda'r math o haneswyr sy'n pwysleisio rhywedd yw sut i gynnwys ystyriaeth o alluedd yn y darlun. Os mai strwythur ieithyddol sy'n creu hunaniaeth (fel dyn neu fenyw), yna sut gall unrhyw unigolyn newid unrhyw beth? Cofiwch fod hanes menywod, fel y'i gwnaed yn y 1960au a'r 1970au, yn brosiect ffeministaidd yn ei hanfod, a oedd yn pwysleisio galluedd menywod y gorffennol â'u rôl yn newid y byd. Mae perygl bod haneswyr sy'n pwysleisio rhywedd (a haneswyr eraill sy'n canolbwyntio ar sut mae iaith yn creu realiti) yn euog o benderfyniaeth ieithyddol (linguistic determinism).[43]

Erbyn hyn, mae ein trosolwg o hanes wedi camu ymlaen yn ddiamau at faes 'hanes diwylliannol'. I grynhoi'r stori, rywbryd yn y 1980au neu'r 1990au, pan oedd damcaniaethau ôl-strwythurol yn cael eu gweld fel her ffwndamentalaidd i hanes yn ei gyfanrwydd a rhai haneswyr hen-ffasiwn yn poeni am ddyfodol y ddisgyblaeth,[44] fe newidiodd y rhan fwyaf o haneswyr ffocws eu hastudiaethau o strwythurau cymdeithasol i ddiwylliant. Dyma'r 'tro diwylliannol' – neu, o edrych arno o gyfeiriad arall gan ystyried sut oedd haneswyr bellach yn cymryd o ddifrif yr angen i astudio'n fanwl yr iaith a ddefnyddiwyd gan bobl y gorffennol i ddisgrifio eu bydoedd, dyma'r 'tro ieithyddol'.[45] Deilliodd o'r ddealltwriaeth fod 'ffeithiau' yn bethau lletchwith i'w darganfod, a byddai'n haws canolbwyntio ar 'gynrychiolaethau' (representations).

Canlyniad arall sy'n deillio o ddylanwad cynyddol syniadau ôl-strwythurol yw bod y ffiniau rhwng disgyblaethau yn cael eu herydu fwyfwy. Mae hyn yn rhannol am fod bron pob disgyblaeth academaidd erbyn hyn wedi derbyn egwyddorion ôl-strwythurol / ôl-fodern am anwadalrwydd ac ansicrwydd ffeithiau.[46] Felly mae'r ffiniau rhwng disgyblaethau gwahanol yn diflannu wrth i ysgolheigion o bob math ddrachtio o'r un ffynnon. Rheswm arall yw bod mwy o ryddid i haneswyr astudio pynciau amrywiol gan ddefnyddio mathau amgen o dystiolaeth – nid yw'r haneswyr yn rhwymedig bellach wrth ffynonellau ysgrifenedig.

Mae gwneud 'hanes diwylliannol' yn golygu newid y cwestiynau a ofynnir i'r dystiolaeth, gan geisio closio at sut oedd trigolion y gorffennol yn gweld y byd a'u lle nhw ynddo. Yn ogystal â gweld dadansoddiad o'r disgwrs neu'r disgyrsiau a oedd yn ffurfio paramedrau sut oedd yr unigolion yn gallu gweld eu byd, cawn nifer o eiriau fel 'cynrychiolaethau'; 'symbolau' a 'hunaniaeth'. Edrychwch, er enghraifft, ar astudiaeth Bill Jones o sut oedd ymfudwyr o Gymru wedi ceisio cadw gafael ar eu diwylliant wedi iddynt deithio i feysydd aur Victoria yn Awstralia.[47] Mae'n datgan (t. 43) mai ei brif fwriad yw 'trin a thrafod rhai agweddau o'r modd yr ymatebodd ymfudwyr Cymreig i gymdeithas eangach, amlddiwylliannol Ballarat a'r modd hefyd yr addasant iddi'. Mae'n astudio'r 'prosesau o gyfaddasu a chymhathu' a'r cyd-blethiad rhwng y ddau. Tystiolaeth hanfodol yw'r datganiadau cyhoeddus a ddaw o 'areithiau, pregethau ac adroddiadau'r wasg' sydd yn cynnig mewnwelediad i ni o sut oedd y Cymry yn gweld eu hunain ac eisiau portreadu eu hunain.

Felly mae rhywbeth a oedd, efallai, wedi cael ei ystyried yn sefydlog, fel hunaniaeth Gymraeg neu rywedd, bellach ar agor i'w astudio gan haneswyr diwylliannol, gan ddefnyddio technegau i archwilio'n ofalus ddatganiadau'r gorffennol. Mae hyn yn caniatáu i'r hanesydd wedyn astudio'r pwnc er mwyn gweld sut y mae wedi esblygu dros gyfnod o amser. Ped edrychwch ar silffoedd llyfrgelloedd prifysgol fe welwch nifer fawr o lyfrau a gyhoeddwyd y ganrif hon sy'n dwyn teitlau megis '*A Cultural History of XXX*' neu '*XXX: A Cultural History*'. Wrth bori trwy gatalog Prifysgol Abertawe fe welir o gwmpas 400 o deitlau felly a gyhoeddwyd ers 2000, gan gynnwys astudiaethau o hanes diwylliannol gwledydd, dinasoedd, gweithgareddau diwylliannol, syniadau, teimladau, rhannau o'r corff, gwrthrychau, chwaraeon, hobïau, ac arferion cymdeithasol.[48]

Wrth reswm, nid yw haneswyr wedi peidio â gwneud 'hanes cymdeithasol' ac fe welir cannoedd o lyfrau ar silffoedd llyfrgelloedd a gyhoeddwyd y ganrif hon sy'n dwyn teitl tebyg i '*XXX: A Social History*'. Mae'r un yn wir am hanes gwleidyddol, ac mae cannoedd o lyfrau diweddar sydd â '*Political History*' yn eu teitl, ond eto mae'n siwr na fyddai canlynwyr ysgol von Ranke ganrif yn ôl yn adnabod rhai o'r pynciau sy'n cael eu hystyried. Beth, tybed, a fyddai'r hen do o haneswyr yn meddwl o deitlau megis

O'r 'Gwleidyddol' i'r 'Cymdeithasol' ac i'r 'Diwylliannol'

Catalan Cartoons: a Cultural and Political History neu *Empire in Waves: a Political History of Surfing*.[49]

I gloi gyda sylwadau am wrthrycholdeb: dyma rinwedd a fu'n hanfodol i grefft yr hanesydd erioed, ond fel y nodwyd, yn y byd ôl-fodern, mae'r cysyniad yn un hynod o letchwith. Fel y cwynodd Gertrude Himmelfarb (1922–2019), roedd pethau'n fwy syml o gwmpas 1975, pan fyddai rhywun yn gallu siarad yn eofn am chwilio am wirionedd, '*and indeed, to speak of truth without the ironic use of quotation marks.*' Mae gan Himmelfarb sylwadau hallt ynghylch sut mae syniadau ôl-fodern yn nacáu gwirionedd y gorffennol, gan roi rwydd hynt i'r hanesydd adrodd yr hanes ym mha ffordd bynnag y dymuna, gan gyfleu unrhyw gasgliad sydd at ei dant / thant.[50] Fodd bynnag, fe ddylai unrhyw hanesydd werth ei halen wybod beth yw'r terfynau, a gwybod ei bod yn hanfodol parchu'r dystiolaeth. Rydym yn cydnabod bod llawer am y gorffennol na allwn ei 'brofi' – a bod y dystiolaeth a ddewiswn ni yn gallu effeithio ar y casgliadau – ond eto, mae modd dangos bod patrymau rhesymol i ddigwyddiadau'r gorffennol ac awgrymu'n gryf pa syniadau *nad* ydynt yn dal dŵr.[51]

Felly mae hanes diwylliannol yn galw ar i'r hanesydd ddatgan beth yw ei berthynas / pherthynas â'r testun, gan gynnal sgwrs, fel petai, gyda'r darllenydd i amlinellu o ba gyfeiriad mae'r dadansoddiad yn dod. O'm safbwynt i, mae yna'r fath beth â 'gwirionedd' (gyda'r dyfynodau, neu hebddynt). Pan fydd hanesydd da yn casglu toreth o dystiolaeth i gefnogi safbwynt penodol ac yn dweud 'dyma sut oedd pethau', nid oes lle i unrhyw un synhwyrol amau hynny. Eto, mewn achosion lle ceir nifer o geinciau, cymaint ohonynt fel nad oes modd cwmpasu popeth mewn nifer rhesymol o eiriau, mae'n rhaid cydnabod bod ffyrdd eraill o greu naratif am y gorffennol sydd yr un mor ddilys. Wrth edrych ar ddatblygiad disgyblaeth hanes dros y ganrif a hanner ddiwethaf, fe allai rhywun arall fod wedi dewis man cychwyn arall neu ganolbwyntio ar gyfraniadau ysgolheigion eraill, neu benderfynu ar ddiweddglo a fyddai wedi rhoi gogwydd amgen ar y sefyllfa. Wedi'r cyfan, gall syrffiwr ddewis pa don y mae am ei reidio i'r lan.

Nodiadau

1. Andrew Dilley, adolygiad o Deryck Schreuder a Stuart Ward (goln), *Australia's Empire* (Rhydychen: Oxford University Press, 2008), a Philip Buckner (gol.), *Canada and the British Empire* (Rhydychen: Oxford University Press, 2008), ar wefan 'Reviews in History', https://reviews. history.ac.uk/review/760b (cyrchwyd Mai 2019).
2. Y golygyddion cyffredinol oedd J. Holland Rose, A. P. Newton ac E. A. Benians; rhannwyd cyfrol VII yn ddau lyfr; cafwyd ail argraffiad o gyfrol VIII yn 1963.
3. Robie L. Reid, 'Captain Evans of Cariboo', *British Columbia Historical Quarterly*, 2/4 (1938).
4. Rodman Paul, 'Old Californians at British Gold Fields', *Huntington Library Quarterly*, 17 (1954), 161–72; F. W. Lindsay, *The Cariboo Dream* (Vernon, BC, 1971); Ronald Genini 'The Fraser-Cariboo Gold Rushes: Comparisons and Contrasts with the California Gold Rush', *Journal of the West*, 11 (1972), 470–87.
5. Cole Harris, 'How Did Colonialism Dispossess? Comments from an Edge of Empire', *Annals of the Association of American Geographers*, 94/1 (2004), 165–82; Gethin Matthews, '"Y Dynion Mwyaf Diniwed ar Wyneb y Greadigaeth" – Y Cymry a Brodorion Columbia Brydeinig', *Y Traethodydd* CLXIV, 690 (Gorffennaf 2009), 147–56.
6. Gethin Matthews, '"Addoli'r Dduwies Aur" ("Worshipping the Goddess Gold"): The Patterns and Processes of Nineteenth Century Welsh Migration to the British Columbia Gold-fields' (Traethawd PhD, Prifysgol Caerdydd, 2010, heb ei gyhoeddi).
7. Am driniaeth sydd yn pwysleisio bod y datblygiadau yng nghyfnod von Ranke yn esblygiadol yn hytrach na chwyldroadol, gweler Anthony Grafton 'The Footnote from De Thou to Ranke', *History and Theory*, 33/4 (1994), 53–76.
8. Fe ddaw'r ymadrodd enwog hwn allan o'r rhagarweiniad i'w lyfr cyntaf – *Geschichten der romanischen und germanischen Völker von 1494 bis 1514* (1824).
9. Dyfynnwyd yn John Warren, 'The Rankean tradition in British historiography', yn Stefan Berger, Heiko Feldner a Kevin Passmore (goln), *Writing History: Theory and Practice*, 2il arg. (Llundain: Bloomsbury, 2010), t. 32.
10. Adolygiad gan Hans Kohn o lyfr Theodore H. von Laue, *Leopold Ranke: The Formative Years*, yn *The Journal of Modern History*, 23/3 (Medi 1951), 280.
11. Frederick Jackson Turner, 'The Significance of the Frontier in American History' (1893) https://www.historians.org/about-aha-and-membership/ aha-history-and-archives/historical-archives/the-significance-of-the-frontier-

in-american-history (cyrchwyd Rhagfyr 2019). Gweler hefyd Allan G. Bogue, 'Frederick Jackson Turner Reconsidered', *The History Teacher*, 27/2 (Chwefror 1994), 195–221.

12 Frederick Jackson Turner, *The Early Writings of Frederick Jackson Turner with a list of all his works*, gol. Everett E. Edwards (Madison, 1938), t. 52.
13 J. R. Green, *A Short History of the English People* (Efrog Newydd: Harper, 1884), t. iii.
14 Richard J. Evans, *In Defence of History* (Llundain: Granta, 1997), t. 26.
15 Geoff Eley, 'Marxist historiography', yn Berger, Feldner a Passmore (goln), *Writing History: Theory and Practice*, 2il arg. (Llundain: Bloomsbury, 2010), tt. 61–80, tt. 65–7.
16 Peter Lambert, 'The professionalization and institutionalization of history', yn *Writing History: Theory and Practice*, 2il arg. (Llundain: Bloomsbury, 2010), tt. 40–58, tt. 48–9.
17 R. Rees Davies, 'Marc Bloch', *Taliesin*, 11 (1965), 68–75.
18 E. P. Thompson, *The Making of the English Working Class* (Llundain: Gollancz, 1963).
19 Walter L. Adamson, 'Marxism and Historical Thought', yn Lloyd Kramer a Sarah Maza (goln), *A Companion to Western Historical Thought* (Rhydychen: Blackwell, 2002), tt. 205–24, tt. 217–18.
20 Keith Flett, 'Labour History', *http://www.history.ac.uk/makinghistory/resources/articles/labour_history.html* (cyrchwyd Rhagfyr 2019).
21 Martin Johnes, 'For Class and Nation: Dominant Trends in the Historiography of Twentieth-Century Wales', *History Compass*, 8/11 (2010), 1257–74.
22 Neil Evans, 'Writing the social history of Modern Wales' *Social History*, 17/3 (Hydref 1992), 479–92, t. 482.
23 Jay Winter ac Antoine Prost, *The Great War in History: Debates and Controversies, 1914 to the Present* (Caergrawnt: Cambridge University Press, 2005), tt. 26–7.
24 Kevin Passmore, 'Poststructuralism and History', yn Berger, Feldner a Passmore (goln), *Writing History: Theory and Practice*, 2il arg. (Llundain: Bloomsbury, 2010), tt. 123–46, t. 124.
25 I gael awgrym o ba mor amhosibl yw diffinio 'ôl-foderniaeth', gweler y rhestr bert o ansoddeiriau blodeuog sy'n cael ei chyflwyno i geisio portreadu syniadau ôl-fodernaidd yn Ihab Hassan, *The Postmodern Turn: Essays in Postmodern Theory and Culture* (Columbus: Ohio State University Press, 1987), t. xvi.
26 Dafydd Jenkins, 'Llafur gwlad a chymdeithas II', *Y Traethodydd*, CXXIX, 53 (1974), 256–76, tt. 270–1.
27 Dafydd Jenkins, 'Lévi-Strauss ac adeiliaeth', *Y Traethodydd* CXXXI, 59 (1976), 102–17, t. 104.

[28] Gweler Passmore, 'Poststructuralism and History', tt. 120–1.

[29] Ceir dadansoddiad pellach ym mhennod Iwan Morus, 'Hanes ac Anthropoleg' am ddylanwad anthropoleg strwythurol a syniadau Lévi-Strauss ar ysgolheigion a ddilynai anthropoleg diwylliannol, megis Clifford Geertz. Geertz a fu'n gyfrifol am boblogeiddio'r ymadrodd *'thick description'*, sef y syniad y gellir archwilio digwyddiadau penodol yn fanwl i ddarganfod cliwiau sy'n rhoi mynediad i'r diwylliant. Mae'r dull hwn wedi bod yn ddylanwadol ar rai a geisiodd wneud hanes o'r gwaelod a phob ymchwilydd a fentrodd ar feicrohanes. Gweler Georg G. Iggers, *Historiography in the Twentieth Century: From Scientific Objectivity to Postmodern Challenge* (Hanover: University Press of New England, 1997), t. 104; Giovanni Levi, 'On Microhistory', yn Peter Burke (gol.), *New Perspectives on Historical Writing* (Caergrawnt: Polity Press, 2001), tt. 97–119.

[30] Hayden White, 'The Burden of History', *History and Theory*, 5/2 (1966), 111–34.

[31] Hayden White, 'The Question of Narrative in Contemporary Historical Theory', *History and Theory*, 23/1 (1984), 1–33.

[32] Jacques Derrida, *De la grammatologie* (Paris: Minuit, 1967), t. 158.

[33] John Rowlands, 'Chwarae â chwedlau : cip ar y nofel Gymraeg ôl-fodernaidd' *Y Traethodydd*, CLI, 636 (1996), 5–24, t. 7.

[34] Gweler Andy Croll, '"People's remembrancers" in a post-modern age: contemplating the non-crisis of Welsh labour history', *Llafur*, 8/1 (2000), 5–18, a'i sylwadau am gyfraniad Patrick Joyce, *Visions of the People: Industrial England and the Question of Class, 1848–1914* (Caergrawnt: Cambridge University Press, 1911), ar d. 11.

[35] Yn ôl Eric Hobsbawm, roedd gan bob math o ôl-foderniaeth 'an essential scepticism about the existence of an objective reality, and/or the possibility of arriving at an agreed understanding of it by rational means': *Age of Extremes: The Short Twentieth Century 1914–1991* (Llundain: Abacus, 1994), t. 517.

[36] Am y strategaethau a ddefnyddiwyd gan rai haneswyr i ddadlau yn ôl gweler Marjatta Rahikainen a Susanna Fellman, 'On Historial Writing and Evidence', yn eu *Historical Knowledge: In Quest of Theory, Method and Evidence* (Newcastle: Cambridge Scholars Publishing, 2012), tt. 5–44.

[37] *Madness and Civilization* (1965); *The Order of Things* (1966); *Discipline and Punish* (1975); *The History of Sexuality* (3 cyfrol, 1979–88).

[38] Georg Iggers, *Historiography in the Twentieth Century: From Scientific Objectivity to Postmodern Challenge* (Hanover: University Press of New England, 1997), t. 99; Georg G. Iggers, 'Historiography in the Twentieth Century', *History and Theory*, 44/3 (2005), 469–76, t. 475.

[39] Edward Said, *Orientalism* (Llundain: Routledge & Kegan Paul, 1978).

40 Sheila Rowbotham, *Hidden from History: 300 years of Women's Oppression and the Fight against it* (Llundain: Pluto, 1973); Renate Bridenthal, Claudia Koonz, a Susan Stuard (goln), *Becoming visible: Women in European History* (Boston: Houghton Mifflin, 1977).

41 Paul O'Leary, 'Masculine Histories: Gender and Social History', *Cylchgrawn Hanes Cymru*, 22/2 (Rhagfyr 2004), 252–77, tt. 256–7; Katherine Holmes, 'Moving Beyond Boundaries: Student Perspective', https://teachingwomenshistory.com/category/why-womens-history/ (cyrchwyd Rhagfyr 2019).

42 Alice Kessler-Harris, 'What is gender history now?', yn David Cannadine (gol.), *What is History Now?* (Basingstoke: Palgrave Macmillan, 2002), tt. 95–112. Gwaith hanfodol am ddamcaniaethau rhywedd yw Joan Wallach Scott, 'Gender: a useful category of historical analysis', *American Historical Review*, 91/5 (1986), 1053–75.

43 Tracey L. Loughran, 'Cultural History', yn Stefan Berger, Heiko Feldner a Kevin Passmore, *Writing History: Theory and Practice*, 2il arg. (Llundain: Bloomsbury, 2010), tt. 359–81, t. 368.

44 Gweler sylw Lawrence Stone, 'If there is nothing outside the text, then history as we have known it collapses altogether, and fact and fiction become indistinguishable from one another', yn ei 'History and Post-Modernism III', *Past and Present*, 135/1 (1992), 189–94, t. 190.

45 Passmore, 'Poststructuralism and History', t. 143; Miri Rubin, 'What is cultural history now?', yn David Cannadine (gol.), *What is History Now?* (Basingstoke: Palgrave Macmillan, 2002), tt. 80–94.

46 Ar y pwynt hwn, mae hyd yn oed disgyblaethau a ddylai fod yn seiliedig ar gadarnrwydd ffeithiau megis y gyfraith yn gorfod dygymod â phosibilrwydd eu simsanrwydd. Gweler sylwadau Eric Hobsbawm am achos llys enwog O. J. Simpson, lle nad y gwirionedd ynghylch pwy laddodd ei wraig ac un arall oedd y brif ystyriaeth pan oedd cymaint o bethau eraill diddorol i'w trafod: Larry Lockridge, 'The Ethics of Biography and Autobiography', yn *Critical Ethics: Text, Theory and Responsibility* gol. Dominic Rainsford a Tim Woods (Efrog Newydd: St Martin's Press, 1999), t. 131.

47 Bill Jones, 'Cymry "Gwlad yr Aur": Ymfudwyr Cymreig yn Ballarat, Awstralia, yn ail hanner y bedwaredd ganrif ar bymtheg', *Llafur*, 8/2 (2001), 41–62.

48 Am ddewis o bynciau cynrychiadol, gweler Michael Eaude, *Catalonia: a cultural history* (Rhydychen: Oxford University Press, 2008); Siobhán Kilfeather, *Dublin: a cultural history* (Rhydychen ac Efrog Newydd: Oxford University Press, 2005); Andrew Smith, *The Ghost Story, 1840–1920 a cultural history* (Manceinion: Manchester University Press, 2013); Steven Connor, *Dumbstruck : a cultural history of ventriloquism*

(Rhydychen: Oxford University Press, 2000); Joanna Bourke, *Fear: a cultural history* (Llundain: Virago, 2006); David M. Friedman, *A mind of its own: a cultural history of the penis* (Llundain: Robert Hale, 2003); Alan Krell, *The devil's rope: a cultural history of barbed wire* (Llundain: Reaktion, 2002); Thomas W. Laqueur, *Solitary sex: a cultural history of masturbation* (Efrog Newydd: Zone Books, c.2003); Geoff Hare, *Football in France: a cultural history* (Rhydychen ac Efrog Newydd: Berg, 2003).

[49] Scott Laderman, *Empire in waves: a political history of surfing* (Berkeley: University of California Press, 2014); Rhiannon McGlade, *Catalan cartoons: a cultural and political history* (Caerdydd: Gwasg Prifysgol Caerdydd, 2016).

[50] Gertrude Himmelfarb, 'Telling it as you like it: postmodernist history and the flight from fact', yn Keith Jenkins (gol.) *The Postmodern History Reader* (Llundain ac Efrog Newydd: Routledge, 1997), tt. 158–74, t. 163; t. 158.

[51] Bernard Porter, 'Further Thoughts on Imperial Absent-Mindedness', *Journal of Imperial and Commonwealth History*, 36/1 (2008), 101–17, t. 107.

2

Hanes Cenedlaethol

Huw Pryce

'Ganed hanes modern yn y bedwaredd ganrif ar bymtheg, a'i ddychmygu a'i ddatblygu fel arf cenedlaetholdeb Ewropeaidd.'[1] Mae datganiad ysgubol Patrick Geary yn mynd â ni'n syth at thema'r bennod hon, sef y berthynas rhwng hanes a'r genedl. Wrth 'hanes' rwy'n golygu math o sgrifennu yn ogystal â disgyblaeth a chanddi ei chonfensiynau neilltuol: felly rhaid ystyried y genedl nid yn unig fel testun yr hanesydd ond hefyd fel fframwaith ar gyfer ei waith. Ar un ystyr, wrth gwrs, nid rhywbeth newydd oedd hyn: bu hanes cenedlaethol yn rhan sylfaenol o hanesyddiaeth erioed. Meddylier, er enghraifft, am yr Hen Destament a'i ffocws ar hanes pobl Israel a hanesyddiaeth yr Hen Fyd clasurol, yn arbennig Rhufain, dau batrwm a ddylanwadodd yn eu tro ar haneswyr pobloedd a gwledydd yn yr Oesoedd Canol ac wedyn. Adlewyrchai gweithiau o'r fath y dybiaeth mai grwpiau ethnig a theyrnasoedd oedd priod bynciau'r hanesydd, agwedd sydd yn fyw ac yn iach o hyd heddiw er gwaethaf y twf aruthrol mewn mathau eraill o hanesyddiaeth ers yr ugeinfed ganrif megis hanes menywod neu hanes byd-eang (fel y dengys penodau eraill y llyfr hwn). Serch hynny, a dyma le mae Geary'n rhoi ei fys ar bwynt pwysig, daeth hanes cenedlaethol i amlygrwydd arbennig mewn un cyfnod penodol, sef y bedwaredd ganrif ar bymtheg. Dyna pryd enillodd y genedl yn ogystal â hanes fri newydd o ganlyniad i dri datblygiad cysylltiedig: (i) dyrchafu gwerth ac arwyddocâd y genedl fel cymuned ddynol, yn arbennig drwy gyfrwng ideoleg cenedlaetholdeb; (ii) creu meddylfryd hanesyddol a fynnai mai hanes, yn hytrach nag athroniaeth, oedd yr allwedd hanfodol i ddeall y byd;[2] a (iii) 'gwladoli hanes' drwy greu proffesiwn hanesyddol ar batrwm cenedlaethol wedi ei gynnal a'i hybu gan y wladwriaeth a chyrff eraill.[3]

Mae hanes cenedlaethol yn ddrych felly i newidiadau mewn hanesyddiaeth yn gyffredinol ac yn enghraifft dda o'r angen i leoli sgrifennu hanesyddol yn ei gyd-destun hanesyddol. Bydd y drafodaeth hon yn dechrau drwy roi sylw i'r hanes cenedlaethol Rhamantaidd ei naws a gysylltir yn arbennig â hanner cyntaf y bedwaredd ganrif ar bymtheg a'i osod yn ei gyd-destun deallusol a gwleidyddol. Wedyn cawn droi'n golygon at Leopold von Ranke, a ystyrir gan rai'n sylfaenydd hanesyddiaeth fodern, a thrafod sut ac i ba raddau y cyfrannodd at sgrifennu hanes cenedlaethol. Er bod rhai wedi gweld Ranke fel chwyldroadwr a osododd yr astudiaeth o hanes ar seiliau 'gwyddonol', gwrthrychol newydd drwy roi blaenoriaeth i dystiolaeth dogfennau cyfoes a gedwid mewn archifau, blaenoriaeth a olygai roi'r sylw pennaf i hanes gwleidyddol y gwladwriaethau a gynhyrchai'r dogfennau, bydd y rhan hon o'r drafodaeth yn awgrymu bod y darlun yn fwy cymhleth na hynny gan mai hanesydd a bontiai'r Rhamantaidd a'r 'gwyddonol' oedd Ranke mewn gwirionedd. Yn yr un modd, fel y dadleuir yn nhrydedd ran y bennod, camarweiniol fyddai tadogi ar Ranke yn unig y broses o greu proffesiwn hanesyddol ar batrwm cenedlaethol a ddaeth yn fwyfwy cyffredin yn Ewrop yn ystod degawdau olaf y ganrif, proses a ddylanwadai hefyd ar wledydd eraill megis yr Unol Daleithiau a Japan.

Hanes Cenedlaethol yn Oes y Chwyldroadau a Rhamantiaeth

Yn fras datblygodd mathau newydd o hanes cenedlaethol yn y bedwaredd ganrif ar bymtheg fel adwaith yn erbyn athroniaeth a hanesyddiaeth yr Ymoleuo, gyda'u tuedd i chwilio am ddeddfau a phatrymau cyffredinol, a'r ymdrechion i roi'r syniadau hynny ar waith yn wleidyddol, yn arbennig drwy'r Chwyldro Ffrengig yn 1789. Ynghlwm wrth yr hanesyddiaeth newydd hon oedd dau ddatblygiad. Yn gyntaf rhoddwyd gwerth newydd i'r genedl.

Hanes Cenedlaethol

Erbyn y 1790au roedd yr athronydd Almaenig Johann Gottfried von Herder (1744–1803) wedi dadlau'n gryf o blaid gwerth cyfartal pob cenedl, pob un â'i nodweddion neilltuol, ac felly o blaid cosmopolitiaeth amrywiol. Dadleuodd hefyd fod angen sgrifennu 'hanes ysbryd cenedlaethol yr Almaenwyr'.[4] A benthyca cysyniad defnyddiol Joep Leerssen, cyfrannodd Herder at greu 'meddwl cenedlaethol' yn hytrach na 'chenedlaetholdeb' fel ideoleg wleidyddol.[5] Hyrwyddo'r ideoleg honno, ar y llaw arall, oedd amcan ei gyfoeswr iau Johann Gottlieb Fichte (1762–1814) mewn cyfres enwog o ddarlithiau yn Berlin, 'Anerchiadau i'r Genedl Almaenig' (*Reden an die deutsche Nation*, 1808).[6] Dinas ym meddiant milwyr Ffrainc oedd Berlin yr adeg honno, a Fichte'n benderfynol o ymateb i goncwestau Napoleon yn yr Almaen a rhannau eraill o Ewrop a'i ddiddymiad o Ymerodraeth Rufeinig Sanctaidd y Genedl Almaenig (a rhoi iddi ei theitl llawn) yn 1806, gweithred a olygai ddirwyn i ben sefydliad gwleidyddol a oedd wedi bodoli ers coroni'r Ymerawdwr Siarlymaen yn Rhufain yn y flwyddyn 800. Yn ôl Fichte, roedd yr Almaen – casgliad o dywysogaethau gwahanol nes ei huno'n ymerodraeth dan frenin Prwsia yn 1871 – nid yn unig yn bodoli o hyd yn ei hanfod er gwaethaf goresgyniadau Napoleon ond hefyd yn rhagori ar genhedloedd eraill Ewrop oherwydd parhâd ei hiaith a'i diwylliant.[7] Yn ail, dyma yn ei dro enghraifft o symudiad Rhamantaidd i ymgysylltu â'r gorffennol, a phwysleisio gwreiddiau a pharhâd hanesyddol drwy ddal bod diwylliant, ac yn enwedig iaith, cenedl yn fynegiant o'i henaid a drosglwyddwyd o genhedlaeth i genhedlaeth. A dyfynnu Leerssen, yn sgil syniadau o'r fath, 'Bydd ailgysylltu â'r gorffennol yn rheoli chwaeth y bedwaredd ganrif ar bymtheg o hyn ymlaen ... Bydd y rhan fwyaf o hyn yng ngwasanaeth delfryd y genedl-wladwriaeth: er mwyn cyhoeddi ei gwreiddiau hynafol a'i pharhad bythol.'[8]

Dyma ni'n cyrraedd rhai o brif nodweddion hanes cenedlaethol 'Rhamantaidd', rhan o ymgais ehangach i adfer y gorffennol a welwyd hefyd, er enghraifft, yn nofelau hanesyddol Walter Scott (awdur hynod boblogaidd ar hyd a lled Ewrop), yn y bri a roddwyd ar ddarlunio testunau hanesyddol mewn celf weledol, ac yn yr ymdrechion i ailgreu'r Oesoedd Canol – y mudiad diwylliannol a elwir yn 'ganoloesoldeb' – mewn llenyddiaeth a phensaerniaeth.[9]

Yn yr un modd, amcan yr hanesydd Ffrengig Jules Michelet (1798–1874) oedd dim llai nag 'atgyfodiad y gorffennol'.[10] I'r diben hwnnw mabwysiadwyd pwyslais Rhamantiaeth ar deimladau a phrofiad yr unigolyn, pwyslais sy'n helpu esbonio uchelgais lenyddol haneswyr y cyfnod wrth iddynt geisio sgrifennu mewn ffordd fywiog a lliwgar. Roedd sgrifennu mewn ffordd ddarllenadwy yn allweddol i amcan bwysig arall, sef creu gweithiau hanes poblogaidd, rhan o ymgais ehangach nifer o haneswyr i ddemocrateiddio hanes drwy gynnwys profiadau'r bobl gyffredin fel ymgorfforiad o'r genedl, blaenoriaeth a hyrwyddwyd ymhellach drwy sgrifennu yn iaith y bobl.[11]

Gadewch i ni edrych yn fanylach ar y nodweddion hyn. Dechreuwn drwy ddychwelyd at Michelet, hanesydd toreithiog o dueddiadau democrataidd cryf a bwysleisiai droeon ei fod yn hanu o'r bobl.[12] Yn ei farn ef y 'Bobl', gyda 'B' fawr, oedd gwir arwyr y Chwyldro Ffrengig, testun un o'i weithiau niferus (1847–53); cyhoeddodd yn ogystal hanes anferthol o Ffrainc mewn tair cyfrol ar hugain (1833–67). Yn rhannol roedd ei bwyslais ar y bobl yn ddyledus i waith y meddyliwr o Napoli, Giambattista Vico (1668–1744), a'i ddadl bod diwylliant yn gynnyrch pobloedd yn eu cyfanrwydd, a bod gwahaniaeth rhwng y meddylfryd haniaethol dysgedig a'r meddylfryd barddonol a synhwyrus poblogaidd. Yr ail sy'n hawlio sylw Michelet, gan adlewyrchu'r gwerth arbennig a osodai Rhamantiaeth ar ddiwylliant poblogaidd fel mynegiant dilys o ysbryd cenedl (meddylier am y Brodyr Grimm yn casglu llên-gwerin yn yr Almaen). Hanes llawn emosiwn a chyffro yw hanes Michelet, felly. Eto, nid hanes dychmygol: ymdrechai i seilio ei waith ar ddogfennau – yn wir, bu'n bennaeth adran hanesyddol Archifau Cenedlaethol Ffrainc am ryw ugain mlynedd nes iddo gael ei ddiswyddo yn 1852 ar ôl i Napoleon III ddod i rym – a bu'n flaengar yn ei ddydd yn ei barodrwydd i ddefnyddio tystiolaeth lafar.

Gwahanol iawn oedd neges y gwleidydd ac awdur Thomas Babington Macaulay (1800–59) yn *The History of England from the Accession of James II* (1848–61).[13] Pwrpas y gwaith hynod boblogaidd hwn oedd canu clodydd y frenhiniaeth gyfansoddiadol a grewyd yn sgil Chwyldro Gogoneddus 1688, pan ddiorseddwyd y brenin

Stiwartaidd Iago II a sefydlu William III a Mary yn ei le. Dyna pam y gelwir Macaulay yn 'hanesydd Chwigaidd', ar ôl plaid wleidyddol y Chwigiaid a geisiai hybu rhyddid sifil a chrefyddol yn nhraddodiad setliad 1688; llywodraeth Chwigaidd a gyflwynodd Ddeddf Ddiwygio Fawr 1832, a'r Aelod Seneddol Macaulay yn un o'i chefnogwyr mwyaf huawdl.[14] Fel llawer o haneswyr cenedlaethol eraill pwysleisiodd Macaulay rinweddau arbennig ei wlad, sef, yn achos Lloegr, trefn gyfansoddiadol a ffafriai ddiwygiad graddol, gan greu'r amgylchiadau ar gyfer cynnydd a gwelliant; ymhyfrydai yn ogystal yn ymerodraeth Prydain yn yr India a'i chymharu ag ymerodraeth ddwyreiniol Alecsander Fawr (356–323 cc).[15] Tanlinellwyd rhagoriaeth Lloegr o'i chymharu â gwladwriaethau cyfandir Ewrop gyda eu hanes o chwyldroadau gwaedlyd. Mae chwyldroadau 1848 yn bwrw eu cysgod amlwg dros ei waith.

> Now, if ever, we ought to be able to appreciate the whole importance of the stand which was made by our forefathers against the House of Stuart ... The proudest capitals of Western Europe have streamed with civil blood ... Meanwhile in our island the regular course of government has never been for a day interrupted.[16]

Mae gwaith Macaulay'n hefyd yn arddangos nifer o nodweddion hanes cenedlaethol Rhamantaidd. Yn anad dim, dyma enghraifft odidog o hanes llenyddol darllenadwy dros ben, yn llifo'n rhwydd a'r naratif wedi ei fywiogi gan ddawn anghyffredin yr awdur i gyfleu drama a darlunio golygfeydd. Yn debyg i Michelet, ceisiodd Macaulay atgyfodi'r gorffennol drwy gyfrwng ei ryddiaith. Yn wir, cyn dechrau ar ei waith dywedodd mai ei uchelgais oedd cystadlu â llwyddiant y nofel: 'I shall not be satisfied unless I produce something which shall for a few days supersede the last fashionable novel on the tables of young ladies.'[17] Llwyddodd yn ei amcan, gan fod y cyfrolau wedi gwerthu'n rhyfeddol o dda a chael eu cyfieithu i lawer o ieithoedd tramor. Yn 1856 derbyniodd siec am £20,000 o'r gwerthiant hyd yna, swm yn cyfateb i dros filiwn o bunnoedd heddiw.[18] Mae'n wir mai gwleidyddiaeth y dosbarthiadau breintiedig a aeth â'i sylw yn bennaf, blaenoriaeth a oedd yn gyson â'i neges ganolog bod y drefn gyfansoddiadol newydd wedi gweithredu er lles y mwyafrif mawr di-bleidlais. Ond aeth ati hefyd i sgrifennu hanes cymdeithasol a diwylliannol mewn pennod sy'n cyflwyno portread o gyflwr Lloegr yn 1685 (er mai dim ond ar ei thudalennau olaf y cawn olwg ar 'y bobl gyffredin').[19]

Ni chyfyngwyd hanes cenedlaethol Rhamantaidd 'chwaith i genedl-wladwriaethau Ewropeaidd fel Ffrainc a Lloegr a'u gwreiddiau'n ddwfn yn yr oesoedd canol. Yr ochr draw i Fôr Iwerydd ceisio cyfreithloni cenedl-wladwriaeth newydd sbon oedd nod George Bancroft (1800–91) yn ei *History of the United States* (1834–74).[20] Mae'n wir bod Bancroft wedi olrhain rhyddid yr Unol Daleithiau i gyndeidiau Sacsonaidd y trefedigaethwyr gwreiddiol o Loegr, gan fanteisio ar syniad cyffredin ymhlith haneswyr Seisnig y cyfnod. Ond dathlu creu math newydd o wladwriaeth drwy Ragluniaeth Duw oedd ei amcan, gwladwriaeth nodedig am ei hymroddiad i ryddid yr unigolyn a democratiaeth ac felly'n esiampl i'r byd: er enghraifft, gwnaethpwyd Datganiad Annibyniaeth 1776 ar gyfer 'the entire world of mankind, and all coming generations, without any exception whatever'.[21] Amrywiad arall oedd ymdrechion i sgrifennu hanes cenhedloedd a fodolai y tu mewn i ffiniau gwladwriaethau aml-genhedlig. Enghraifft dda yw'r hanesydd ac arweinydd cenedlaethol Tsiecaidd František Palacký (1798–1876) a luniodd hanes Bohemia, rhan o'r Ymerodraeth Awstro-Hwngaraidd tan 1918. Ei fwriad gwreiddiol oedd cyfansoddi'r gwaith yn Almaeneg ac wedyn cynhyrchu fersiwn Tsieceg, ond newidiodd ei gynllun yn fuan a'i sgrifennu yn Nhsieceg yn unig o dan y teitl *Hanes y Genedl Tsiecaidd ym Mohemia a Morafia* (1848–57), teitl arwyddocaol sy'n adlewyrchu tuedd nifer o haneswyr cenedlaethol y cyfnod i synio am eu cenedl fel pobl yn bennaf yn hytrach na thiriogaeth. Ceisio hyrwyddo hunaniaeth y Tsieciaid o fewn yr ymerodraeth aml-genhedlig Awstro-Hwngaraidd, yn hytrach nag ennill annibyniaeth wleidyddol, oedd nod Palacký.[22]

Yn hyn o beth ceir peth tebygrwydd rhwng Palacký a Thomas Price 'Carnhuanawc' (1787–1848), offeiriad Anglicanaidd, cefnogwr brwd i ymdrechion i adfer llenyddiaeth Gymraeg a cherddoriaeth Gymreig (roedd yn ffigwr blaenllaw yn eisteddfodau Cymreigyddion Y Fenni a noddwyd gan yr Arglwyddes Llanofer), ac awdur y gyfrol *Hanes Cymru*, a gyhoeddwyd yn wreiddiol rhwng 1836 a 1842 mewn rhannau'n costio swllt yr un.[23] Yn debyg i haneswyr Cymreig ers David Powel (*c*.1552–98) yn ei *Historie of Cambria* (1584) neilltuodd Carnhuanawc y rhan fwyaf o'i hanes i olrhain hynt y Cymry o'u gwreiddiau Brythonaidd hyd goncwest Edward I yn 1282 a mynnu mai llesol oedd eu huniad gwleidyddol â Lloegr o dan Harri VIII. Yn ei bwyslais ar y Cymry fel pobl a nodweddid gan eu diwylliant a'u hiaith neilltuol, yn ei ddewis o'r Gymraeg fel cyfrwng ei hanes (yn hytrach na'r Saesneg, iaith y mwyafrif llethol o weithiau ar hanes Cymru ers yr unfed ganrif ar bymtheg), ac yn ei awydd i gyrraedd cynulleidfa boblogaidd (dywedodd fod y rhan fwyaf o'r copïau wedi eu prynu gan aelodau o'r 'dosbarthiadau llafur'), cynrychiolai Carnhuanawc sawl nodwedd bwysig ar hanesyddiaeth genedlaethol Ramantaidd ei oes. Roedd yr un peth yn wir am ei ddyled i ddamcaniaethau Iolo Morganwg (1747–1826), ei ddefnydd helaeth o lenyddiaeth ganoloesol, a'i ddadl bod Cymru wedi concro Ewrop yn llenyddol fel tarddle rhamantau Arthuraidd yr Oesoedd Canol.[24] Ar y llaw arall, prin y gellir dweud bod ei *Hanes Cymru* yn gampwaith llenyddol, ac roedd ei wladgarwch digamsyniol yn ddigon confensiynol a cheidwadol ar sawl cyfrif: ceisio democrateiddio cyfrwng hanes yn hytrach na'i gynnwys oedd ei nod. Glynai wrth y pwyslais traddodiadol ar weithredoedd brenhinoedd, tywysogion a seintiau yr Oesoedd Canol a phriodolai barhâd cenedl y Cymry i Ragluniaeth Duw. Disgwyliai i'r bobl gyffredin fod yn dduwiol a diwylliedig ac i ufuddhau i'r drefn, gan arswydo ar ddiwedd y gwaith at barodrwydd rhai ohonynt i gymryd rhan yng ngwrthryfeloedd Merthyr a Chasnewydd, ymddygiad cyfeilornus o anghymreig yn ei farn ef na ellid ei esbonio ond fel prawf o ddylanwad niweidiol y Saeson.[25]

Chwyldroi Hanes? Ranke, yr Archif a'r Genedl-Wladwriaeth

Presenoldeb anochel mewn unrhyw drafodaeth ar hanesyddiaeth y bedwaredd ganrif ar bymtheg, ac yn wir hanesyddiaeth fodern yn gyffredinol, yw'r Almaenwr Leopold von Ranke (1795–1886).[26]

Llunio Hanes

Yn ysgolhaig hynod ddiwyd a gyhoeddodd dros 60 o gyfrolau yn ystod ei oes, dechreuodd yn ddyn ifanc gyda *Hanes y Pobloedd Rhufeinig ac Almaenig o 1494 hyd 1514* (1824), llyfr a sicrhaodd gadair Hanes iddo ym Mhrifysgol Berlin, cyn mynd rhagddo i droi ei sylw at agweddau eraill ar hanes Ewrop, yn bennaf o ddiwedd yr Oesoedd Canol ymlaen, gan gynnwys gweithiau ar y pabau, yr Almaen, Prwsia, Ffrainc a Lloegr. Yna, ac yntau bellach yn ei wythdegau ac wedi colli ei olwg, cychwynnodd ar brosiect uchelgeisiol arall drwy arddweud i'w gynorthwywyr naw cyfrol gyntaf *Hanes y Byd* (1881–8). Mae'r crynodeb moel hwn yn datgelu dwy agwedd arwyddocaol ar Ranke yng nghyd-destun y drafodaeth bresennol, sef ei grêd mai gwladwriaethau, wedi eu seilio ar genhedloedd (ar wahân i'r babaeth), oedd unedau gwleidyddol sylfaenol hanes modern a bod y rhain yn ffurfio cyfanwaith ehangach a gynhaliai wareiddiad arbennig.

Dyma ddod â ni at ddealltwriaeth Ranke o swydd yr hanesydd. Y rheswm pam ei fod wedi ennyn cymaint o sylw yw ei syniadau am sut i sgrifennu hanes. Un nodwedd bwysig oedd ei bwyslais ar seilio hanes ar ddogfennau mewn archifau gan eu bod yn cynnig tystiolaeth gyfoes, yn wahanol, dyweder, i atgofion neu hanesion a edrychai'n ôl at ddigwyddiadau. Credai Ranke fod defnyddio dogfennau o'r fath yn hanfodol er mwyn gwireddu'r nod o sgrifennu hanes mor wrthrychol â phosibl heb farnu oesoedd a fu yn ôl safonau'r presennol. Meddai mewn darn o'r rhagair i'w lyfr cyntaf yn 1824: 'Rhoddwyd i hanes y swyddi o farnu'r gorffennol, o hyfforddi'r dynolryw er budd blynyddoedd y dyfodol. Nid yw'r cynnig presennol yn ymgymryd â'r fath ddyletswyddau aruchel. Mae arno ddim ond eisiau dangos sut yr oedd mewn gwirionedd (*wie es eigentlich gewesen*).'[27] Aeth rhagddo wedyn i restru'r mathau o ffynonellau cyfoes a ddefnyddiodd. Ddeng mlynedd ar hugain ar ôl hynny, agorodd gyfres o ddarlithiau i'r Brenin Maximilian II o Fafaria drwy feirniadu'r syniad bod cyflwr y dynolryw yn gwella o gyfnod i gyfnod, gan olygu bod yr oes bresennol bob amser yn well na'r oesoedd o'i blaen. I'r gwrthwyneb, meddai Ranke, 'mae pob cyfnod yn agos i Dduw' ac apêl arbennig hanes yw bod 'rhaid gweld pob cyfnod yn rhywbeth dilys ynddo ei hun'.[28] Sylwer ar yr elfen grefyddol yma: credai Ranke mai datguddio ewyllys Duw

Hanes Cenedlaethol

oedd hanes yn y bôn; yn wir credai mai dim ond drwy hanes y gellid canfod Duw a bod ei waith fel hanesydd yn fath o alwedigaeth offeiriadol.[29] Pa mor chwyldroadol oedd Ranke felly? Afresymol fyddai disgwyl iddo dorri cŵys cwbl newydd a bu cryn drafod ar ei ddyled i ysgolheigion o'i flaen, yn eu plith Wilhelm von Humboldt (1767–1835), sylfaenydd Prifysgol Berlin yn 1810, Barthold Georg Niebuhr (1776–1831), hanesydd yr hen Rufain a'r hanesydd cyfraith Friedrich Carl von Savigny (1779–1861), cydweithiwr i Ranke yn Berlin.[30] Pwysicach yn y cyd-destun presennol yw cofio ei fod yn gyfoeswr i'r haneswyr Rhamantaidd a drafodwyd yn yr adran flaenorol a chydnabod ei fod yntau'n rhannu rhai o'r un rhagdybiaethau â hwy – yn arbennig yr angen i wneud hanes yn rhywbeth byw drwy fabwysiadu arddull llenyddol deniadol a fyddai'n mynd â'r darllenydd yn ôl i'r gorffennol. Dyma Ranke yn y rhagair i'w *Hanes Lloegr*: 'Uchelgais pob cenedl sy'n mwynhau diwylliant llenyddol yw bod yn berchen ar bortreadau hanesyddol cymesur a bywiog o'i gorffennol yn ei gyfanrwydd. Ac amhrisiadwy yw gwerth hanes cenedl o'r fath, sy'n cynnwys pob cyfnod, yn ffyddlon i'r gwirionedd, yn drylwyr ei ymchwil ac yn gafael yn y darllenydd . . .' Prysura i ychwanegu bod hwn yn ddelfryd anodd i'w wireddu, a bod rhaid bodloni ar ymdrechion sy'n cyfateb yn fras iddo. Gan hynny, 'Yr hanes sydd wedi ei sgrifennu orau fydd yn cael ei gyfrif y gorau.'[31] Sylwer ar sut y mae Ranke'n sôn am *bortreadau* o'r gorffennol yn y darn uchod, enghraifft o'i duedd i feddwl am sgrifennu hanesyddol yn nhermau gweledol.[32] Yn yr un modd, dywedodd yn 1827 mai 'amcan sgrifennu hanesyddol yw gosod bywyd y gorffennol o flaen ein llygaid', geiriau sy'n dwyn i gof amcan Michelet, yr hanesydd Rhamantaidd *par excellence*, i atgyfodi'r gorffennol.[33]

Mynnai Michelet mai'r archifau oedd y mannau delfrydol i gyflawni'r dasg hon; yn wir, teimlai ei fod yn anadlu llwch cenedlaethau'r gorffennol yno.[34] Gwefreiddiwyd Ranke yntau gan archifau, a'i gynhyrfu ganddynt weithiau nes eu disgrifio mewn delweddau rhywiol: roedd un casgliad, meddai, 'yn forwyn lwyr. Rwy'n dyheu am yr eiliad y caf fynediad iddi . . . p'un ai mae hi'n brydferth neu beidio'.[35] Ffynonellau printiedig yn unig a ddefnyddiai Ranke yn ei lyfr cyntaf yn 1824,[36] ond daeth o dan gyfaredd archifau'r flwyddyn ddilynol ar ôl darganfod 48 cyfrol o lawysgrifau yn Llyfrgell Frenhinol Prwsia yn Berlin yn cynnwys adroddiadau (*relazioni*) gan ddiplomyddion Fenis o'r cyfnod modern cynnar yn trafod gwleidyddiaeth a phobl gwledydd eraill Ewrop. Yna, rhwng 1827 a 1831, derbyniodd gyfnod sabothol estynedig er mwyn ei alluogi i ymweld ag archifau yn Awstria a'r Eidal, taith a'i hargyhoeddodd mai'r archif oedd y safle pwysicaf ar gyfer cynhyrchu gwybodaeth hanesyddol. Oherwydd, yn ei farn ef, dogfennau archifyddol oedd y math gorau o ffynonellau cyfoes a ddylai fod yn sail i bob gwaith hanesyddol. Hynny yw, dyma'r allwedd hanfodol i gyflawni'r amcan Ramantaidd o gysylltu'n uniongyrchol â'r gorffennol. Dyna pam, wrth i'w fri gynyddu o'r 1830au ymlaen, y cysylltwyd Ranke gan ei gyfoeswyr â phwyslais ar archifau, gan ennyn beirniadaeth rhai ohonynt am ei gred yn eu gallu unigryw i ddarparu gwybodaeth gywir – er bod ei ddefnydd ohonynt yn amrywio mewn gwirionedd.[37]

Roedd i'r pwyslais ar archifau oblygiadau pwysig hefyd i sgrifennu hanes cenedlaethol. I raddau, fel gydag awydd Ranke i ddod â'r gorffennol yn fyw i'w ddarllenwyr, dyma atgyfnerthu rhai o'i rag-dybiaethau sylfaenol eraill am waith yr hanesydd. Un oedd yr angen i ddewis a dethol pa gyfnodau a themâu i fynd i'r afael â hwy. Yn ei ragair i'w *Hanes Lloegr* (1859), darllenwn y bydd hanesydd cenedl estron 'yn troi ei sylw at y cyfnodau hynny sydd wedi cael y dylanwad mwyaf effeithiol ar ddatblygiad y dynolryw', sef, yn yr achos hwnnw, yr unfed a'r ail ganrifoedd ar bymtheg, cyfnod a welodd Lloegr yn chwarae rhan allweddol yn y Diwygiad Protestannaidd yn Ewrop ac yn goroesi rhyfel cartref i sefydlu trefn gyfansoddiadol newydd yn 1688.[38] Dyma ein hatgoffa bod hanes cenedlaethol, ym marn Ranke, yn rhan o batrwm ehangach ac yn fwyaf arwyddocaol pan fydd yn effeithio ar 'hanes y byd' (*Weltgeschichte*). Mae'r argyhoeddiad wrth wraidd ei lyfr cyntaf yn 1824, lle ceisiodd gloriannu'r prif ddatblygiadau gwleidyddol ar draws Ewrop yn ystod yr ugain mlynedd rhwng 1494 a 1514 drwy eu gosod yn fframwaith y 'chwe chenedl fawr' a ffurfiwyd yn yr Oesoedd Canol cynnar, tair o dras Rufeinig (sef y Ffrancod, Sbaenwyr ac Eidalwyr), tair o dras Almaenig (sef yr Almaenwyr, Saeson a Sgandinafiaid).[39]

Rhagdybiaeth arall, sy'n gysylltiedig â'r gyntaf, oedd mai arweinwyr – brenhinoedd, pabau, gwleidyddion blaenllaw – a greodd y cyfnewidiadau mawr a ddylai hawlio sylw'r hanesydd. A dogfennau'r llywodraethwyr a'u swyddogion – er enghraifft, *relazioni* diplomyddion Fenis – oedd y dogfennau a ddiogelid yn yr archifau.[40] Os oedd seilio hanes ar gynnwys archifau yn hanfodol er mwyn galluogi'r hanesydd i dywys ei ddarllenwyr yn syth yn ôl i'r gorffennol, eu tywys at orffennol gwladwriaethau a'u harweinwyr a wnaed yn anad dim. Dyna yn ei dro danseilio'r delfryd o greu hanes diduedd a gwrthrychol, gan fod yr hanesydd yn gweld y gorffennol drwy lygaid y dosbarthiadau llywodraethol a oedd wedi cynhyrchu ei ddeunydd crai. Mwyfwy felly o gofio mai'r dosbarthiadau hynny, ac yn arbennig Klemens von Metternich (1773–1859), Canghellor ceidwadol Ymerodraeth Awstria, a hwylusodd y ffordd i Ranke fynd i mewn i'r archifau ar ei deithiau rhwng 1827 a 1831. Yn sicr, ar ôl arddel safbwyntiau rhyddfrydol yn ddyn ifanc, daeth Ranke yn bur geidwadol o'r 1830au ymlaen, gan gefnogi'r drefn a sefydlwyd yn dilyn Cyngres Fiena (1814–15) ac arswyddo rhag Chwyldro Gorffennaf Ffrainc yn 1830 a chwyldroadau 1848. Rhaid cofio hefyd ei fod, fel Athro Hanes yn Berlin, yn gyflogedig gan lywodraeth Prwsia ac iddo gael ei benodi'n hanesydd swyddogol gwladwriaeth Prwsia yn 1841 a'i ddyrchafu'n '*von* Ranke' drwy ei dderbyn yn aelod o'r bendefigaeth etifeddol yn 1865. Eto, er cymaint ei deyrngarwch i'r teulu brenhinol Hohenzollern a gwladwriaeth Prwsia, roedd ei ymlyniad wrth Brwsia ac yna Ymerodraeth yr Almaen yn deillio o'i argyhoeddiad bod y rhain yn rhan o system o genedl-wladwriaethau Ewropeaidd a oedd wedi datblygu ers y cyfnod modern cynnar – sef testun canolog ei weithiau hanesyddol – yr oedd angen eu hamddiffyn yn erbyn bygythiadau chwyldroadol a democrataidd ei oes ei hun.[41]

Teg casglu, felly, mai camarweiniol fyddai galw Ranke'n genedlaetholwr Prwsiaidd neu Almaenig tebyg i'w ddisgybl Heinrich von Treitschke (1834–96), awdur *Hanes yr Almaen yn y Bedwaredd Ganrif ar Bymtheg* (1879–96) a oedd yn gryf o blaid twf grym Prwsia a Bismarck.[42] Ar y llaw arall, daeth Ranke ei hun yn symbol o oruchafiaeth hanesyddiaeth yr Almaen ac yn destun balchder cenedlaethol fel y dengys y teyrngedau a ddarllenwyd iddo yng ngŵydd nifer o haneswyr blaenllaw'r Almaen a oedd wedi ymgynnull yn ei gartref yn Berlin yn Rhagfyr 1885 i ddathlu ei benblwydd yn 90. Anfonodd y Kaiser Wilhelm I neges yn datgan y 'gall y genedl Almaenig fod yn falch o enwi'r fath ddyn dysgedig yn un ohonynt', a derbyniwyd cyfarchion eraill yn llawenhau bod Ranke wedi cyfrannu i 'ddyrchafiad cenedlaethol ac ysbrydol ein pobl Almaenig . . . fel un o feistri cyntaf . . . gwyddor hanes'.[43] Nid yw'r sylwadau hyn yn syndod o ystyried bri Ranke a'i ddylanwad nid yn unig yn y byd Almaenig ond ymhell y tu hwnt iddo yn sgil ei lyfrau a'i waith yn hyfforddi dros gant o haneswyr Almaenig yn ogystal â haneswyr o wledydd eraill, gan gynnwys yr Unol Daleithiau. Yng ngeiriau George Bancroft wrth wahodd Ranke i fod yn aelod anrhydeddus o'r *American Historical Assocation*: 'We have meant to make this a special homage to Yourself as the greatest living historian'.[44] Ac yn ôl O. M. Edwards, pan glywodd E. A. Freeman (1823–92), deiliad cadair Hanes Rhydychen, am farwolaeth yr hanesydd o'r Almaen yn 1886 bu yn ei ddagrau 'am gladdu ohonynt Ranke'.[45]

Gwladoli Hanes: Proffesiynoli, Hanes Gwyddonol a Chenedlaetholdeb

Daeth pwyslais Ranke ar yr angen i seilio hanes ar dystiolaeth dogfennau mewn archifau yn un o gredoau canolog y symudiad yn y bedwaredd ganrif ar bymtheg i droi hanes yn broffesiwn, sef yn ddisgyblaeth ysgolheigaidd gyda'i dulliau arbennig o ymchwilio a roddai awdurdod i'w haelodau. Drwy ddilyn y dulliau hynny yn systematig roedd hanes proffesiynol hefyd yn 'wyddor' yn yr ystyr Almaeneg o *Wissenschaft*, er yn wahanol i athroniaeth neu wyddorau naturiol megis cemeg a ffiseg, amcan ei fethodoleg 'wyddonol' oedd deall digwyddiadau unigryw'r gorffennol yn hytrach na chanfod deddfau cyffredinol.[46] Yn hyn o beth roedd hanes yn debyg i'r gwyddorau dynol eraill – er enghraifft, ieitheg, archaeoleg ac anthropoleg – a ddatblygodd yn yr un cyfnod. Yn wir, gellir cymharu ymweliadau'r hanesydd ag archifau â gwaith maes yr archaeolegydd neu anthropolegydd. Eto, os oedd gwneud ymchwil mewn archifau'n anhepgor i'r hanesydd proffesiynol, y seminar dan arweiniad athro Hanes mewn prifysgol biau'r dasg o'i ddysgu sut i drin ei ffynonellau mewn modd beirniadol, nodwedd anhepgor arall ar hanes 'gwyddonol'. Yn yr Almaen y ganed y seminar hanes yn ail hanner y bedwaredd ganrif ar bymtheg, wrth i ddisgyblion Ranke ffurfioli patrwm yr 'ymarferion' a gynhaliai yn ei gartref, a lledodd y seminar hanes o'r Almaen i lawer o wledydd eraill yn ogystal.[47] Creu haneswyr beirniadol, 'gwyddonol' oedd amcan Ranke yn ei 'ymarferion', drwy gymharu ffynonellau gwreiddiol ar bynciau gwahanol er mwyn ceisio cael hyd i'r gwirionedd. Roedd ei ddisgwyliadau felly'n uchel: yn ôl un o'i gyn-ddisgyblion, Heinrich von Sybel, gallai Ranke fod yn ddigon llym fel athro, ond hynny er mwyn meithrin doniau neilltuol pob un o'i fyfyrwyr yn hytrach na'u gorfodi i ddilyn 'un templad penodol'.[48] Ffrwyth dadlennol rhai o 'ymarferion' cynnar Ranke yw astudiaeth o'r Almaen a'i hymerodraeth o 918 hyd 1024 gan chwech o'i ddisgyblion a anelai, meddai'r athro, at weithio drwy'r ffynonellau'n feirniadol er mwyn 'sefydlu'r ffeithiau yn ôl eu trefn gronolegol'. Ceisio cynnig y darlun mwyaf cywir o'r hyn a ddigwyddodd o flwyddyn i flwyddyn drwy fynd i'r afael â deunydd crai'r hanesydd, felly, mae'r brif drafodaeth a'r atodiadau niferus ar broblemau neu ffynonellau penodol.[49] Yr un oedd amcan J. E. Lloyd (1861–1947) wrth fynd i'r afael â hanes Cymru'r Oesoedd Canol ar ddechrau'r ugeinfed ganrif:

> In this work it has been my endeavour to bring together and weave into a continuous narrative what may be fairly regarded as the ascertained facts of the history of Wales up to the fall of Llywelyn ap Gruffydd... My purpose is to map out... what is already known and established, and thus to define more clearly the limits of that 'terra incognita' which still awaits discovery.[50]

Yn hyn o beth, mabwysiadai Ranke a'i ddisgyblion – a Lloyd yntau yn ei dro – y dull ieithegol a oedd wedi ei sefydlu yn y Dadeni a'i ddefnyddio gan nifer o ysgolheigion Almaenig blaenorol, sef barnu dilysrwydd a gwerth ffynonellau ysgrifenedig drwy graffu'n fanwl ar eu ffurf a'u hiaith a'u cymharu â thestunau eraill.[51]

Roedd cysylltiad clòs rhwng hanes 'gwyddonol' a hanes cenedlaethol. Un prawf o hynny yw'r prosiectau uchelgeisiol i gyhoeddi casgliadau o ffynonellau'n ymwneud â chenhedloedd unigol, wedi eu golygu'n feirniadol, er mwyn gwneud y ffynonellau'n fwy hygyrch a gosod hanes y cenhedloedd hynny ar seiliau cadarnach nag o'r blaen. Yn y rhagair i astudiaethau ei ddisgyblion ar frenhinoedd Sacsonaidd yr Almaen sylwodd Ranke ar yr ymdrechion ar y gweill i gynhyrchu 'casgliad cyffredinol beirniadol o ffynonellau ein hanes', ymdrechion a oedd wedi eu 'hysgogi gan dueddiadau gwladgarol cyffredinol y rhyfeloedd dros ryddid [yn erbyn y Ffrancod]'.[52] Menter breifat oedd y *Monumenta Germaniae Historica* ('Cofebau Hanesyddol yr Almaen'), yr argraffiadau o ffynonellau a ddechreuodd ymddangos yn 1826 ac sydd wedi parhau hyd heddiw. Ond llywodraethau fu'n gyfrifol am lawer o fentrau tebyg, gan gynnwys y casgliadau o ffynonellau a lansiwyd yn Ffrainc (1835), Sbaen (1842) a'r Deyrnas Gyfunol (1858 – sef 'The Chronicles and Memorials of Great Britain and Ireland during the Middle Ages' neu y 'Rolls Series'). Sefydlwyd y gyfres olaf gan y Swyddfa Gofnodion Cenedlaethol, a grewyd yn 1838, un o nifer o gamau a gymerwyd gan lywodraethau Ewropeaidd i greu archifdai gwladol yn y bedwaredd ganrif ar bymtheg. Agwedd arall ar broffesiynoli hanes ar linellau cenedlaethol oedd sefydlu cylchgronau hanes ar gyfer gwledydd gwahanol a fyddai'n arddel gwerthoedd hanes 'gwyddonol'. Denmarc a'r Eidal a achubodd y blaen yn 1840 a 1842, ond yn ail hanner y ganrif y bu'r cynnydd mwyaf wrth gychwyn cylchgronau fel yr *Historische Zeitschrift* yn yr Almaen (1859), y *Revue Historique* yn Ffrainc (1876), yr *English Historical Review* (1885) a'r *American Historical Review* (1895).[53]

Rhwng tua 1850 a 1950 lledodd yr hanes proffesiynol newydd ar draws llawer o'r byd gan atgyfnerthu pwysigrwydd y genedl, a'r genedl-wladwriaeth yn arbennig, fel prif fframwaith sgrifennu hanesyddol.[54] Er bod tuedd i weld astudiaethau manwl disgyblion Ranke ar hanes brenhinoedd Sacsonaidd yr Almaen yn enghreifftiau o ddull 'gwyddonol' newydd o ymdrin â ffynonellau, rhaid cofio hefyd eu bod wedi eu bwriadu fel cyfraniad i hanes cenedlaethol yr Almaen, gwlad heb undod gwleidyddol pan gyhoeddwyd y gwaith. Yn wir mae ei ddisgyblion yn awgrymu bod eu hymdriniaeth 'wyddonol' fanwl yn cynnig sail gadarn i'w casgliadau gwladgarol – er enghraifft, mai camp y Brenin Heinrich I (919–36) oedd 'casglu'r Almaenwyr, heb undod cenedlaethol . . . . o gwmpas llwyth pwerus, pur y Sacsoniaid a'u gwneud yn bobl rydd, fuddugoliaethus a llywodraethol'.[55] Dros y degawdau nesaf byddai llawer o haneswyr eraill, yn Ewrop a thu hwnt, yn mynnu bod ymdriniaeth feirniadol â'r ffynonellau yn anhepgor i'w hamcanion o sgrifennu hanes cenedlaethol dibynadwy a dilys. Roedd hyn yr un mor wir am genedl-wladwriaethau mawr, ac yn arbennig rhai newydd (fel yr Almaen ers 1871), â chenhedloedd bach di-wladwriaeth a anelai at annibyniaeth neu o leiaf ryw fesur o hunanlywodraeth. Yn y ddau achos, pwysleisiwyd bod y genedl yn unigryw yn rhinwedd ei hynafiaeth, ei hoes aur yn yr Oesoedd Canol neu'r cyfnod modern cynnar, a'i hymdrechion diweddarach i atgyfodi – patrwm cyffredin a rennir, enghraifft, gan hanesyddiaeth genedlaethol dwy wlad mor wahanol â'r Almaen ac Iwerddon.[56] Ni chyfyngwyd dylanwad y syniadau hyn i Ewrop a'r Unol Daleithiau, fel y dengys yr ymdrechion i lunio hanes cenedlaethol ar gyfer Japan, fel rhan o'r moderneiddio a ddilynai'r adferiad Meiji yn 1868, drwy ganu clodydd dulliau Ranke a hyd yn oed leoli gwreiddiau'r genedl fodern yn yr 'Oesoedd Canol', cyfnod a ddyfeisiwyd o'r newydd ar batrwm hanes Ewrop.[58] Nid annhebyg oedd argyhoeddiad rhai o haneswyr gwladgarol yr India yng nghanol yr ugeinfed ganrif bod angen cofleidio dulliau beirniadol hanes 'gwyddonol' er mwyn dadlennu gwir hanes eu cenedl.[58]

A dychwelyd at eiriau Patrick Geary a ddyfynnwyd ar ddechrau'r bennod hon, mae'n amlwg mai gorsymleiddio fyddai dal bod 'hanes modern' wedi ei 'ddychmygu a'i ddatblygu fel arf cenedlaetholdeb Ewropeaidd'. Am un peth, er cymaint dylanwad yr hanesyddiaeth 'wyddonol' newydd (yr hyn a olygai Geary, mae'n debyg, gan 'hanes modern'), mae mathau Rhamantaidd o sgrifennu hanes cenedlaethol wedi parhau hyd heddiw. Ar y llaw arall, nid oedd hanes 'gwyddonol' bob amser yn ceisio hybu cenedlaetholdeb. Serch hynny, rhaid derbyn bod cryn orgyffwrdd rhwng y ddau a'r angen felly i leoli hanes cenedlaethol yng nghyd-destun datblygiad hanesyddiaeth fodern yn gyffredinol.

Darllen pellach

Baár, Monika, *Historians and Nationalism: East-Central Europe in the Nineteenth Century* (Rhydychen: Oxford University Press, 2010).

Berger, Stefan, gyda Stefan Conrad, *The Past as History: National Identity and Historical Consciousness in Modern Europe* (Basingstoke: Palgrave Macmillan, 2015).

Burrow, John, *A History of Histories* (Llundain: Penguin, 2007), Pen. 22–5.

Evans, Neil a Huw Pryce (goln), *Writing a Small Nation's Past: Wales in Comparative Perspective, 1850–1950* (Farnham: Ashgate, 2013).

Leerssen, Joep, *National Thought in Europe: A Cultural History* (Amsterdam: Amsterdam University Press, 2006).

Pryce, Huw, 'John Edward Lloyd: hanesydd Cymru', *Y Traethodydd*, CLXVII, 701 (Ebrill 2012), 101–16.

Woolf, Daniel, *A Global History of History* (Caergrawnt: Cambridge University Press, 2011).

Enghreifftiau o hanes cenedlaethol

Lloyd, John Edward, *A History of Wales from the Earliest Times to the Edwardian Conquest*, 2 gyfrol, 3ydd arg. (Llundain: Longmans, Green & Co., 1939).

Macaulay, Thomas Babington, *The History of England from the Accession of James II*, 4 cyfrol (Llundain: J. M. Dent & Co., 1906).

Michelet, [Jules], *History of France*, cyf. G. H. Smith, 2 gyfrol (Efrog Newydd: D. Appleton, 1887).

Price, Thomas (Carnhuanawc), *Hanes Cymru, a Chenedl y Cymry, o'r Cynoesoedd hyd at Farwolaeth Llewelyn ap Gruffydd; ynghyd a Rhai Cofiaint Perthynol i'r Amseroedd o'r Pryd Hynny i Waered* (Crughywel: Thomas Williams, 1842).

von Ranke, Leopold, *History of the Latin and Teutonic Nations (1494 to 1514)*, cyf. G. R. Dennis (Llundain: G. R. Bell and Sons, 1909).

von Treitschke, Heinrich, *History of Germany in the Nineteenth Century*, cyf. Eden a Cedar Paul, gol. Gordon A. Craig (Chicago a Llundain: University of Chicago Press, 1975).

Nodiadau

1. Patrick Geary, *The Myth of Nations: The Medieval Origins of Europe* (Princeton: Princeton University Press, 2002), t. 15.
2. Carl Schorske, *Thinking with History: Explorations in the Passage to Modernism* (Princeton, NJ: Princeton University Press, 1998), t. 4; Thomas H. Brobjer, 'Nietzsche's relation to historical methods and nineteenth-century German historiography', *History and Theory*, 46 (2007), 156–7.
3. Am arolwg cryno o'r datblygiadau hyn, gw. Jeremy D. Popkin, *From Herodotus to H-Net: The Story of Historiography* (Rhydychen: Oxford University Press, 2016), tt. 82–6.
4. Dyfynnir yn Markus Hien, *Altes Reich und neue Dichtung: Literarischpolitisches Reichsdenken zwischen 1740 und 1830* (Berlin a Boston, MA: Walter de Gruyter, 2015), t. 301.
5. Joep Leerssen, *National Thought in Europe: A Cultural History* (Amsterdam: Amsterdam University Press, 2006), yn arb. tt. 13–17 ac ar Herder, tt. 97–101; Herder, *Philosophical Writings*, gol. Michael N. Forster (Caergrawnt: Cambridge University Press, 2002), tt. xxxii–xxxiii, 297, 412–15.
6. Fichte, *Addresses to the German Nation*, gol. Gregory Moore (Caergrawnt: Cambridge University Press, 2008); Leerssen, *National Thought*, tt. 112–14.
7. Fichte, *Addresses*, tt. 50–59, 159–61.
8. Leerssen, *National Thought*, t. 124.
9. Daniel Woolf, *A Global History of History* (Caergrawnt: Cambridge University Press, 2011), tt. 347–50.
10. Jo Tollebeek, 'Seeing the past with the mind's eye: the consecration of the Romantic historian', *Clio*, 29/2 (2000), 190.
11. Monika Baár, *Historians and Nationalism: East-Central Europe in the Nineteenth Century* (Rhydychen: Oxford University Press, 2010), tt. 46–52.
12. Hayden White, *Metahistory: The Historical Imagination in the Nineteenth Century* (Baltimore, MD, a Llundain: Johns Hopkins University Press, 1973), tt. 135–62; Donald R. Kelley, *Fortunes of History: Historical Inquiry from Herder to Huizinga* (New Haven, CT, a Llundain: Yale University Press, 2003), tt. 160–72.
13. Am asesiad ysgogol o'r gwaith, gw. Catherine Hall, *Macaulay and Son: Architects of Imperial Britain* (New Haven, CT, a Llundain: Yale University Press, 2012), Pen. 6.
14. Hall, *Macaulay and Son*, tt. 153–60, 189–90.
15. Thomas Babington Macaulay, *The History of England from the Accession of James II*, 4 cyfrol (Llundain: J. M. Dent & Co., 1906), I, tt. 9–10.
16. Macaulay, *History*, II, Pen. 10.

17 Dyfynnir yn Rosemary Jann, *The Art and Science of Victorian History* (Columbus, OH: Ohio State University Press, 1985), t. 85.
18 Robert E. Sullivan, *Macaulay: The Tragedy of Power* (Cambridge, MA, a Llundain: Belknap Press, 2009), tt. 314–16, 410 (siec).
19 Macaulay, *History*, I, Pen. 3.
20 Richard C. Vitzthum, 'Theme and method in Bancroft's *History of the United States*', *New England Quarterly*, 41/3 (1968), 362–80; Stephen W. Sawyer, 'Authorship and agency: George Bancroft's democracy as history', *Revue française d'études américaines*, 118 (2008), 49–66.
21 Dyfynnir yn William P. Leeman, 'George Bancroft's Civil War: slavery, Abraham Lincoln and the course of history', *New England Quarterly*, 81/3 (2008), 463.
22 Baár, *Historians and Nationalism*, tt. 29–35 *et passim*; Simon Brooks, *Pam Na Fu Cymru* (Caerdydd: Gwasg Prifysgol Cymru, 2015), t. 95.
23 Thomas Price (Carnhuanawc), *Hanes Cymru, a Chenedl y Cymry, o'r Cynoesoedd hyd at Farwolaeth Llewelyn ap Gruffydd; ynghyd a Rhai Cofiaint Perthynol i'r Amseroedd o'r Pryd Hynny i Waered* (Crughywel, 1842).
24 Huw Pryce, 'Medieval Welsh history in the Victorian age', *Cambrian Medieval Celtic Studies*, 71 (2016), 5–10, 16–17; Huw Pryce, *Writing Welsh History: From the Early Middle Ages to the Twenty-First Century* (Rhydychen: Oxford University Press, 2022), Pen. 10, yn arb. tt. 251.
25 Price, *Hanes Cymru*, tt. 792–3.
26 Am arolwg ardderchog o fywyd, gwaith a dylanwad Ranke, gw. Leopold von Ranke, *The Theory and Practice of History*, gol. Georg G. Iggers (Abingdon: Routledge, 2011), tt. xi–xlv.
27 Leopold von Ranke, *Geschichten der romanischen und germanischen Völker von 1494 bis 1514*, 3ydd arg. (Leipzig: Dunckler & Humblot, 1885), t. vii; cyfieithiad Saesneg yn Ranke, *Theory and Practice*, t. 86. Ar ystyr yr ymadrodd *wie es eigentlich gewesen* cymharer Felix Gilbert, 'What Ranke meant', *The American Scholar*, 56/3 (1987), 393–7, a Ranke, *Theory and Practice*, t. xiv.
28 Leopold von Ranke, *Aus Werk und Nachlass*, gol. Walther Peter Fuchs a Theodor Schieder, 4 cyfrol (München: R. Oldenbourg Verlag, 1964–75), II, tt. 59–60; Ranke, *Theory and Practice*, t. 21.
29 Leonard Krieger, *Ranke: The Meaning of History* (Chicago a Llundain: University of Chicago Press), tt. 25–7, 77–8; Ranke, *Theory and Practice*, tt. xv–xvi.
30 Woolf, *Global History of History*, tt. 367–8. Ceir rhagfynegiant o nifer o syniadau Ranke yn Wilhelm von Humboldt, 'The historian's task' [1821], *History and Theory*, 6 (1967), 57–71.
31 Leopold Ranke, *Englische Geschichte vornehmlich im sechszehnten und siebzehnten Jahrhundert*, I (Berlin: Duncker & Humblot, 1859), tt. [iii]–iv;

Ranke, *Theory and Practice*, t. 96. Ar arddull Ranke, gw. Peter Gay, *Style in History* (Llundain: Jonathan Cape, 1975), Pen. 2.

[32] J. D. Braw, 'Vision and revision: Ranke and the beginning of modern history', *History and Theory*, 46/4 (2007), 45–60.

[33] Ranke, *Aus Werk und Nachlass*, gol. Fuchs a Schieder, IV, t. 64; cyfieithiad Saesneg yn Braw, 'Vision and revision', 48.

[34] Jo Tollebeek, '"Turn'd to dust and tears": revisiting the archive', *History and Theory*, 43/2 (2004), 237–48, yn arb. t. 238.

[35] Dyfynnir yn Bonnie G. Smith, *The Gender of History: Men, Women, and Historical Practice* (Cambridge, MA: Harvard University Press, 1998), t. 119.

[36] Ranke, *Geschichten*, t. ix.

[37] Kasper Rijsberg Eskildsen, 'Ranke's archival turn: location and evidence in modern historiography', *Modern Intellectual History*, 5/3 (2008), 433; Anthony Grafton, *The Footnote: A Curious History* (Llundain: Faber and Faber, 1997), t. 61.

[38] Ranke, *Englische Geschichte*, tt. iv–vi; Ranke, *Theory and Practice*, tt. 96–8.

[39] Ranke, *Geschichten*, t. xv; Leopold von Ranke, *History of the Latin and Teutonic Nations (1494 to 1514)*, cyf. G. R. Dennis (Llundain: G. R. Bell and Sons, 1909), tt. 1–2.

[40] Gino Benzoni, 'Ranke's favorite source: the Venetian relazioni: impressions with allusions to later historiography', yn Georg G. Iggers a James M. Powell (goln), *Leopold von Ranke and the Shaping of the Historical Discipline* (Syracuse, NY: Syracuse University Press, 1990), tt. 45–57.

[41] Ranke, *Theory and Practice*, tt. xx–xxi, xxiv–xxv, xxxii–xxxvii.

[42] Heinrich von Treitschke, *History of Germany in the Nineteenth Century*, cyf. Eden a Cedar Paul, gol. Gordon A. Craig (Chicago a Llundain: University of Chicago Press, 1975).

[43] Theodor Toeche (gol.), *Leopold von Ranke an seinem neunzigsten Geburtstage 21. Dezember 1885. Ansprachen und Zuschriften* (Berlin: Ernst Siegfried Mittler und Sohn, 1886), tt. 6, 18.

[44] Toeche (gol.), *Leopold von Ranke*, t. 36

[45] O. M. Edwards at J. E. Lloyd, 31 Mai 1886, Archifau a Chasgliadau Arbennig Prifysgol Bangor, Papurau J. E. Lloyd 314, rhif 89. Ar Freeman, gw. Jann, *The Art and Science of Victorian History*, Pen. VI.

[46] Georg G. Iggers a Q. Edward Wang, *A Global History of Historiography* (Harlow: Pearson Education, 2008), tt. 121–4.

[47] Grafton, *The Footnote*, tt. 62–3; Eskildsen, 'Leopold Ranke's archival turn', 427, 450–2.

[48] Atgofion von Sybel (1817–1895): Toeche (gol.), *Leopold von Ranke*, tt. 18–19.

[49] Leopold Ranke (gol.), *Jahrbücher des Deutschen Reichs unter dem Sächsischen Hause*, 2 gyfrol (Berlin: Dunckler und Humblot, 1837–40). Eglura Ranke wreiddiau ac amcanion y gwaith yn I: 1, tt. v–xii (dyfyniad ar d. xi).

[50] John Edward Lloyd, *A History of Wales from the Earliest Times to the Edwardian Conquest*, 2 gyfrol, 3ydd arg. (Llundain: Longmans, Green & Co., 1939), I, t. vii [rhagair argraffiad cyntaf 1911]. Gw. ymhellach, Huw Pryce, *J. E. Lloyd and the Creation of Welsh History: Renewing a Nation's Past* (Caerdydd: Gwasg Prifysgol Cymru, 2011), Pen. 6.

[51] Grafton, *The Footnote*, tt. 72–93.

[52] Ranke (gol.), *Jahrbücher*, I: 1, t. vi.

[53] R. J. W. Evans, 'National historiography, 1850–1950: the European context', yn Neil Evans a Huw Pryce (goln), *Writing a Small Nation's Past: Wales in Comparative Perspective* (Farnham: Ashgate, 2013), tt. 35–8.

[54] Gw., er enghraifft, Iggers a Wang, *Global History*, Pen. 3.

[55] Ranke (gol.), *Jahrbücher*, I: 2, t. 1.

[56] Shane Nagle, *Histories of Nationalism in Ireland and Germany: A Comparative Study from 1800 to 1932* (Llundain: Bloomsbury Academic, 2017). Gw. hefyd Baár, *Historians and Nationalism*, tt. 64–9.

[57] Thomas Keirstead, 'Inventing medieval Japan: the history and politics of national identity', *The Medieval History Journal*, 1 (1998), 47–71 (diolch i Oleg Benesch am y cyfeiriad hwn).

[58] Dipesh Chakrabarty, *The Calling of History: Sir Jadunath Sarkar and His Empire of Truth* (Chicago a Llundain: University of Chicago Press, 2015), tt. 73–86, 91–4.

3

Hanes Marcsaidd

Douglas Jones

Men make their own history, but not of their own free will; not under circumstances they themselves have chosen but under the given and inherited circumstances with which they are directly confronted. The tradition of the dead generations weighs like a nightmare on the minds of the living. – Karl Marx.[1]

Yn sgil y cwymp economaidd yn 2008 fe welwyd atgyfodiad yn y diddordeb yn y ddamcaniaeth Marcsaidd, wrth i bobl droi at ddadansoddiad Karl Marx (1818–83) o gyfalaf a'i dueddiad tuag at argyfwng, wrth iddynt geisio esbonio achosion y dirwasgiad rhyngwladol. Doedd hyn ddim mor annisgwyl ag yr oedd hi'n ymddangos ar yr olwg gyntaf; mae gwaith Marx a Marcsiaeth yn cynnig un o'r dadansoddiadau mwyaf treiddgar a phellgyrhaeddol o gyfalafiaeth. Ond tra bo'r economaidd yn elfen bwysig ym Marcsiaeth, mae hanes hefyd yn chwarae rôl greiddiol yn namcaniaeth Marcsaidd gyda **materoliaeth hanesyddol** yn darparu'r sylfaen y mae'r ddamcaniaeth wedi ei hadeiladu arni. Gyda hynny mewn golwg efallai nad yw'n syndod fod hanesyddiaeth a haneswyr

> **Materoliaeth hanesyddol** (*historical materialism*)
>
> Cysyniad allweddol Karl Marx sy'n dadlau fod cymdeithasau a sefydliadau diwylliannol megis crefydd, y gyfraith a moesoldeb, yn ogystal a phob newid cymdeithasol, yn deillio o'r modd cynhyrchu.

Marcsaidd wedi gwneud cyfraniad pwysig at hanesyddiaeth a hanes, yn enwedig o ganol yr ugeinfed ganrif ymlaen. Yn wir, gellid dadlau fod haneswyr Marcsaidd megis Eric Hobsbawm (1917–2012), E. P. Thompson (1924–93), Rodney Hilton (1916–2002) a Christopher Hill (1912–2003), ymhlith eraill, wedi trawsnewid y ffordd rydym yn edrych ar hanes. Mae hanesyddiaeth Farcsaidd wedi gwneud cyfraniadau pwysig at ddisgyblaethau fel hanes cymdeithasol a hanes llafur a hefyd wedi datblygu methodolegau newydd megis hanes o'r gwaelod. Yng Nghymru fe wnaeth yr hanesydd Marcsaidd, Gwyn Alf Williams (1925–95), gynnig persbectif newydd, dadleuol a phwysig ar hanes Cymru. Ac er bod ei dylanwad wedi cilio ers yr 1990au, yn enwedig ers cwymp yr Undeb Sofietaidd a'r Bloc Dwyreiniol, mae hanesyddiaeth Farcsaidd yn dal i gynnig persbectif defnyddiol a gwerthfawr wrth edrych ar hanes.

At beth rydym yn cyfeirio wrth sôn am hanesyddiaeth Farcsaidd? Y peth cyntaf i'w nodi yw fod yna nifer o ddeongliadau amrywiol yn perthyn i'r traddodiad hanesyddiaethol Marcsaidd, gyda dadleuon ynghylch materion megis beth yn union sy'n gyrru hanes (grymoedd cynhyrchiol, perthnasau cynhyrchiol, datblygiadau technolegol, y frwydr dosbarth), natur dosbarth (ydy dosbarth yn rhywbeth strwythurol neu'n rhywbeth diwylliannol), y berthynas rhwng y **sylfaen a'r aradeiledd** (beth yw'r berthynas rhwng yr economaidd, y gwleidyddol, y cyfreithiol a'r diwylliannol) a'r berthynas rhwng y penderfyniaethol a gweithredoedd dynol. Yn ail, mae hanesyddiaeth Farcsaidd yn cwmpasu amryw o wahanol

---

Y sylfaen a'r aradeiledd (*base and superstructure*)

Er mwyn deall natur cymdeithas, credai Marx fod rhaid deall y sylfaen economaidd. Dyma'r 'isadeiledd' sydd yn graidd i gymdeithas a ble mae'r 'materol' yn cael ei gynhyrchu. Ar ben y sylfaen y bodolai'r aradeiledd neu'r goruwchadeiledd (*Überbau*), sef ideoleg a bywyd diwylliannol sydd yn hawlio hygrededd a dilysrwydd perthnasau grym. Rhwng yr isadeiledd a'r aradeiledd y mae'r tensiwn sydd yn gyrru newid cymdeithasol.

fethodolegau a meysydd, gan gynnwys hanes o'r gwaelod, hanes o'r brig, hanes economaidd, hanes diwylliannol, hanes y canol oesoedd, hanes llafur, hanes cymdeithasol, hanes caethwasiaeth a hanes modern.

Fel mae'r cyflwyniad byr uchod yn ei awgrymu, mae hanesyddiaeth Farcsaidd yn faes eang a dadleuol. Bwriad y bennod hon yw cynnig amlinelliad o'r prif gysyniadau a'r prif ddadleuon sy'n gysylltiedig â hanesyddiaeth Farcsaidd. Cychwynnwn drwy edrych ar Marx, Friedrich Engels (1820–95) a materoliaeth hanesyddol cyn symud i edrych, yn eu tro, ar ddylanwad syniadaeth Antonio Gramsci (1891–1937) ar hanesyddiaeth Farcsaidd, yr Haneswyr Marcsaidd Prydeinig a'r heriau i hanesyddiaeth Farcsaidd yn yr 1990au.

Marx, Engels a Materoliaeth Hanesyddol

Yn ei araith yn angladd ei gyfaill oes Karl Marx ym mis Mawrth 1883, nododd Friedrich Engels fod athrylith Marx yn cael ei amlygu mewn dau ddarganfyddiad: damcaniaeth gorwerth a deddf datblygiad hanes dynol.[2] Roedd disgrifiad Engels o fateroliaeth hanesyddol neu'r 'cysyniad materol o hanes', i ddilyn ieithwedd Marx ei hunan, fel deddf gan adlewyrchu'r tueddiad ar y pryd i weld sosialaeth fel ffurf o wyddor gymdeithasol. Ond mae'n fwy defnyddiol i weld damcaniaeth hanesyddiaeth Farcsaidd – materoliaeth hanesyddol – fel methodoleg neu fodd o ymdrin â hanes yn hytrach na fel corff o reolau cadarn; methodoleg sy'n gweld datblygiad gwahanol foddau cynhyrchu dros wahanol gyfnodau hanes fel y man cychwyn.[3]

Does dim un gwaith penodol gan Marx neu Engels sy'n cynnig ymdriniaeth systematig o fateroliaeth hanesyddol. Yn hytrach, datblygir y ddamcaniaeth mewn cyfres o ddatganiadau, ar adegau rhai anghyson, yng ngweithiau'r ddau gyda'r prif ddatganiadau yn *The German Ideology* (1846) a 'Preface' *A Contribution to the Critique of Political Economy* (1859).[4] Mae hyn wedi ychwanegu elfen o amwysedd at fateroliaeth hanesyddol gan newid ei phwyslais, ac adlewyrchir hynny yn nadleuon a gwahanol bwyslais haneswyr

Marcsaidd hyd heddiw. Materoliaeth hanesyddol sy'n gosod sylfaen hanesyddiaeth Farcsaidd a gellid nodi tri chysyniad canolog ynddi. Y cyntaf yw'r cysyniad fod hanes dynol yn gyfres o gyfnodau esgynnol penodol sydd wedi'u gwreiddio yn natblygiad grymoedd cynhyrchiol y cyfnod, sef y modd cynhyrchu megis ffiwdaliaeth neu gyfalafiaeth. Yr ail yw'r cysyniad neu'r metaffor o'r sylfaen economaidd a'r aradeiledd gwleidyddol, ideolegol, diwylliannol a chyfreithiol a'r berthynas rhyngddynt. A'r olaf yw'r rôl mae perthnasau cymdeithasol (perthnasau cynhyrchiol yn yr ieithwedd Marcsaidd), yn enwedig dosbarth a brwydr y dosbarthiadau, yn ei chwarae yn natblygiad hanes.[5]

Y modd cynhyrchu sydd wrth wraidd materoliaeth hanesyddol. Credai Marx ac Engels mai'r rhagosodiad cyntaf wrth ddadansoddi hanes dynol yw'r modd y mae unigolion yn eu trefnu eu hunain a chydberthynas y trefniant hwnnw â'r amgylchedd. I Marx ac Engels y peth sy'n gwahanu dynion ac anifeiliaid yw gallu dynion i gynhyrchu'u modd o fodolaeth eu hunain, sydd yn ei dro yn cael ei gyflyru gan sut maent wedi trefnu eu hunain.[6] Wrth i anghenion dynion ehangu a'r dulliau cynhyrchu ddatblygu, mae trefniant dynion a'u modd o gynhyrchu eu bodolaeth eu hunain, sef y modd cynhyrchu, hefyd yn datblygu ac yn newid. Yn allweddol, yn y modd cynhyrchu y mae dynion yn cynhyrchu eu modd o gynhaliaeth a hefyd, yn anuniongyrchol, eu bywyd materol. Yn groes i athroniaeth idealaidd Georg Hegel (1770–1831), i Marx ac Engels, bywyd materol sy'n creu ymwybyddiaeth dyn, fel mae Marx yn ei nodi yn ei osodiad enwog yn y 'Preface': 'It is not the consciousness of men that determines their being, but, on the contrary, their social being that determines their consciousness.'[7] Y modd cynhyrchu felly sy'n gosod y sylfaen ac sy'n cyflyru'r ffurfiau penodol o fywyd materol sy'n bodoli o fewn gwahanol gyfnodau hanesyddol. Wrth drafod y modd cynhyrchu mae Marx ac Engels yn cyfeirio nid yn unig at y grymoedd cynhyrchu (grym llafur a'r dulliau cynhyrchu gan gynnwys yr offer, y dechnoleg a'r adnoddau craidd) sy'n perthyn i wahanol gyfnodau hanesyddol ond hefyd at y gwahanol gysylltiadau cynhyrchu a chymdeithasol sy'n bodoli ym mhob cyfnod. I Marx ac Engels felly, mae'r modd cynhyrchu yn cyfeirio at ffordd o fyw, sef y cyfangorff o rymoedd cynhyrchiol a chysylltiadau cynhyrchiol a chymdeithasol a geir o fewn cyfnod hanesyddol.[8] Ond fe fyddai'n gamgymeriad ystyried y modd cynhyrchu fel rhyw fath o strwythur goruwchddynol, fel mae rhai traddodiadau Marcsaidd wedi ceisio'i ddadlau. Er bod Marx ac Engels yn glir fod y modd cynhyrchu yn cyfyngu ac yn cyflyru beth sy'n bosib ym mhob cyfnod, maent hefyd yn nodi mai ffrwyth gweithredoedd pobl yw pob modd cynhyrchu.[9]

Yn ôl materoliaeth hanesyddol gellid rhannu hanes dynol yn gyfres o gyfnodau hanesyddol esgynnol sy'n seiliedig ar wahanol foddau cynhyrchu. Yn y 'Preface' mae Marx yn cydnabod pum cyfnod penodol: yr Asiaidd (cymdeithas statig, disymud wedi ei nodweddu gan lywodraeth ormesol ac absenoldeb eiddo preifat); yr hynafol (a amlygir gan y berthynas dosbarth rhwng y caethwas a'r dinesydd); y ffiwdal (a amlygir yn y berthynas dosbarth rhwng yr arglwydd a'r taeog); y cyfalafol (a amlygir gan y berthynas dosbarth rhwng y fwrgeisiaeth a'r proletariat); a'r comiwnyddol (a amlygir gan ddiflaniad gelyniaeth dosbarth).[10] Er bod elfennau o'r fframwaith hwn wedi bod yn ddylanwadol ac wedi eu derbyn fel rhan o brif-ffrwd hanesyddiaeth, mae rhai elfennau yn parhau i fod yn ddadleuol. Mae'r cysyniad o'r modd cynhyrchu Asiaidd, er enghraifft, yn cael ei herio a'i wrthod gan nifer o haneswyr Marcsaidd. Yn ôl Perry Anderson, mae'r cysyniad yn un annigonol, heb iddo sail tystiolaeth gadarn a heb adlewyrchu'r amrywiaeth o foddau cynhyrchu yn Asia, tra bo Chris Wickham yn dadlau o blaid y cysyniad o fodd cynhyrchu trethadwy fel cysyniad amgen.[11] Yn yr un modd mae'r cysyniad o'r moddau cynhyrchu fel 'cynhanes dynol ryw', fel cwrs hanes sy'n arwain yn *anochel* at y modd cynhyrchu comiwnyddol, wedi ei wrthod gan sawl hanesydd fel cysyniad or-ideolegol.[12]

Yn allweddol i gysyniad Marx ac Engels o ddatblygiad hanes yw'r syniad fod pwynt yn cael ei gyrraedd ym mhob modd cynhyrchu pan fydd y grymoedd cynhyrchiol a'r perthnasau cymdeithasol o fewn y modd cynhyrchu yn dechrau mynd yn groes i'w gilydd, lle mae'r perthnasau cymdeithasol yn tyfu'n rhwystr i ddatblygiad pellach y grymoedd cynhyrchiol. Oherwydd y newid yn y grymoedd cynhyrchiol ar adegau fel hyn, yn nhyb Marx ac Engels, mae cyrraedd y pwynt hwn yn arwain at sefyllfa lle mae cyfle i ddosbarth newydd, sy'n cynrychioli'r modd cynhyrchu newydd, ddisodli'r hen drefn drwy chwyldro cymdeithasol.[13] Fel y pwysleisia Marx, mae'r gymdeithas newydd yn cael ei chreu yng nghrombil yr hen gymdeithas gyda dynol ryw 'ond yn gosod tasgau i'w hunan y mae'n medru eu datrys.'[14]

O fewn y cysyniad o'r modd cynhyrchu gallwn nodi dau gysyniad allweddol arall sy'n chwarae rôl ganolog yn hanesyddiaeth Farcsaidd – metaffor y sylfaen a'r aradeiledd a rôl dosbarth a brwydr y dosbarthiadau fel ysgogwyr hanes. I Marx ac Engels, y modd cynhyrchu a'r perthnasau cymdeithasol sy'n perthyn iddo sy'n cyflyru ac yn gosod terfynau'r math o ideoleg, gwleidyddiaeth, cyfraith, moesoldeb a chrefydd sy'n ymddangos ym mhob cyfnod.[15] Mae cysyniad neu fetaffor y sylfaen a'r aradeiledd, neu natur y berthynas rhwng y sylfaen economaidd a'r elfennau gwahanol o gysylltiadau cymdeithasol fel y gwleidyddol, y cyfreithiol a'r diwylliannol, yn un o'r elfennau mwyaf dadleuol yn hanesyddiaeth Farcsaidd. Gallwn nodi dau brif ddehongliad o'r metaffor hwn. Mae'r cyntaf, sy'n rhannol seiliedig ar un dehongliad o'r diffiniad cryno yn y 'Preface', yn gweld y berthynas fel un llinellol gyda'r economaidd a'r grymoedd cynhyrchu yn penderfynu beth sy'n digwydd ar y lefel aradeileddol heb unrhyw ddylanwad y ffordd arall. Tra bo'r diffiniad hwn, yn gyffredinol, yn gysylltiedig â deongliadau Marcsiaeth Uniongred a

> **Staliniaeth** (*Stalinism*)
>
> Y modd o lywodraethu a ddatblygwyd o dan Joseph Stalin (1878–1953) yn yr Undeb Sofietaidd rhwng 1927 a 1953 lle roedd diwydiannu cyflym, cyfunoli amaethyddiaeth, a gwladwriaeth dotalitaraidd yn nodweddion o'r gyfundrefn.

Staliniaeth, mae'n werth nodi ymgais G. A. Cohen (1941–2009) i gynnig dehongliad mwy cymhleth, dadansoddol ohono.[16] Mae'r ail, sy'n rhannol seiliedig ar rai o ddatganiadau Engels ar y mater ac yn bennaf gweithiau hanesyddol Marx ei hunan, yn enwedig *The Eighteenth Brumaire of Louis Bonaparte* (1852), yn dadlau fod y broses yn un amlinellol lle, er mai'r lefel economaidd sydd fwyaf dylanwadol yn 'yr achos olaf', i ddefnyddio terminoleg Engels,

Hanes Marcsaidd

mae'r ddwy lefel yn dylanwadu ar ei gilydd, y naill ar y llall.[17] Mae rhai haneswyr Marcsaidd blaenllaw eraill, gyda E. P. Thompson ymhlith yr amlycaf, wedi cefnu ar y metaffor yn gyfan gwbl gan ddadlau ei fod yn rhy fecanyddol a sgematig i fedru mynegi natur organig y berthynas rhwng y ddwy lefel.[18]

Mae dosbarth a'r frwydr dosbarth yn chwarae rôl ganolog yn hanesyddiaeth Farcsaidd, yn bennaf fel un o brif yrwyr hanes. Yn ôl *Y Maniffesto Comiwnyddol* (1848), 'Hanes pob cymdeithas hyd yn hyn ydyw hanes brwydrau dosbarth' ac mae'r berthynas dosbarth a datblygiad dosbarthiadau yn ganolog i ddatblygiad pob modd cynhyrchu.[19] Wrth ymhelaethu ar y syniad o'r modd cynhyrchu, mae Marx ac Engels yn nodi sut mae'r moddau cynhyrchu, wrth iddynt ddatblygu, yn creu rhaniad llafur rhwng gwahanol grwpiau mewn cymdeithas gan arwain at ddatblygiad gwahanol ddosbarthiadau cymdeithasol.[20] I Marx ac Engels, mae pob modd cynhyrchu newydd yn gysylltiedig â dosbarth rheoli newydd ac â phatrwm newydd o'r frwydr rhwng y dosbarthiadau, gyda'r trawsnewidiad o un modd cynhyrchu i'r llall yn ddibynnol ar lwyddiant y dosbarth sy'n gysylltiedig â'r grymoedd cynhyrchiol newydd i ennill cefnogaeth y dosbarthiadau eraill a disodli'r dosbarth llywodraethol trwy chwyldro cymdeithasol. Yn ganolog i'r broses hon y mae'r cysyniad o ymwybyddiaeth dosbarth. Yn allweddol yn hynny o beth yw gwrthgyferbyniad Marx rhwng dosbarth fel categori cymdeithasol – y dosbarth ynddo'i hunan – a dosbarth sydd ag ymwybyddiaeth o'i fuddiannau ei hunan – y dosbarth sydd o blaid ei hunan.[21]

Nid yw'n syndod felly fod dosbarth yn chwarae rôl ganolog yn hanesyddiaeth Farcsaidd. Mae'r berthynas rhwng y dosabarthiadau a'r frwydr dosbarth yn ganolog i ddehongliad Haneswyr Marcsaidd Prydeinig o hanes.[22] Yn fwy diweddar mae'r hanesydd Marcsaidd Robert Brenner wedi dadlau mai'r berthynas dosbarth oedd y prif rym hanesyddol wnaeth ganiatáu newidiadau yn y grymoedd cynhyrchu gan arwain at y trawsnewidiad o ffiwdaliaeth i gyfalafiaeth.[23] Mae natur dosbarth a natur a datblygiad ymwybyddiaeth dosbarth hefyd wedi bod yn destun trafodaeth eang ymhlith haneswyr Marcsaidd, yn enwedig yn sgil dehongliad E. P. Thompson o ddatblygiad y dosbarth gweithiol Seisnig yn y ddeunawfed ganrif.[24]

Fel y nodwyd uchod, materoliaeth hanesyddol a osododd y sylfaen methodolegol ar gyfer hanesyddiaeth Farcsaidd a'r math o gwestiynau ymchwil mae'n eu gofyn. Er hynny ac er i Marx ac Engels osod y sylfeini, mae haneswyr Marcsaidd wedi addasu, datblygu ac ar adegau wedi cefnu ar rai o elfennau'r ddamcaniaeth. Mae yna elfen ddeinamig i hanesyddiaeth Farcsaidd sy'n deillio yn rhannol o'r newid pwyslais yng ngweithiau Marx ac Engels ar fateroliaeth hanesyddol, oherwydd er bod y sylfeini yn gyson (hanes fel cyfres o gyfnodau penodol, rôl y grymoedd cynhyrchiol, pwysigrwydd dosbarth a'r frwydr dosbarth) mae union natur perthynas y gwahanol brosesau hyn yn parhau'n destun trafodaeth o fewn hanesyddiaeth Farcsaidd. Ceir enghraifft o hyn mewn tri dadansoddiad cymharol ddiweddar o fateroliaeth hanesyddol, sy'n seiliedig ar waith Marx ac Engels. Yn ei amddiffyniad o'r dehongliad clasurol o fateroliaeth hanesyddol, mae G. A. Cohen wedi cynnig dadl soffistigedig o blaid diffiniad sy'n gosod grymoedd cynhyrchiol a datblygiadau technegol fel prif yrrwyr hanes.[25] Wrth ymwrthod â deongliadau sy'n blaenoriaethu grymoedd cynhyrchiol a thueddiadau technolegol materoliaeth hanesyddol, mae Stephen H. Rigby yn dadlau dros flaenoriaethu rôl perthnasau cymdeithasol a'u hail-ystyried yng nghyd-destun y metaffor y sylfaen a'r arad-eiledd.[26] I Paul Blackledge, ar y llaw arall, mae dull Cohen a Rigby o ddewis a dethol elfennau o weithiau Marx ac Engels i gefnogi eu dadl yn ddiffygiol, a dadleua dros weld materoliaeth hanesyddol fel cyfangorff sy'n cynnwys rôl ganolog grymoedd cynhyrchiol a gweithredoedd dyn.[27]

Hanesyddiaeth Farcsaidd yr Ail Gymdeithas Gydwladol, Staliniaeth a Dylanwad Gamsci

Roedd y cyfnod hyd at ddiwedd yr Ail Ryfel Byd yn un cymysg i ddatblygiad hanesyddiaeth Farcsaidd. Ar y naill law, gwelwyd ymgais bendant yn ystod cyfnod Ail Gymdeithas Gydwladol y Gweithwyr i geisio fformiwleiddio materoliaeth hanesyddol yn wyddoniaeth gymdeithasol. Effaith yr ymgais hon oedd troi materoliaeth hanesyddol yn ddamcaniaeth anhyblyg a mecanyddol. Er

> **Y Drydedd Gymdeithas Gydwladol**
> (*Third International*)
>
> Yn dilyn ffurfio llywodraeth Sofietaidd yn 1919, sefydlodd Lenin bencadlys y *Third (Communist) International* ym Mosgo, a daethpwyd i'w hadnabod yn fyr fel y *Comintern*. Dyma oedd y trydydd sefydliad sosialaidd rhyngwladol i'w sefydlu yn dilyn y Cyntaf yn 1864 a'r Ail yn 1889 (â'i bencadlys ym Mrwsel). Roedd y Drydedd Gymdeithas Gydwladol yn cynnwys cynrychiolwyr pleidiau comiwnyddol dros 50 o wledydd, gyda'r nod o geisio disodli'r drefn gyfalafol gan un gomiwnyddol. Diddymwyd y Drydedd Gymdeithas Gydwladol yn 1943.

i ddyfodiad y **Drydedd Gymdeithas Gydwladol** ar ôl y Chwyldro Bolsieficaidd drawsnewid elfennau pwysig Marcsiaeth, prin oedd ei heffaith ar fateroliaeth hanesyddol, gyda dyfodiad Staliniaeth ar ddiwedd yr 1920au ond yn dwysáu anhyblygrwydd materoliaeth hanesyddol. Ar y llaw arall gwelwyd rhai datblygiadau yn namcaniaeth Marcsaidd, yn enwedig yng ngwaith yr Eidalwr, Antonio Gramsci, a ddylanwadodd yn sylweddol ar hanesyddiaeth Farcsaidd wrth iddo herio rhai o ragdybiaethau canolog materoliaeth hanesyddol, yn enwedig y berthynas rhwng y sylfaen a'r aradeiledd a'r broses o ffurfio dosbarthiadau. Ar yr un pryd gwelwyd datblygiadau pendant yn y math o hanes a ysgrifennai haneswyr Marcsaidd, gyda throad arwyddocaol tuag at hanes y bobl yn yr 1930au.

Yn dilyn marwolaeth Marx yn 1883, cychwynnodd Engels ar y broses o geisio fformiwleiddio gwaith Marx gyda'r bwriad o'i boblogeiddio a'i droi'n ddamcaniaeth holl bwrpasol.[28] Parhawyd â'r gwaith hwn, gan gynnwys fformiwleiddio materoliaeth hanesyddol, gan ddamcaniaethwyr Marcsiaeth Uniongred yr Ail Gymdeithas Gydwladol, yn eu plith Karl Kautsky (1854–1938), Eduard Bernstein (1850–1932) a Georgi Plekhanov (1856–1918). Bwriad y grŵp hwn o Farcswyr oedd ceisio cyfundrefnu Marcsiaeth, datrys rhai o'r amwysterau oedd yn perthyn i waith Marx a'i throi'n wyddoniaeth gymdeithasol. Byddai hynny yn ei dro yn galluogi

Marcsiaeth i ddatblygu'n ddisgyblaeth fyddai'n gallu herio disgyblaethau academaidd bwrgeisiol y cyfnod a chynnig gweledigaeth gynhwysfawr, dealladwy a chyson i'r dosbarth gweithiol.[29] Er ei bod yn bosib canfod deongliadau llai mecanyddol yn rhai o weithiau cynnar damcaniaethwyr fel Kautsky a Plekhanov, ar y cyfan canlyniad yr ymdrech hon i gyfundrefnu a ffurfioli materoliaeth hanesyddol oedd creu dehongliad mwy mecanyddol ac anhyblyg.[30] Roedd hynny fwyaf amlwg yn eu dehongliad mwy llinellol o'r berthynas rhwng y sylfaen a'r aradeiledd, gyda phwyslais cryf, penderfyniaethol ar yr economaidd a'r technolegol. I raddau helaeth roedd yr anhyblygrwydd a'r elfennau penderfyniaethol hyn yn deillio o'r ymgais i drawsnewid Marcsiaeth yn wyddoniaeth, ymgais oedd wedi ffurfioli elfen o anocholedd o fewn materoliaeth hanesyddol a'i ddehongliad o ddatblygiad hanes.[31]

Roedd yr elfennau penderfyniaethol hyn yn adlewyrchu agweddau pleidiau Marcsaidd y cyfnod, yn enwedig yr SPD yn yr Almaen, a oedd yn ffurfiol yn blaid chwyldroadol ond mewn gwirionedd yn blaid oddefol, propagandaidd oedd yn anfodlon gweithredu'n chwyldroadol cyn i'r amodau materol cywir anochel gael eu gwireddu.[32] Er i'r Chwyldro Bolsieficaidd yn 1917 a dyfodiad y Drydedd Gymdeithas Gydwladol â'i ffurfiau trefniadol, gwleidyddol a strategol gweithredol a chyfwynebol drawsnewid natur pleidiau Marcsaidd wedi'r Rhyfel Byd Cyntaf, ni newidiwyd llawer yn nhermau dehongli materoliaeth hanesyddol, yn enwedig gyda dyfodiad Staliniaeth. Roedd gweithiau allweddol y cyfnod Stalinaidd ar fateroliaeth hanesyddol yn cynnig deongliadau mecanyddol, llinellol a phenderfyniaethol o ddatblygiad hanes dynol gyda phwyslais cryf eto ar yr elfen economaidd fel y ffactor allweddol a benderfynai ar yr hyn a ddigwyddai ar y lefel aradeileddol.[33]

Er hyn oll, yn ystod y cyfnod rhwng y rhyfeloedd rydym hefyd yn gweld dehongliad mwy hyblyg a chymhleth o fateroliaeth hanesyddol yn ymddangos, yn bennaf yng ngweithiau damcaniaethol y Marcsydd Eidalaidd Antonio Gramsci. Ymhlith gwaith damcaniaethol Gramsci gallwn nodi tair elfen allweddol a fyddai'n dylanwadu ar hanesyddiaeth Farcsaidd: yn gyntaf y cysyniad o hegemoni; yn ail ei ffocws ar lên gwerin a chrefydd poblogaidd fel meysydd astudiaeth; ac yn olaf ei bwyslais ar rôl gweithredoedd yn hanes.

Mae hegemoni yn un o gysyniadau allweddol Gramsci sy'n deillio o'i ymgais i geisio esbonio pam na welwyd chwyldro llwyddiannus yng Ngorllewin Ewrop. I Gramsci, roedd modd esbonio hyn trwy ddefnyddio'r cysyniad o **hegemoni** wrth ddadlau fod y dosbarth llywodraethol yn rheoli nid yn unig trwy orfodaeth ond hefyd trwy ganiatâd. Roedd y dosbarth llywodraethol yn medru ennill y caniatâd hwn trwy broses o hegemoni diwylliannol gan sicrhau derbyniad eang i'w ideoleg nid yn unig trwy gynrychiolwyr y wladwriaeth ond hefyd trwy ei gwasgaru ar

Hegemoni (*hegemony*)

Damcaniaeth Antonio Gramsci sy'n gysylltiedig a gwladwriaethau cyfalafol. Golyga Gramsci trwy hegemoni y traarglwyddiaeth o ideoleg a moesau o'r dosbarth llywodraethol i gadw atgynhyrchu perthnasau dosbarth a chynnal ei goruchafiaeth dros gymdeithas.

draws cymdeithas sifil, trwy'r eglwysi, undebau llafur, ysgolion, y wasg, y teulu a'r byd preifat a thrwy gyrff diwylliannol, i'r pwynt bod syniadaeth y dosbarth llywodraethol yn cael ei gweld fel synnwyr cyffredin.[34] I Gramsci, nid oedd hegemoni yn rhywbeth statig nac yn awgrymu consenws, ond yn hytrach yn dir cystadleuol, lle byddai dosbarth gwrth-hegemonaidd yn ceisio ennill derbyniad i'w syniadaeth yntau, trwy ddefnyddio cymdeithas sifil, deallusion 'organig', diwylliant a'i sefydliadau amgen ei hun a thrwy ei allu i ffurfio bloc hanesyddol newydd mewn cynghrair â'r dosbarthiadau eraill y llwyddwyd i'w darbwyllo o werth y syniadaeth amgen. Rhan ganolog o ddatblygu'r bloc gwrth-hegemonaidd hwn yw cysyniad Gramsci o ymwybyddiaeth ddeuol, lle bydd y gweithwyr yn derbyn elfennau o syniadaeth y mudiad dosbarth gweithiol, ond hefyd yn derbyn elfennau o syniadaeth y dosbarth llywodraethol er eu bod yn groes i'w fuddiannau ei hun. Tra bo hyn i Gramsci yn esbonio diffyg gweithredu ar ran y gweithwyr, roedd yr ymwybyddiaeth ddeuol hon hefyd yn gosod sylfaen ar gyfer creu bloc hanesyddol gwrth-hegemonaidd newydd gan nad oedd hegemoni byth yn gyfan gwbl lwyddiannus.[35] Roedd goblygiadau hegemoni yn bellgyrhaeddol i fateroliaeth hanesyddol a hanesyddiaeth Farcsaidd. Yn gyntaf, roedd pwyslais Gramsci ar rôl yr aradeiledd yn natblygiad hegemoni ar wahanol lefelau gwladwriaeth, cymdeithas sifil a diwylliant fel meysydd perthynol ymreolus, yn ymwrthod â'r dehongliad mecanyddol o'r sylfaen a'r aradeiledd a berthynai i Farcsiaeth Uniongred a Staliniaeth.[36] I Gramsci, roedd y berthynas rhwng y sylfaen a'r aradeiledd yn un amlinellol a dwyochrog, gydag elfen o ymreolaeth i'r aradeiledd. Er bod Gramsci'n parhau i weld y sylfaen economaidd fel yr elfen fwyaf dylanwadol, fel Marx roedd Gramsci'n ei weld yn cyflyru'r hyn oedd yn bosib yn hytrach na phenderfynu ar ei union ffurf. Yn wir, i Gramsci roedd y syniad bod y sylfaen economaidd yn gallu esbonio popeth a ddigwyddai o fewn cymdeithas yn esiampl o 'primitive infantilism' a ddiystyriai anhawster adnabod natur cyfnod strwythurol cyn iddo orffen ac adnabod gwir ysgogiadau penderfyniadau gwleidyddol.[37] Yn ail, trwy'r cysyniad o'r ymwybyddiaeth ddeuol a'r rôl roedd elfennau aradeileddol a hegemoni yn ei chwarae, cynigiodd Gramcsi ddehongliad llawer mwy cymhleth o sut yr oedd ymwybyddiaeth dosbarth yn datblygu.

Byddai pwyslais Gramsci ar bwysigrwydd astudio llên gwerin a chrefydd boblogaidd hefyd yn profi'n ddylanwadol o fewn hanesyddiaeth Farcsaidd. I Gramsci, roedd llên gwerin a chrefydd boblogaidd yn cynnig ffynhonnell bwysig o fyd-olwg y werin bobl ac roedd angen disodli'r ymdriniaeth bictiwresg ohonynt gan academyddion y cyfnod a'i chyfnewid gydag astudiaethau fyddai'n eu cymryd o ddifrif, gan ddangos moesoldeb, arferion a chodau ymddygiad y dosbarthiadau hyn. Er bod llên gwerin a chrefydd boblogaidd i ryw raddau yn ddibynnol ar syniadaeth y dosbarth llywodraethol a hefyd yn cynnwys elfennau ceidwadol ac adweithiol, oherwydd eu natur anghyflawn ac amlochrog roeddynt hefyd yn cynnwys elfennau blaengar a chwyldroadol oedd y tu allan i ffiniau'r hyn oedd yn dderbyniol o dan syniadaeth yr hegemoni.[38]

Roedd pwyslais Gramsci ar rôl gweithredu dynol yn hanes hefyd yn bwysig. I Gramsci er ei bod yn hanfodol i sosialwyr geisio mapio'r gwahanol rymoedd ac elfennau ar y tir materol, boed rheini yn rhai strwythurol neu achlysurol, roedd yn afresymol ceisio darogan yn wrthrychol ar sail y mapio hwn gan nad oedd modd darogan yr elfennau goddrychol oedd yn cael eu gyrru gan weithredoedd dyn. Yn yr un modd, yn ôl Gramcsi, gall argyfwng organig (hynny yw, argyfwng hegemonaidd sy'n cynnwys y gyfundrefn fel cyfangorff) barhau yn amhenodol os na fyddai'r gweithredoedd yr oedd eu hangen i'w ddatrys yn cael eu cynnal.[39]

Gallwn weld dylanwad Gramsci ar waith nifer o haneswyr Marcsaidd ail hanner yr ugeinfed ganrif. Mae'r pwyslais ar rôl diwylliant wrth ffurfio ymwybyddiaeth dosbarth, yr ymreolaeth gymharol yr oedd yn ei rhoi i'r aradeiledd, pwysigrwydd gweithredu dynol a'r rôl flaenllaw a briodolai i astudio llên gwerin a chrefydd boblogaidd yn trwytho gwaith E. P. Thompson.[40] Mae'r cysyniad o ymwybyddiaeth ddeuol yn chwarae rôl ganolog yng ngwaith Eugene Genovese ar fyd y caethweision, tra bo hegemoni yn chwarae rôl ganolog yn ymgais gynnar Perry Anderson a Tom Nairn i ddadansoddi cwrs hanes Prydain ers y Chwyldro Seisnig, ac yng ngwaith Douglas Hay ar gyfraith Lloegr yn yr 18fed ganrif.[41] Gallwn hefyd weld dylanwad syniadau Gramsci ar waith Eric Hobsbawm, Rodney Hilton a Christopher Hill ymhlith eraill.[42]

Dros y cyfnod hwn gwelwn hefyd ddatblygiadau pwysig yn ysgrifennu hanes Marcsaidd. I gychwyn, roedd y rhan fwyaf o waith hanesyddol Marcsaidd yn dod o'r tu allan i'r academi, yn deillio'n bennaf o'r addysg wleidyddol a ddarperid gan bleidiau a sefydliadau addysgiadol y mudiad dosbarth gweithiol. Ym Mhrydain roedd hynny'n cynnwys cyrff a phleidiau fel y Blaid Gomiwnyddol, y Blaid Lafur Annibynnol, y *Plebs League* a Chyngor Cenedlaethol y Colegau Llafur, lawer ohono wedi'i ysgrifennu gan ddeallusion 'organig' dosbarth gweithiol.[43] Ar yr un pryd roedd hanes yn elfen bwysig o sawl gwaith gan rai o brif ddamcaniaethwyr Marcsaidd y cyfnod, yn eu plith Kautsky, Lenin (1870–1924) a Rosa Luxemburg (1871–1919).[44] Ond efallai'r datblygiadau pwysicaf oedd y symudiad tuag at hanes cymdeithasol yn Ffrainc gyda dyfodiad yr ysgol *Annales*, yn yr Almaen gyda datblygiad cymdeithaseg, ac ym Mhrydain gyda dyfodiad hanes economaidd a'r symudiad tuag at ysgrifennu hanes y bobl, gydag

A People's History of England gan A. L. Morton (1903–87) yn waith dylanwadol.[45]

Tra bo dyfodiad hanes economaidd yn rhannol yn adlewyrchu datblygiadau yn yr academi, roedd y duedd gynyddol tuag at ysgrifennu hanes y bobl yn deillio yn bennaf o newid yn strategaeth y Comintern tuag at y Ffrynt Poblogaidd yng nghanol yr 1930au, yn enwedig galwad Georgi Dimitrov (1882–1949) ar i bleidiau comiwnyddol adennill eu hanes cenedlaethol oddi ar grafangau'r ffasgwyr.[46] Ym Mhrydain, roedd y newid tuag at strategaeth y Ffrynt Poblogaidd a'r frwydr yn erbyn Ffasgaeth hefyd wedi denu nifer o ddeallusion yr academi tuag at y Blaid Gomiwnyddol, gan gynnwys y grŵp o haneswyr ifanc a fyddai'n ganolog i ffurfio'r grŵp dylanwadol o Haneswyr Marcsaidd Prydeinig wedi'r rhyfel.

Cyn symud at y cyfnod holl bwysig hwnnw yn natblygiad hanesyddiaeth Farcsaidd, mae'n werth nodi tri thestun gan haneswyr Marcsaidd a gafodd eu cyhoeddi yn y cyfnod hwn. Yn gyntaf papur yr hanesydd Sofietaidd, Boris Hessen (1893–1936), *The Social Roots of Newton's Principa* (1931), a esboniodd waith Isaac Newton (1643–1727) trwy gyfeirio at ei gyd-destun cymdeithasol, economaidd ac ideolegol gan ymwrthod â'r cysyniad o athrylith. Roedd papur Hessen yn ddylanwadol nid yn unig ar yr Haneswyr Marcsaidd Prydeinig, ond hefyd ar haneswyr gwyddoniaeth o fewn y Blaid Gomiwnyddol, yn eu plith J. D. Bernal (1901–71).[47] Yn ail, *The Black Jacobins* (1938) gan C. R. James (1901–89), gwaith trawsnewidiol ac arloesol yn nhermau hanes y Caribi a hanes gwrthryfeloedd caethweision ac ymhlith y cyntaf i nodi arwyddocâd y Chwyldro Haitïaidd i hanes hollfydol.[48] Yn drydydd, *The English Revolution, 1640* (1940) gan Christopher Hill, sef ei ymgais gyntaf i ddehongli'r Rhyfel Cartref Seisnig fel chwyldro bwrgeisaidd.[49]

Yr Haneswyr Marcsaidd Prydeinig a Thwf a Chwymp Hanesyddiaeth Farcsaidd

Roedd y cyfnod wedi'r Ail Ryfel Byd yn un trawsnewidiol i hanesyddiaeth Farcsaidd gyda dyfodiad cenhedlaeth arbennig o haneswyr Marcsaidd ym Mhrydain a fyddai'n profi'n hynod ddylanwadol ar hanesyddiaeth ail hanner yr ugeinfed ganrif, yn eu plith Eric Hobsbawm, Dorothy Thompson (1923–2011) ac E. P. Thompson, Christopher Hill a Rodney Hilton. Roedd y grŵp hwn o haneswyr yn ganolog i nifer o brif ddadleuon hanesyddol y cyfnod ac yn arloesol mewn sawl maes hanesyddol yn nhermau torri tir hanesyddiaethol newydd a datblygu methodolegau newydd.[50] Rhwng yr 1960au a'r 1980au chwaraeodd y genhedlaeth hon o haneswyr Marcsaidd (a'r un wnaeth ei dilyn) rôl bwysig yn natblygiad hanes cymdeithasol. O ganol yr 1970au ymlaen, ac yn enwedig o ddiwedd yr 1980au yn dilyn cwymp yr Undeb Sofietaidd a'r Bloc Dwyreiniol, fe wynebodd hanesyddiaeth Farcsaidd gyfres o heriau – o ôl-foderniaeth a hanes ffeministaidd i ôl-drefedigaethedd – a arweiniodd at ddirywiad yn ei dylanwad ar hanesyddiaeth.

Mae gwreiddiau'r Haneswyr Marcsaidd Prydeinig i'w canfod yng Ngrŵp Haneswyr y Blaid Gominwyddol a ffurfiwyd yn 1946 er mwyn goruwchwylio argraffiad newydd o'r *People's History of England*.[51] Er bod y rhan helaethaf o brif weithiau'r grŵp hwn o haneswyr wedi ei hysgrifennu ar ôl i lawer ohonynt adael y Blaid Gomiwnyddol, roedd y Grŵp yn sylfaenol i'w datblygiad fel haneswyr.[52] Yn wahanol i rai o'r pleidiau comiwnyddol ar y cyfandir lle roedd eu deallusion yn ffocysu ar waith damcaniaethol, gyda'r pleidiau Ffrengig ac Eidalaidd yn esiamplau amlwg, roedd ffocws deallusol y Blaid Gomiwnyddol Brydeinig ar hanes yn nodweddiadol. Roedd y Grŵp hefyd i elwa o agwedd oddefgar y Blaid a alluogai'r haneswyr, ar y cyfan, i ddilyn eu llwybrau ymchwil eu hunain heb ymyrraeth.[53] Gellid nodi dau brif ddylanwad sylfaenol ar y grŵp hwn o haneswyr: yn gyntaf, dylanwad Donna Torr (1883–1957), a oedd i raddau helaeth yn mentora'r grŵp hwn o haneswyr ifanc ac yn allweddol yn natblygiad hanes o'r gwaelod.[54] Yn ail, gwaith Maurice Dobb (1900–1976), a gynigiodd ddehongliad gwleidyddol-economaidd o'r trawsnewidiad o ffiwdaliaeth i gyfalafiaeth gan bwysleisio pwysigrwydd y berthynas dosbarth yn y newidiadau yn y grymoedd cynhyrchiol.[55] Er y bu Dobb yn allweddol wrth osod y seiliau i ddehongliadau Marcsaidd mwy creadigol trwy gefnu ar ddehongliadau Marcsaidd economyddiaethol (*economistic*), roedd y rhwyg yn 1956 a dyfodiad y Chwith Newydd yn cynnig yr amgylchedd delfrydol ar gyfer datblygu hanesyddiaeth Farscaidd, i raddau helaeth y tu allan i drafodaeth swyddogol y pleidiau comiwnyddol a sosialaidd.[56]

O ran hanesyddiaeth, prif fwriad yr Haneswyr Marcsaidd Prydeinig oedd prif-ffrydio hanesyddiaeth Farcsaidd a herio nid yn unig hanesyddiaeth Chwigaidd ond hefyd hanesyddiaeth geidwadol Nameraidd, a bwysleisiai natur ddigyswllt hanes ac a ymwrthodai â'r syniad bod yna unrhyw batrwm hollgynhwysfawr i ddatblygiad hanes.[57] Roeddynt yn llwyddianus yn yr ymgais hon, gyda'r aelodau yn gyfrifol am gychwyn rhai o brif ddadleuon hanesyddiaethol ail hanner yr ugeinfed ganrif, gan gynnwys y drafodaeth ynghylch natur y trawsnewidiad o ffiwdaliaeth i gyfalafiaeth.[58] Roedd derbyn hanesyddiaeth Farcsaidd fel un o'r prif ddeongliadau hanesyddiaethol hefyd yn ganlyniad i'w parodrwydd i drafod ac ymgysylltu â haneswyr o'r tu allan i'r traddodiad Marcsaidd. Amlygwyd hyn orau gyda sefydlu'r cyfnodolyn dylanwadol *Past and Present*, a'i barodrwydd i gynnwys gwaith rhyngddisgyblaethol.[59] Roedd yr Haneswyr Marcsaidd Prydeinig hefyd i chwarae rôl allweddol yn natblygiad hanes cymdeithasol o'r 1960au ymlaen ac i elwa ohono.

Dylanwadodd y genhedlaeth hon o haneswyr Marcsaidd ar sawl maes hanesyddiaethol gwahanol, gyda sawl un ohonynt yn trawsnewid sut y meddyliai haneswyr y mesydd hynny. Gellid nodi gwaith pump ohonynt, sef Hill, Hilton, Hobsbawm, Victor Kiernan (1913–2009) ac E. P. Thompson. Roedd gwaith Hill ar y Chwyldro Seisnig a'r 'ganrif o chwyldro' rhwng 1603 a 1714 yn hynod o ddylanwadol ar hanesyddiaeth y Rhyfel Cartref Seisnig, gyda Hill yn cyflwyno'r syniad o'r rhyfel cartef nid yn unig fel chwyldro bwrgeisaidd llwyddiannus ond hefyd fel chwyldro democrataidd aflwyddiannus, gyda chwyldro o dan arweiniad grwpiau fel y Lefelwyr a'r Cloddwyr yn digwydd o fewn y chwyldro. I Hill, roedd y berthynas dosbarth yn allweddol i'r datblygiadau hyn, wrth iddo hefyd bwysleisio rôl deallusion y cyfnod ac ar ddehongli syniadaeth grefyddol mewn cyd-destun gwleidyddol.[60] Roedd Hill hefyd ymhlith y cyntaf i roi llais i grwpiau radicalaidd y cyfnod.[61] Fodd bynnag, o ganol yr 1970au ymlaen dechreuodd dehongliad Hill a haneswyr Marcsaidd eraill fel Brian Manning o'r Rhyfel Cartref, golli tir fel y prif ddehongliad o'r cyfnod. Roedd twf hanesyddiaeth adolygiadol yn ymwrthod ag esboniadau hir-dymor ac â'r syniad fod y rhyfel cartref yn anochel. Yn hytrach, dadleuwyd o blaid esboniadau byr-dymor gan ffocysu ar blwyfoldeb aelodau seneddol, rôl a phersonoliaeth Siarl y Cyntaf, a natur ddamweiniol y symudiad at ryfel cartref.[62] Bu beirniadaeth hefyd o fethodoleg Hill gan yr hanesydd Chwigaidd, J. H. Hexter (1910–96), a gyhuddodd Hill o ddefnydd dethol o ffynonellau, beirniadaeth roedd Hill yn gyflym i'w gwrthbrofi.[63] Er hynny roedd cyfraniad Hill at hanesyddiaeth yr ail ganrif ar bymtheg, yn enwedig ei bwyslais ar y cysylltiadau rhwng syniadau'r cyfnod a'u perthynas â'r datblygiadau economaidd, diwylliannol a gwleidyddol, yn cynnig dehongliad Marcsaidd creadigol ac anrhydwythol (*nonreductionist*).

Er bod dylanwad dehongliad Hill wedi colli tir, mae gwaith Rodney Hilton am gymdeithas y werin wledig yn Lloegr ac yn enwedig eu gwrthryfeloedd, yn parhau'n ddylanwadol. Ymwrthodai Hilton â'r cysyniad o'r gwerinwr goddefol ac roedd, yn hytrach, yn gweld y berthynas dosbarth rhwng y werin a'r arglwyddi a'r frwydr dosbarth ynghylch gorchmynion yr arglwyddi am rent fel prif ysgogydd newid cymdeithasol yn y cyfnod ffiwdal.[64] Yn ei waith ar Wrthryfel y Werin, gosododd Hilton y gwrthryfel yn Lloegr yn nghyd-destun mudiadau tebyg ar draws yr Ewrop ffiwdal, gan ddadlau fod twf y mudiadau hyn yn rhan annatod o'r strwythur ffiwdal a natur y berthynas rhwng y dosbarthiadau.[65] Mae gwaith Hilton yn cwmpasu ymchwiliadau i ddiwylliant, ideoleg ac ymwybyddiaeth dosbarth y werin. Bwriad Hilton hefyd oedd rhoi llais i'r werin ac roedd yn un o arloeswyr hanes o'r gwaelod, methodoleg ddadleuai a gynigiai darlun mwy cywrain o gymdeithas gyfan a'r wladwriaeth na fedrai'r darlun o'r top i lawr ei gynnig.[66]

Eric Hobsbawm oedd yr hanesydd Marcsaidd â'r rhychwant hanesyddol mwyaf eang, gyda'i waith yn ymestyn ar draws hanes y byd, hanes modern, hanes llafur a sawl maes arall. Ymhlith cyfraniadau Hobsbawm gallwn nodi ei ddylanwad ar hanes llafur, yn enwedig ei bwyslais ar hanes pobl y dosbarth gweithiol a'u profiadau fel pobl yn hytrach na'r pwyslais ar eu sefydliadau. Roedd Hobsbawm hefyd yn allweddol wrth ddatblygu'r cysyniad

> **Aristocratiaid llafur**
> (*labour aristocracy*)
>
> Arweinwyr o fewn y dosbarth gweithiol oedd wedi eu cymathu â'r drefn gyfalafol trwy dderbyn buddion imperialaeth Brydeinig.

o **aristocratiaid llafur** i esbonio pam nad oedd y dosbarth gweithiol ym Mhrydain wedi bod yn fwy chwyldroadol.⁶⁷ Roedd Hobsbawm hefyd yn gyfrifol am gyflwyno'r cysyniad o'r gwrthryfel cyntefig a'r bandit cymdeithasol i ddisgrifio'r mudiadau a'r ffigyrau hynny oedd yn gwrthsefyll y trawsnewidiad i gymdeithas gyfalafol mewn ffurf oedd yn gorgyffwrdd â'r ffin rhwng y gwleidyddol a'r troseddol.⁶⁸ Mae gweithiau Hobsbawm ar hanes y byd o'r Chwyldro Ffrengig hyd at gwymp yr Undeb Sofietaidd yn parhau'n gyfeirbwynt allweddol i fyfyrwyr.⁶⁹ Hanesydd Marcsaidd Prydeinig arall eang ei rychwant oedd Victor Kiernan, gyda'i weithiau yn ymestyn o hanes yr oes imperialaidd, yr ornest yn hanes Ewrop, Shakespeare, a hanes tybaco.⁷⁰ Roedd ei waith mwyaf dylanwadol, *The Lords of Human Kind* (1969), yn gyfraniad pwysig at hanes ôl-drefedigaethol a diwylliannol trwy gynnig dadansoddiad o agweddau hiliol imperialwyr Ewropeaidd tuag at ddiwylliannau brodorol yn y trefedigaethau a'u cysylltiad anatod â'u 'cennad gwareddiol'.⁷¹

Gellid nodi tri phrif gyfraniad yr Haneswyr Marcsaidd Prydeinig fel grŵp at hanesyddiaeth : datblygiad methodoleg hanes o'r gwaelod; y ffocws ar ddosbarth a'r frwydr dosbarth fel prif yrrwyr hanesydd; a'u cyfaddasiad o fetaffor y sylfaen a'r aradeiledd. Mae'r tair elfen wedi eu hamlygu yng ngwaith E. P. Thompson, efallai'r hanesydd mwyaf dylanwadol ymhlith y grŵp. Ceir pennod arall ar hanes o'r gwaelod yn y gyfrol hon felly gallwn gyfyngu ein sylwadau i nodi natur drawsnewidiol methodoleg *The Making of the English Working Class* (1963) a datganiad enwog Thompson o'i fwriad i achub yr hosanwr tlawd, y Ludiad, y gwëydd llaw, y crefftwr iwtopiadd a dilynwr Joanna Southcott (1750–1814) rhag yr 'enormous condescension of posterity.'⁷² Roedd triniaeth Thompson o ddosbarth a datblygiad ymwybyddiaeth dosbarth hefyd yn arloesol, yn enwedig yn ei ffocws ar bwysigrwydd elfennau aradeileddol, ei wrthodiad o ddiffiniadau rhydwythol (*reductionist*) o ddosbarth a'i bwyslais ar weithredu dynol. I Thompson, roedd dosbarth yn bennaf yn berthynas hanesyddol, dynol, yn brofiad ac yn broses ddeinamig gydag ymwybyddiaeth dosbarth yn cael ei ffurfio rhwng dynion â'r un buddiannau wrth iddynt brofi a cheisio delio ag effeithiau dyfodiad y byd cyfalafol a'i effaith ar eu bywydau. Roedd Thompson yn ymwrthod ag unrhyw ddiffiniad o ddosbarth a welai dosbarth fel strwythur neu gategori, ac roedd yn feirniadol o hanesau a ddefnyddiai dosbarth yn y modd hwn fel rhai sgematig.[73] I'w feirniaid roedd Thompson yn euog o 'ddiwylliannaeth' (*culturalism*), ac o grwydro'n rhy bell oddi wrth sylfeini economiadd Marcsiaeth trwy beidio â rhoi digon o sylw i'r modd cynhyrchu fel strwythur. Ond anwybydda hynny'r ffordd y mae Thompson yn lleoli profiad dosbarth yn amgylchedd penodol y modd cynhyrchu.[74] Mae Thompson yn glir:

> The class experience is largely determined by the productive relations into which men are born – or enter involuntarily. Class-consciousness is the way in which these experiences are handled in cultural terms: embodied in traditions, value-systems, ideas and institutional forms.[75]

Trydydd cyfraniad pwysig y grŵp hwn o haneswyr Marcsaidd oedd ail-ddiffinio metaffor y sylfaen a'r aradeiledd. Mae hyn i'w weld yng ngwaith Hill a Thompson, gyda'u ffocws ar elfennau aradeileddol fel diwylliant, ideoleg, gwleidyddiaeth a chrefydd. Fel y nodwyd uchod, roedd Thompson o blaid cael gwared â'r metaffor yn gyfan gwbl a chreu diffiniad newydd a adlewyrchai natur organig y berthynas rhwng yr holl lefelau cymdeithasol. I Thompson, wrth drafod rôl y gyfraith yn y ddeunawfed ganrif, roedd y metaffor yn anghynaliadwy oherwydd y berthynas ddwyochrog rhwng y gyfraith a'r economi a'r gorgyffwrdd rhyngddynt.[76] I Hill, roedd y ffocws ar y gwleidyddol, y crefyddol, y diwylliannol, yr economaidd a'r ideolegol fel cyfangorff yn fodd o ddangos bod y Chwyldro Seisnig yn cwmpasu bywyd cymdeithas yn ei chyfanrwydd.[77] Mae hyn yn elfen bwysig yn etifeddiaeth yr Haneswyr Marcsaidd Prydeinig, sef hanesyddiaeth Farcsaidd sy'n amhenderfyniaethol ac anrhydwythol, ond sy'n cydnabod hefyd y cyfyngiadau a osodir gan y modd cynhyrchu a rôl ganolog gweithredoedd a phrofiadau dynol.

Etifeddiaeth arall yr Haneswyr Marcsaidd Prydeinig oedd y genhedlaeth newydd o haneswyr y byddent yn dylanwadu arnynt, gan gynnwys Sheila Rowbotham, Peter Linebaugh, Herbert Gutman (1928–85), Eugene Genovese (1930–2012) ac Ellen Meiksins-Wood (1942–2016). Roedd y genhedlaeth newydd hefyd yn gyfrifol am sefydlu cyfnodolyn *History Workshop* sydd yn parhau i wneud cyfraniad pwysig at hanes cymdeithasol a hanes diwylliannol. Gwelwn hefyd haneswyr fel Perry Anderson a G. E. M. de Ste. Croix (1910–2000) yn cynnig math gwahanol o hanesyddiaeth Farcsaidd, wrth iddynt drafod cyfnodau mwy hir-dymor â'u ffocws ar strwythurau.[78] I Anderson mae hanes Marcsaidd o'r brig yr un mor angenrheidiol â hanes o'r gwaelod.[79] Tra bo safle hanesyddiaeth Farcsaidd yn yr academi wedi cilio ers yr 1990au, safle oedd mewn gwirionedd wastad yn fregus, mae haneswyr Marcsaidd cyfoes yn parhau i ddorri tir newydd ac yn ymateb i'r heriau i hanesyddiaeth Farcsaidd sydd wedi dod i'r amlwg. Mae gwaith diweddar Silvia Federici ar yr Helfa Wrachod yn cynnig dehongliad Marcsaidd ffeministaidd sy'n gwneud defnydd newydd o'r cysyniad o groniad cyntefig; mae gwaith Peter Linebaugh a Marcus Rediker ar fyd yr Atlantig yn cynnig ffordd newydd o feddwl am newidiadau cymdeithasol ar dri chyfandir; tra bo gwaith Robin Blackburn ar gaethwasiaeth yn pwysleisio ei rôl o ran creu'r byd modern.[80]

Ers yr 1990au mae hanesyddiaeth Farcsaidd wedi'i herio gan hanesyddiaeth ôl-fodernaidd, hanesyddiaeth ôl-drefedigaethol, yr hanes diwylliannol newydd a hanes ffeministaidd. Mae hanes ôl-fodernaidd yn cwestiynu holl adeiladwaith hanesyddiaeth Farcsaidd, hanes cymdeithasol a hanes yn gyffredinol, gan gynnwys realiti'r cymdeithasol a realiti dosbarth tra'n ymwrthod â'r traethiad mawr. Yn eu lle, cynigir dehongliad(au) o hanes sy'n seiliedig ar iaith a thrafodaeth, sy'n ddadadeiladol ac wedi ei ddiganoli.[81] I haneswyr ffeministaidd, ôl-drefedigaethol a diwylliannol, beirniedir hanesyddiaeth Farcsaidd am ei ffocws cul ar ddosbarth gan dynnu sylw yn lle hynny at hunaniaethau sy'n seiliedig ar rywedd neu hil.[82] Yn sgil y datblygiadau hyn gwelwyd twf mewn ysgrifennu meicrohanesau ac mae dosbarth erbyn hyn wedi dod yn un hunaniaeth, un ffactor esboniadol ymhlith eraill. Fel y dadleua Geoff Eley, gellir gweld hyn mewn ffordd bositif wrth i hanes cymdeithasol ddatblygu'n faes llawer mwy amryfal. Yn wir, bellach mae modd llunio hanes cymdeithasol mwy cymhleth sy'n cydgymysgu safbwyntiau heb ymadael yn llwyr â'r tirwedd materol a strwythurol. Yn ôl Eley mae dal lle i hanesyddieth Marscaidd yn yr hanes cymdeithasol amrywiol hwn.[83] Ond er croesawu lluosogaeth, mae yna hefyd beryglon. Fel y mae Chris Wickham a Catherine Hall wedi dadlau o bersbectifau Marcsaidd a di-Farcsaidd, wrth ymwrthod â'r traethiad mawr o deongliadau hanesyddiaethol sy'n cynnig esboniadau hir-dymor o ddatblygiad hanes, rydym yn colli arf esboniadol pwysig o sut a pham y mae cymdeithas yn newid.[84] Ar ei gorau, mae hanesyddiaeth Farcsaidd yn cynnig un o'r deongliadau mwyaf soffistigedig a chreadigol o'r persbectif hir-dymor hwn, ac mae'n draddodiad hanesyddiaethol sy'n parhau i ofyn cwestiynau hollbwysig i'n dealltwriaeth o hanes cymdeithas.

Darllen Pellach
Paul Blackledge, *Reflections on the Marxist Theory of History* (Manceinion: Manchester University Press, 2006).
Harvey Kaye, *The British Marxist Historians* (Caergrawnt: Polity Press, 1990).
Karl Marx a Friedrich Engels, *The German Ideology* Student Edition (Llundain: Lawrence and Wishart, 1991).
Matt Perry, *Marxism and History* (Basingstoke: Palgrave Macmillan, 2002).
Stephen Rigby, *Marxism and History: A Critical Introduction* (Manceinion: Manchester University Press, 1998).

Esiamplau Clasurol a Chymreig
Silvia Federici, *Caliban and the Witch: Women, the Body and Primitive Accumulation* (Efrog Newydd: Autonomedia, 2014).
Eugene Genovese, *Roll, Jordan, Roll* (Efrog Newydd: Vintage Books, 1976).
Eric Hobsbawm, *Primitive Rebels* (Llundain: Abacus, 2001).
Christopher Hill, *The World Turned Upside Down* (Llundain: Penguin Books, 1991).

Rodney Hilton, *Bond Men Made Free* (Llundain: Routledge, 2003).
Peter Linebaugh a Marcus Rediker, *The Many-Headed Hydra* (Llundain: Verso, 2007).
E. P. Thompson, *The Making of the English Working Class* (Llundain: Penguin Books, 1991).
Gwyn A. Williams, *When Was Wales?* (Llundain: Penguin Books, 1991).

Nodiadau

[1] Karl Marx, 'The Eighteenth Brumaire of Louis Bonaparte', yn *Surveys from Exile: Political Writings Volume 2* (Llundain: Verso Books, 2010), t. 146.
[2] Friedrich Engels, 'Karl Marx's Funeral', yn Karl Marx a Friedrich Engels, *Collected Works Volume 24* (Llundain: Lawrence and Wishart, 1989), tt. 467–8.
[3] David McLellan, *The Thought of Karl Marx* (Llundain: Papermac, 1995), t. 123; Paul Blackledge, *Reflections on the Marxist Theory of History* (Manceinion: Manchester University Press, 2006), t. 29.
[4] Karl Marx a Friedrich Engels, *The German Ideology* (Llundain: Lawrence and Wishart, 1991); Karl Marx, 'Preface to a Critique of Political Economy', yn David McLellan (gol.), *Karl Marx Selected Writings* (Rhydychen: Oxford University Press, 2004), tt. 424–7.
[5] Geoff Eley, 'Marxist Historiography', yn Stefan Burger, Heiko Feldner a Kevin Passmore (goln), *Writing History: Theory and Practice* (Llundain: Bloomsbury Academic, 2010), t. 63.
[6] Marx ac Engels, *German Ideology*, t. 42.
[7] Marx, 'Preface', t. 425.
[8] Marx ac Engels, *German Ideology*, t. 42.
[9] Marx ac Engels, *German Ideology*, t. 57.
[10] Marx, 'Preface', t. 426.
[11] Perry Anderson, *Lineages of the Absolutist State* (Llundain: Verso, 2013), tt. 462–549; Chris Wickham', The Uniqueness of the East', *Journal of Peasant Studies*, 12/2–3 (1985), 166–96.
[12] Marx, 'Preface', t. 426.
[13] Marx ac Engels, *German Ideology*, t. 94.
[14] Marx, 'Preface', t. 426.
[15] Marx ac Engels, *German Ideology*, t. 47; Marx, 'Preface', t. 425.
[16] G. A. Cohen, *Karl Marx's Theory of History: A Defence* (Rhydychen: Clarendon Press, 2000).

17 Marx, 'Eighteenth Brumaire'; Friedrich Engels, 'Engels to W. Borgius, 25 January 1895', yn Friedrich Engels, *Collected Works, Vol. 50* (Llundain: Lawrence and Wishart, 2004) tt. 264–7.
18 E. P. Thompson, 'The Peculiarities of the English', yn *The Poverty of Theory* (Llundain: Merlin Press, 1978), t. 79.
19 Karl Marx a Friedrich Engels, *Y Maniffesto Comiwnyddol* (Caerdydd: Pwyllgor Cymreig y Blaid Gomiwnyddol, 1948), t. 19.
20 Marx ac Engels, *German Ideology*, t. 43.
21 Karl Marx, 'The Poverty of Philosophy', yn McLellan, *Selected Writings*, t. 231.
22 Harvey Kaye, *The British Marxist Historians: An Introductory Analysis* (Caergrawnt: Polity Press, 1990), tt. 221–49.
23 T. H. Aston a C. H. E. Philpin (goln), *The Brenner Debate: Agrarian Class Structure and Economic Development in Pre-industrial Europe* (Caergrawnt: Cambridge University Press, 1985).
24 E. P. Thompson, *The Making of the English Working Class* (Llundain: Penguin Books, 1991).
25 Cohen, *Karl Marx's Theory of History*.
26 S. H. Rigby, *Marxism and History: A Critical Introduction* (Manceinion: Manchester University Press, 1998).
27 Blackledge, *Reflections*, tt. 20–2.
28 Eley, 'Marxist Historiography', t. 62.
29 Eley, 'Marxist Historiography', t. 63.
30 Blackledge, *Reflections*, t. 56–65.
31 Eley, 'Marxist Historiography' t. 65.
32 David McLellan, *Marxism after Marx* (Basingstoke: Palgrave Macmillan, 2007) tt. 32–3.
33 Nikolai Bukharin, *Historical Materialism: A System of Sociology* (Llundain: G. Allen & Unwin, 1926); Joseph Stalin, *Dialectical and Historical Materialism* (Mosgo: Foreign Languages Publishing House, 1939).
34 Am diffiniad cryno gan Gramsci gweler Antonio Gramsci, *Selections from the Prison Notebooks* (Llundain: Lawrence and Wishart, 1971), t. 12; Am gyflwyniad i'r cysyniad gweler Joseph V. Femia, *Gramsci's Political Thought: Hegemony, Consciousness, and the Revolutionary Process* (Rhydychen: Clarendon Press, 1987), tt. 23–60.
35 Harvey J. Kaye, 'Political Theory and History: Antonio Gramsci and the British Marxist Historians', yn *The Education of Desire: Marxists and the Writing of History* (Llundain: Routledge, 1992), tt. 12–15; Matt Perry, *Marxism and History* (Basingstoke: Palgrave Macmillan, 2002), tt. 75–6; T. J. Jackson Lears, 'The Concept of Cultural Hegemony: Problems and Possibilities', *The American Historical Review*, 90/3 (1985), 570–1; Gramsci, *Prison Notebooks*, t. 333.

36 Lears, 'Concept of Cultural Hegemony', t. 571.
37 Gramsci, *Prison Notebooks*, t. 407–9.
38 Antonio Gramcsi, *Selections from the Cultural Writings* (Llundain, Lawrence and Wishart, 1985), tt. 188–91; Perry, *Marxism and History*, t. 77.
39 Blackledge, *Reflections*, tt. 86–7; Gramsci, *Selections from the Prison Notebooks*, tt. 170–1, 177–8.
40 Thompson, *Making*; E. P. Thompson, *Customs in Common* (Pont-y-pŵl: Merlin Press, 2010).
41 Eugene D. Genovese, *Roll, Jordan, Roll: The World the Slaves Made* (Efrog Newydd: Vintage Books, 1976); Perry Anderson, 'Origins of the Present Crisis', *New Left Review*, 1/23, (1964), 19–25; Tom Nairn, 'The English Working Class', *New Left Review*, 1/24 (1964), 43–57; Douglas Hay, 'Property, Authority and the Criminal Law', yn Douglas Hay et al., *Albion's Fatal Tree: Crime and Society in Eighteenth Century England* (Llundain: Verso, 2011).
42 Kaye, 'Political Theory and History', tt. 18–27.
43 Eley, 'Marxist Historiography', t. 66; ar ddeallusion dosbarth gweithiol gweler Stuart MacIntyre, *Proletarian Science: Marxism in Britain 1917–1933* (Llundain: Lawrence and Wishart, 1986); am y cysyniad o ddeallusion organig gweler Gramsci, *Prison Notebooks*, tt. 5–23; am arolwg defnyddiol o haneswyr Marcsaidd yn y cyfnod hwn gweler Raphael Samuel, 'British Marxist Historians 1880–1980', *New Left Review* 1/120 (1980), 21–96.
44 Eley, 'Marxist Historiography', t. 63.
45 Eley, 'Marxist Historiography', tt. 66–7; A. L. Morton, *A People's History of England* (Llundain: Victor Gollancz, 1938).
46 Blackledge, *Reflections*, t. 82; Georgi Dimitrov, *The Working Class Against Fascism* (Llundain: Martin Lawrence, 1935), tt. 69–70.
47 Samuel, 'British Marxist Historians', tt.79–80; Eric Hobsbawm, 'The Historians' Group of the Communist Party', yn Maurice Cornforth (gol.), *Rebels and their Causes: Essays in Honour of A. L. Morton* (Llundain: Lawrence and Wishart, 1978), t. 22.; Blackledge, *Reflections*, tt. 78–81.
48 C. L. R. James, *The Black Jacobins: Toussaint L'Overture and the San Domingo Revolution* (Llundain: Secker & Warburg, 1938).
49 Christopher Hill, *The English Revolution 1640* (Llundain: Lawrence and Wishart, 1940).
50 Ar yr Haneswyr Marcsaidd Prydeinig gweler Kaye, *British Marxist Historians*; Kaye, *Education of Desire*; David Renton, 'Studying Their Own Nation Without Insularity? The British Marxist Historians Reconsidered', *Science and Society*, 69/4 (2005), 559–79.
51 Ar Grŵp Haneswyr y Blaid Gominwyddol gweler Eric Hobsbawm, 'Historians' Group of the Communist Party'; David Parker, 'The Communist Party and its Historians 1946–89', *Socialist History*, 12 (1997);

Bill Schwarz, 'The 'People' in History: the Communist Party Historians' Group, 1946–56', yn Richard Johnson et al. (goln), *Making Histories: Studies in History-writing and Politics* (Abingdon: Routledge, 2007), tt. 44–95.

[52] Bu rhwyg yn y Blaid yn sgil datgeliadau Khrushchev ynghylch rheolaeth Stalin a'r ymosodiad gan yr Undeb Sofietaidd ar Hwngari yn 1956.

[53] Hobsbawm, 'Historians' Group of the Communist Party', tt. 31–4.

[54] Kaye, *British Marxist Historians*, tt. 13–14.

[55] Maurice Dobb, *Studies in the Development of Capitalism* (Llundain: George Routledge & Sons, 1946); Kaye, *British Marxist Historians*, tt. 67–8; Robert Brenner, 'Dobb on the Transition from Feudalism to Capitalism', *Cambridge Journal of Economics*, 2/2 (1978), 121–40.

[56] Eley, 'Marxist Historiography', t. 68.

[57] Perry, *Marxism and History*, tt. 90–1.

[58] Paul Sweezy et al., *The Transition from Feudalism to Capitalism* (Llundain: NLB, 1976); Aston a Philpin, *Brenner Debate*.

[59] Eley, 'Marxist Historiography', tt. 72–3.

[60] Kaye, *British Marxist Historians*, tt. 99–130; Christopher Hill, *The Century of Revolution 1603–1714* (Abingdon: Routledge, 2002); Christopher Hill, *Intellectual Origins of the English Revolution Revisited* (Rhydychen: Clarendon Press, 1997); Christopher Hill, *Puritanism and Revolution: Studies in the Interpretation of the English Revolution in the 17th Century* (Harmondsworth: Penguin Books, 1986).

[61] Christopher Hill, *The World Turned Upside Down: Radical Ideas During the English Revolution* (Llundain: Penguin Books, 1991).

[62] Gweler er esiampl Conrad Russell, *Parliaments and English Politics 1621–1629* (Rhydychen: Clarendon Press, 1979).

[63] J. H. Hexter, 'The Historical Method of Christopher Hill', yn *On Historians: Reappraisals of Some of the Makers of Modern History* (Llundain: Collins, 1979), tt. 227–51; Christopher Hill, 'The Burden of Proof', *Times Literary Supplement*, 7 Tachwedd 1975, t. 1333.

[64] Kaye, *British Marxist Historians*, tt. 84–6.

[65] Rodney Hilton, *Bond Men Made Free: Medieval Peasant Movements and the English Rising of 1381* (Llundain: Routledge, 2003); Kaye, *British Marxist Historians*, t. 86.

[66] Kaye, *British Marxist Historians*, tt. 85–6.

[67] Eric Hobsbawm, 'The Labour Aristocracy in Nineteenth Century Britain', yn *Labouring Men: Studies in the History of Labour* (Llundain: Weidenfeld & Nicholson, 1964), tt. 272–315.

[68] Eric Hobsbawm, *Primitive Rebels* (Llundain: Abacus, 2017); Eric Hobsbawm, *Bandits* (Llundian: Abacus, 2001); Kaye, *British Marxist Historians*, tt. 147–9.

⁶⁹ Eric Hobsbawm, *Age of Revolution 1789–1948* (Llundain: Abacus, 2001); Eric Hobsbawm, *Age of Capital 1848–1875* (Llundain: Abacus, 2001); Eric Hobsbawm, *The Age of Empire 1875–1914* (Llundain: Abacus, 2001); Eric Hobsbawm, *Age of Extremes: The Short Twentieth Century 1914–1991* (Llundain: Abacus, 2001).

⁷⁰ Victor Kiernan, *European Empires from Conquest to Collapse 1815–1960* (Llundain: Fontana, 1982); Victor Kiernan, *The Duel in European History: Honour and the Reign of the Aristocracy* (Rhydychen: Oxford University Press, 1989); Victor Kiernan, *Tobacco: A History* (Llundain: Hutchinson Radius, 1991).

⁷¹ Victor Kiernan, *The Lords of Human Kind: European Attitudes to Other Cultures in the Imperial Age* (Llundain: Serif, 1995).

⁷² Thompson, *Making*, t. 12.

⁷³ Thompson, *Making*, tt. 8–10; Thompson, 'Peculiarities', tt. 69–70.

⁷⁴ Richard Johnson, 'Culture and the Historians', yn John Clarke et al. (goln), *Working Class Culture: Studies in History and Theory* (Abingdon: Routledge, 2007), tt. 40–1.

⁷⁵ Thompson, *Making*, t. 9.

⁷⁶ E. P. Thompson, *Whigs and Hunters: The Origin of the Black Act* (Llundain: Breviary Stuff Publications, 2013), t. 205.

⁷⁷ Kaye, *British Marxist Historians*, t. 129.

⁷⁸ Anderson, *Lineages*; G. E. M. de Ste. Croix, *The Class Struggle in the Ancient World* (Llundain: Duckworth, 1981).

⁷⁹ Anderson, *Lineages*, t. 11.

⁸⁰ Silvia Federici, *Caliban and the Witch: Women, the Body and Primitive Accumulation* (Efrog Newydd: Autnomedia, 2014); Peter Linebaugh a Marcus Rediker, *The Many-Headed Hydra: The Hidden History of the Revolutionary Atlantic* (Llundain: Verso, 2007); Robin Blackburn, *The American Crucible: Slavery, Emancipation and Human Rights* (Llundain: Verso, 2013).

⁸¹ Gareth Stedman Jones, *Languages of Class: Studies in English Working Class History 1832–1982* (Caergrawnt: Cambridge University Press, 1996); Patrick Joyce, *Visions of the People: Industrial England and the Question of Class 1848–1914* (Caergrawnt: Cambridge University Press, 1991); Am amrywiaeth o ymatebion Marcsaidd gweler, Raphael Samuel, 'Reading the Signs', *History Workshop*, 32 (1991), 88–109; Raphael Samuel, 'Reading the Signs: II. Fact-grubbers and Mind-readers', *History Workshop*, 33 (1992), 220–51; Geoff Eley and Keith Nield, 'Starting Over: The Present, the Post-modern and the Moment of Social History', *Social History*, 20/3 (1995); Ellen Meiksins-Wood a John Bellamy Foster (goln), *In Defense of History: Marxism and the Postmodern Agenda* (Efrog Newydd: Monthly Review Press, 1997).

[82] Catherine Hall, 'Marxism and its Others', yn Chris Wickham (gol.), *Marxist History-Writing for the Twenty-first Century* (Rhydychen: Oxford University Press, 2007), t. 112.
[83] Eley, 'Marxist Historiography', t. 76.
[84] Chris Wickham, 'Memories of Underdevelopment: What has Marxism Done for Medieval History, and What Can it Still Do?', yn *Marxist History-Writing for the Twenty-first Century* (Rhydychen: Oxford University Press, 2007), t. 36; Catherine Hall, 'Marxism and its Others', t. 113.3

4

Hanes o'r Gwaelod: Y Werin, y Gweithwyr, Menywod, a'r Darostyngol

Arddun H. Arwyn

Bu gafael hanes arnaf o'm dyddiau cynharaf. Ni ddaeth pwnc arall erioed yn agos ato. Ymhlith fy atgofion cynharaf yw teithio yn y car, pasio cestyll a gofyn pwy a fu'n byw yno a phryd. Erbyn dechrau yn yr ysgol edrychais ymlaen yn awyddus at wersi hanes yn fwy nag at unrhyw bwnc arall, ac yna ryw bryd pan oeddwn tua wyth neu naw mlwydd oed des i ar draws hanes o'r gwaelod am y tro cyntaf. Yn y wers hon dysgom ni am hanes y werin bobl yng Nghymru yn ystod y Chwyldro Diwydiannol. Clywsom am dwf Merthyr Tudful i fod y dref ddiwydiannol bwysicaf yng Nghymru yn hanner cyntaf y bedwaredd ganrif ar bymtheg a mwy na dim am hanes y bobl gyffredin a'u cyfraniad at y newidiadau syfrdanol hyn. Roeddwn i wedi fy hudo ac ers hynny rydw i wedi chwilio am hanes a phrofiad y bobl gyffredin ym mhob hanes.

Bydd y bennod hon yn esbonio beth yw 'hanes o'r gwaelod' ac yn dilyn esblygiad astudio profiad y werin bobol ar draws y byd. Wrth geisio deall pam mae gwahanol drywyddion yn datblygu o fewn hanesyddiaeth gofynnir tri phrif gwestiwn: Pwy? Pam? A sut? **Pwy**: pa haneswyr a ymgymerodd â hanes o'r gwaelod? **Pam**: beth oedd cyd-destun hanesyddol a chymdeithasol datblygiad yr hanesyddiaeth? **Sut**: beth yw'r dulliau ymchwil a ddefnyddir? Trwy ofyn y cwestiynau hyn awn am dro o gwmpas y byd o Brydain i Ffrainc, Yr Eidal, Yr Almaen, Unol Daleithiau'r Amerig, ac India. Hefyd fe ganfyddwn sut y trafodwyd hanes y werin, gweithwyr, menywod, pobl ddarostyngol (*subaltern*) a'r gymuned

Lesbiaidd, Hoyw, Deuryw a Thrawsryweddol (LHDT+) gan haneswyr ers ail hanner yr ugeinfed ganrif.

Gwreiddiau ym Mhrydain

Dechreuwn ein taith yn agos i adref drwy edrych ar wreiddiau hanes o'r gwaelod ym Mhrydain a thrwy ofyn yn gyntaf pa haneswyr ddylanwadodd ar y dull? Tarddodd y mudiad ymhlith casgliad o haneswyr Marcsaidd a oedd yn aelodau o'r *Communist Party Historians' Group* (CPHG).¹ Roedd y grŵp yn cynnwys unigolion fel Eric Hobsbawm (1917–2012), Raphael Samuel (1934–96), Dorothy Thompson (1923–2011), Keith Thomas ac E. P. Thompson (1924–93). Ers proffesiynoli hanes fel pwnc academaidd ar ddiwedd y ddeunawfed ganrif roedd haneswyr wedi tueddu i ganolbwyntio ar astudio hanes y wladwriaeth, gwleidyddiaeth ac arweinwyr.² O ganol y bedwaredd ganrif ar bymtheg ymlaen cyflwynwyd athroniaeth Karl Marx (1818–83) a Friedrich Engels (1820–95) i astudiaeth hanes. Roedd haneswyr Marcsaidd yn dadansoddi hanes drwy edrych ar strwythurau economaidd ac yn bennaf drwy weld hanes fel brwydr rhwng dosbarthiadau cymdeithasol.³ Er taw Marcswyr oedd yr haneswyr o'r gwaelod cyntaf, datblygodd eu gwaith syniadau Marx i gyfeiriad newydd. Nid oedd **penderfyniaeth economaidd** yn ganolog i'w ddealltwriaeth o hanes bellach. Yn hytrach roedd haneswyr o'r gwaelod eisiau amlygu profiad y bobl gyffredin a'u **galluedd** (gweler y Cyflwyniad) nhw o fewn hanes.

> **Penderfyniaeth economaidd** (*economic determinism*)
>
> Damcaniaeth Marcsaidd sydd yn honni mai perthnasau economaidd yw sylfaen pob trefniad cymdeithasol a gwleiddyddol mewn cymdeithas.

Testun clasurol hanes o'r gwaelod yw llyfr E. P. Thompson, *The Making of the English Working Class* (1963). Craidd y llyfr oedd hanes y werin bobl 'o safbwynt eu profiad eu hunain'⁴ drwy edrych ar y dosbarth gweithiol yn Lloegr yn ystod y Chwyldro Diwydiannol.

Hanes o'r Gwaelod

Heriodd Thompson y syniad mai grymoedd economaidd y Chwyldro Diwydiannol yn unig a greodd y dosbarth gweithiol (fel roedd Marcswyr uniongred yn ei gredu), gan ddadlau fod y bobl eu hunain wedi bod yn ganolog i'r datblygiad. Drwy edrych ar ddiwylliant a thraddodiadau'r werin bobl, yn hytrach na pherthnasau economaidd yn unig, amlygwyd cyfraniad y bobl eu hunain at greu'r strwythurau a diwylliant newydd a ddatblygodd yn sgil y chwyldro. Yn y llyfr hwn newidiodd Thompson o ddeall newidiadau hanesyddol drwy strwythurau yn unig i ganolbwyntio ar ddiwylliant a galluedd y werin bobl ac unigolion. Yn ogystal â gwaith Thompson ysgrifennwyd sawl llyfr dylanwadol iawn a ddatguddiai rôl y werin bobl gan haneswyr a oedd yn gyn aelodau'r CPHG. Ymdriniwyd ag amrywiaeth o bynciau fel chwyldroadau'r unfed ganrif ar bymtheg gan Christopher Hill (1912–2003), y dorf yn Ewrop gan George Rudé (1910–2003) a'r siartwyr cynnar gan Dorothy Thompson.[5] Wrth wraidd yr astudiaethau hyn oedd hanes y werin bobl fel grŵp torfol a oedd â diwylliant, hunaniaeth a syniadau ar wahân i'r dosbarthiadau uwch.

Er mwyn deall datblygiadau hanesyddiaeth yn gyflawn mae'n bwysig ystyried dau gwestiwn arall, sef pam a sut? Pam, felly, y datblygodd hanes o'r gwaelod o fewn y cyd-destun hanesyddol? Un elfen bwysig oedd newidiadau i wleidyddiaeth yr asgell chwith yn y Gorllewin ar ôl yr Ail Ryfel Byd. Yn sgil ymosodiad yr Undeb Sofietaidd ar Hwngari yn ystod gwrthgodiad 1956 dechreuodd nifer o gomiwnyddion a Marcswyr ym Mhrydain gwestiynu ideoleg y Blaid Gomiwnyddol a'i pherthynas â'r Undeb Sofietaidd.[6] Felly o'r 1950au hwyr ymlaen datblygwyd syniadaeth newydd, sef y 'Chwith Newydd' (*New Left*). Gwrthodwyd syniadau a thactegau'r Undeb Sofietaidd a'r pleidiau comiwnyddol yn y Gorllewin, a newidiodd natur actifiaeth y chwith. Cyn twf y Chwith Newydd ymgyrchwyd yn bennaf dros hawliau gweithwyr a materion oedd yn gysylltiedig â'r dosbarth gweithiol. Wedi hynny fe ehangodd eu brwydr gwleidyddol i gynnwys ymgyrchoedd gwrth-ryfel a gwrth-niwclear a gweithredu dros ffeministiaeth ac achosion gwrth-imperialaeth. Yn ogystal roedd profiadau personol haneswyr fel Thompson yn ystod yr 1930au, twf ffasgaeth a'r Ail Ryfel Byd wedi codi'r angen i gynrychioli lleisiau y rhai a oedd wedi'u hanwybyddu cynt.[7]

Cafodd newidiadau cymdeithasol a diwylliannol y chwedegau hefyd effaith fawr ar ymlediad hanes o'r gwaelod ymhlith haneswyr iau. Ym Mhrydain roedd gafael hen system y dosbarthiadau cymdeithasol wedi dechrau llacio (i raddau) gyda mwy o bobl dosbarth gweithiol yn cael eu cynrychioli yn y cyfryngau a'r diwylliant poblogaidd. Hefyd bu newidiadau i addysg uwchradd ar ddiwedd yr Ail Ryfel Byd ac fe ganiataodd twf sefydliadau addysg uwch i ragor o'r werin ennill addysg gyflawn. Felly cynyddodd niferoedd y myfyrwyr dosbarth gweithiol a hefyd y merched ym mhrifysgolion y Deyrnas Gyfunol. O ganlyniad bu mwy o fyfyrwyr o gefndiroedd amrywiol yn astudio am ddoethuriaeth ac felly ehangodd y maes yn ôl eu diddordebau hwythau a'u hawydd i ganfod rhagor am hanes a hunaniaeth eu gwreiddiau.

A'r cwestiwn olaf yw sut? Pa fath o ffynonellau a ddefnyddiwyd gan yr haneswyr o'r gwaelod? Nid yn unig roedd dulliau'r haneswyr hyn yn arloesol ond roedd hefyd y ffordd y defnyddiwyd ffynonellau yn wahanol. Agwedd bwysig ar waith E. P. Thompson oedd defnyddio pob math o ffynonellau gwreiddiol, o gofnodion llys i dâl gweithwyr, baledi'r werin a llythyrau i ddarganfod profiadau ac argraffiadau'r werin.[8] Prif anhawster hanes o'r gwaelod yw darganfod lleisiau ac olion y bobl nad oeddynt wedi'u cynrychioli yn y cofnod swyddogol, ond drwy ddefnydd creadigol o ffynonellau gwreiddiol roedd modd goleuo'r tywyllwch. A'r dadansoddiad newydd o'r ffynonellau hyn sydd yn ein cludo i gam nesaf y daith, sef i edrych ar wreiddiau rhyngwladol hanes o'r gwaelod.

Ewrop a'r Unol Daleithiau

Gwelwyd yn Ffrainc a'r Eidal ddefnydd newydd o ffynonellau swyddogol i amlygu byd a hanes y werin fel nodwedd o hanes o'r gwaelod. Yn Ffrainc daeth yr ysgogiad i astudio hanes o'r gwaelod yn uniongyrchol o'r ysgol *Annales*. Dechreuodd ysgol yr *Annales* rhwng y rhyfeloedd yn Ffrainc. Hyrwyddodd ymarferwyr yr *Annales* astudiaeth hanes cyflawn (*total history*) trwy ledu ffocws daearyddol hanes, yn ogystal ag edrych ar feddylfryd (*mentalités*) a pherthynas cymdeithasau ag amser. Cyfraniad mawr arall yr *Annales* oedd astudio hanes tu hwnt i ffiniau un wlad, yn groes i haneswyr â ffocws genedlaetholgar, ac i edrych ar ddatblygiadau dros yr hir dymor (*longue durée*).⁹

Hanesydd pwysig a ddaeth o ysgol yr *Annales* a ddatblygodd dulliau hanes o'r gwaelod yn Ffrainc yw'r Marcsydd Emmanuel Le Roy Ladurie. Canolbwyntia Le Roy Ladurie ar hanes y werin bobl yn yr Oesoedd Canol hyd at y cyfnod modern cynnar gan

> **Y Chwilys** (*the Inquisition*)
>
> Llys yr Eglwys Gatholig a sefydlwyd yn y ddeuddegfed ganrif i atal heresi ac i gosbi hereticiaid. Daeth y Chwilys yn enwog am greulondeb ac arteithio yn ogystal â'i erledigaeth o Iddewon a Mwslemiaid, gan orfodi tröedigaeth grefyddol ar nifer o bobl a dienyddio eraill.
>
> Chwilys Sbaen o bosib yw'r chwilys mwyaf adnabyddus, a barodd o'r bymthegfed ganrif hyd at y bedwaredd ganrif ar bymtheg ar draws tiroedd Sbaen a'i hymerodraeth. Un dull o ddienyddio oedd llosgi hereticiaid wrth y stanc.

ddefnyddio ffynonellau swyddogol mewn ffordd newydd i ddatgelu'r bobl gyffredin a oedd hyd hynny wedi'u cuddio rhag dealltwriaeth hanesyddol.¹⁰ Cofnodion y Chwilys ar drigolion pentref Montaillou yn Ne Ffrainc oedd prif ffynhonnell Le Roy Ladurie yn ei lyfr arloesol o'r un enw a gyhoeddwyd yn 1975. Defnyddiodd Le Roy Ladurie ffynonellau swyddogol ond fe ofynnodd gwestiynau newydd ohonynt i gael at dystiolaeth y bobl gyffredin ac i ddadorchuddio eu meddylfryd.¹¹ Drwy ddarllen ffynonellau traddodiadol gyda diben gwahanol roedd modd darganfod olion y werin bobl yn yr Oesoedd Canol. Eto, roedd cyd-destun y datblygiad hanesyddiaethol hwn yn bwysig, fel yn achos Prydain. Roedd Ffrainc hefyd yn mynd trwy newidiadau cymdeithasol pwysig yn y chwedegau gyda gwrthdaro mawr rhwng pobl ifanc a'r genhedlaeth hŷn. Hefyd roedd hanes fel pwnc yn tyfu gyda niferoedd haneswyr proffesiynol yn cynyddu o 450 i 1,448 rhwng 1960–75[12] ac felly roedd natur astudiaeth hanes wedi ehangu yn sgil hyn.

Yn yr Eidal roedd newidiadau cymdeithasol y chwedegau hefyd yn gefndir i ddatblygiad *micro-historia* neu 'meicro-hanes', y math o hanes o'r gwaelod a ddatblygodd yno. Roedd haneswyr yno am ganolbwyntio ar brofiad yr unigolion yn lle defnyddio damcaniaethau a naratif mawr i ddeall y gorffennol. Prif feirniadaeth y meicro-haneswyr oedd bod gormod o bwyslais ar ddulliau'r gwyddorau cymdeithasol yn hanes ac felly roedd canlyniadau'r ymchwil yn anwybyddu'r profiad dynol.[13] Ar y cyfan Marcswyr oedd yr haneswyr hyn hefyd, ond fel haneswyr o'r gwaelod Prydain, ymwrthododd yr haneswyr Eidalaidd ag awdurdod plaid gomiwnyddol yr Eidal.[14] Eto roedd gwrthdaro o fewn Marcsiaeth wedi peri i haneswyr edrych tu hwnt i'r strwythurau a gynigir gan fodel penderfyniaeth economaidd Marx i edrych ar rôl yr unigolyn o fewn hanes.

Llyfr arwyddocaol yn y traddodiad hwn yw *The Cheese and the Worms* (1976) gan Carlo Ginzburg. Fel yn achos llyfr Le Roy Ladurie am Montaillou defnyddiodd Ginzburg gofnodion y Chwilys ar achos y melinydd Domenico Scandella (1532–99) o Friuli yn yr Eidal yn yr unfed ganrif ar bymtheg. Yn wahanol i La Roy Ladurie ffocws y gwaith hwn oedd ail-greu byd deallusol a chrefyddol yr unigolyn yn lle'r gymuned. Cyfraniad pwysig y gwaith hwn oedd tynnu sylw at werth archwilio profiad a meddylfryd yr unigolyn ond hefyd gwerthuso ffynonellau a oedd yn ôl haneswyr traddodiadol yn rhy oddrychol. Esboniodd: 'the fact that a source is not "objective" ... does not mean it is useless'.[15] Yn sgil twf hanes proffesiynol barnwyd bod ffynonellau a ddynodwyd yn 'oddrychol', megis tystiolaeth unigolion, yn annibynadwy ac y dylai haneswyr felly eu hosgoi. Elfen bwysig hanes o'r gwaelod oedd y frwydr i ailsefydlu'r defnydd o ffynonellau 'goddrychol'. Archwilir hyn ymhellach yn rhan nesaf y bennod hon ar hanes llafar.

Ysgogiad tebyg i'r Eidal, ond hefyd ag elfennau unigryw, oedd ar waith yng Ngorllewin yr Almaen ar gychwyn yr 1970au lle datblygwyd math arbennig o hanes o'r gwaelod, sef *Alltagsgeschichte* neu Hanes Bywyd Pob Dydd (*History of Everyday Life*). Rhwng 1949 ac 1990 roedd yr Almaen wedi'i rhannu yn ddwy wladwriaeth.

Yn y Dwyrain comiwnyddol, sef Gweriniaeth Ddemocrataidd yr Almaen, roedd fframwaith ideolegol y weriniaeth yn golygu mai prif ddull haneswyr oedd y model uniongred Marcsaidd. Hefyd roedd pwysau mawr ar haneswyr i ufuddhau i ideoleg Marcsaidd-Leninaidd y blaid lywodraethol.[16] O ganlyniad, nid oedd cymaint o ryddid gan haneswyr y Dwyrain i ddatblygu hanesyddiaeth i'r un cyfeiriadau â'u cyfoeswyr yn y Gorllewin. Yng Ngorllewin yr Almaen roedd ychydig mwy o gyfleoedd i ehangu'r astudiaeth o hanes ac felly yno tyfodd Hanes mewn amryw gyfeiriad. Eto, roedd yr awydd i symud oddi wrth ddulliau'r gwyddorau cymdeithasol yn bwysig i ddatblygiad Hanes Pob Dydd. Cyd-destun unigryw Gorllewin yr Almaen oedd yr awydd i ddod i delerau â Natsïaeth a'r Holocost a'u deall.[17]

Yn y cyfnod yn dilyn 1945 datblygodd ysgol hanes gwyddorau cymdeithasol yn yr Almaen lle magwyd grŵp o haneswyr dylanwadol tu hwnt ym Mhrifysgol Bielefeld. Roedd gan y 'Bielefelder' ddiddordeb mawr mewn strwythurau yn y gymdeithas ac roeddynt yn deall twf Natsïaeth fel canlyniad strwythurol a achoswyd gan 'lwybr arbennig' yr Almaen tuag at foderniaeth; gelwir hyn yn ddamcaniaeth y *Sonderweg*.[18] Yn gweithio yn groes i hyn roedd grwpiau o haneswyr eraill yn perthyn i Sefydliad Max Planck yn Göttingen eisiau deall rôl a galluedd yr unigolyn o fewn yr unbennaeth. Felly datblygwyd Hanes Pob Dydd i ymchwilio i weithrediad grym o fewn y gymdeithas ar raddfa bywyd pob dydd, er mwyn deall sut yn union roedd pŵer ac awdurdod yn gweithredu o fewn cymdeithas. Llyfr arwyddocaol a gyhoeddwyd gan yr ysgol hon oedd: Alf Lüdtke (gol.), *The History of Everyday Life: Reconstructing Historical Experiences and the Ways of Life*. Cyfraniad pwysig y gwaith hwn oedd dangos gallu'r bobl gyffredin i weithredu a chynnal 'synnwyr ohonynt hwy eu hunain' (*Eigensinn*) hyd yn oed o fewn unbennaeth fel y Drydedd Reich.[19] Ond sut? Eto, yn yr achos hwn defnyddiwyd amryw o ffynonellau yn cynnwys symbolau diwylliannol, hunangofiannau, adroddiadau'r Gestapo a thystiolaeth hanes llafar.

Nawr awn ni i'r Unol Daleithiau i ddilyn llwybr datblygiad hanes o'r gwaelod yno. Yn ystod hanner cyntaf yr ugeinfed ganrif yng Ngogledd America roedd dau brif ffrwd mewn hanes, sef 'hanes cynyddgar' (*progressive history*) a 'hanes consensws' (*consensus history*). Yn ôl yr haneswyr 'cynyddgar' roedd cymdeithas UDA wedi'i rhannu oherwydd gwahaniaethau economaidd ond yn yr hir dymor roedd cred y byddai elfennau cyfiawn y gymdeithas yn sicrhau tegwch drwy ddiwygiadau gwleidyddol a chymdeithasol.[20] Gellir adnabod ysbryd 'Bargen Newydd' (*New Deal*) yr Arlywydd Franklin D. Roosevelt (1882–1945) yn y ddealltwriaeth hon. Yn dilyn yr Ail Ryfel Byd daeth ysgol newydd i'r amlwg sef yr 'haneswyr consensws'. Roeddynt yn pwysleisio elfennau o 'gonsensws' o fewn hanes UDA gan ddadlau – heblaw am y Rhyfel Cartref yn yr 1860au – na fu llawer o wrthdaro. Oherwydd datblygiad America fel gwladwriaeth ddemocrataidd heb hanes ffiwdal, dadleuwyd nad oedd system dosbarthiadau cymdeithasol, fel yn Ewrop, wedi datblygu yn UDA ac felly nid oedd gwrthdaro rhwng y dosbarthiadau wedi bodoli.[21] Cyd-destun twf yr hanesyddiaeth consensws oedd ceidwadaeth yr 1950au, hyder America ar ôl ennill yr Ail Ryfel Byd a dechrau'r Rhyfel Oer.

Erbyn yr 1960au roedd y frwydr dros Hawliau Sifil, gwrthdaro am Ryfel Fietnam a phrotestiadau myfyrwyr radicalaidd wedi datgelu fod nifer o raniadau arwyddocaol yn y gymdeithas. Felly yn sgil y gwrthdaro hyn dechreuodd haneswyr, wedi'u hysbrydoli gan syniadau'r Chwith Newydd, chwilio am ragesiamplau o wrthdaro yn hanes UDA hefyd.[22] Ni fu angen chwilio yn bell. Yn sgil dylanwad dulliau haneswyr o'r gwaelod o Brydain, fel E. P. Thompson, magwyd diddordeb yn hanes y berthynas rhwng dosbarthiadau cymdeithasol, hil a chaethwasiaeth yn UDA. Eto darganfod galluedd y bobl gyffredin oedd yn ganolog i'r hanes hwn. Yn wleidyddol roedd tueddiadau Marcsaidd ymhlith haneswyr o'r gwaelod UDA ond fel yr haneswyr ym Mhrydain ystyriodd yr Americanwyr elfennau diwylliannol dosbarthiadau cymdeithasol yn ogystal â strwythur economaidd.[23]

Cyfraniad pwysig iawn hanes o'r gwaelod oedd amlygu hanes Affro-Americanaidd a chaethwasiaeth. Ffocws blaenorol hanesau Affro-Americanaidd oedd hanes economaidd caethwasiaeth neu ceisio amlygu a diffinio gwahaniaethau hiliol. Datguddiodd gwaith Eugene Genovese (1930–2012) allu caethweision i 'greu eu byd hwy' drwy ddiwylliant, cerddoriaeth a chrefydd yn ei lyfr blaenllaw, *Roll Jordan Roll: The World the Slaves Made* (1975).[24] Er bod hanes creulondeb ac awdurdod yn rhan arwyddocaol o hanes caethwasiaeth, drwy edrych ar hanes o'r gwaelod a ffynonellau amrywiol fel cerddoriaeth, caneuon a straeon gwerin, amlygwyd byd llawer mwy soffistigedig nag a ddangoswyd cynt. Hefyd rhoddwyd cynrychiolaeth i'r caethweision nas cafwyd yn yr hanesyddiaeth cynt.

Hanes Llafar

Mae haneswyr o'r gwaelod sydd yn astudio hanes cyfoes yn meddu ar arf defnyddiol er mwyn cyrraedd profiadau a barn y werin bobl, sef hanes llafar. Yn y bôn hanes llafar yw'r broses o gyfweld â phobl am y gorffennol ac yna dadansoddi tystiolaeth y llygaddystion. Mae hanes llafar wedi galluogi i feysydd fel hanes menywod, gweithwyr, lleiafrifoedd ethnig a phobl LHDT+ ffynnu drwy estyn llais i'r sawl a oedd wedi'i esgeuluso yn y cofnodion cyhoeddus. Tan ganol yr ugeinfed ganrif roedd tystiolaeth lafar yn cael ei hystyried yn annibynadwy ac yn annilys gan haneswyr traddodiadol, ond fe dyfodd defnydd a statws hanes llafar ar ôl yr Ail Ryfel Byd.[25] Yn y 1970au cyhoeddwyd nifer o weithiau pwysig wedi'u seilio ar hanes llafar, fel llyfr Paul Thompson: *The Edwardians: The Remaking of British Society* (1975). Serch cyfraniad yr haneswyr hyn beirniadwyd hanes llafar oherwydd ystyriwyd bod y cof yn annibynadwy a bod tystiolaeth unigolion yn rhy oddrychol ac felly yn annilys.[26] Ond ar ddechrau'r 1980au yn yr Eidal, datblygwyd ffordd newydd o drin tystiolaeth lafar a thrawsnewidiwyd y maes yn llwyr.

Roedd Luisa Passerini a Alessandro Portelli yn haneswyr llafar â diddordeb yn hanes gweithwyr yn yr Eidal yn ystod ac ar ôl cyfnod ffasgaidd yr unben Benito Mussolini (1883–1943, â'i unbennaeth yn para o 1922 tan ei farwolaeth). Nodwyd fod 'tawelwch ac anghysondebau' yn ymddangos yn y dystiolaeth lafar lle'r oedd nifer o aelodau'r un gymuned yn cam-gofio digwyddiadau arwyddocaol.[27] Yn lle amau'r dystiolaeth a'i diystyru dechreuodd Passerini a Portelli ystyried atgofion y gymuned mewn golau gwahanol. Yn hytrach na gofyn *beth* roedd y gymuned yn ei gofio, dechreuon nhw ofyn *pam* roedd y gymuned yn cofio neu yn anghofio digwyddiad[28] Trwy newid y cwestiynau a ofynnwyd am y dystiolaeth roedd modd darganfod llawer mwy am y gymdeithas, ei phrofiadau a'i hagwedd tuag at y gorffennol. O ganlyniad, ystyriwyd goddrychedd tystiolaeth lafar bellach fel cryfder yn hytrach na gwendid. Ers hynny mae hanes llafar wedi datblygu yn fethodoleg soffistigedig, a chyfrannodd y datblygiad hwn at dwf maes arall, sef hanes cof ac yn arbennig yr astudiaeth o berthynas cymdeithasau â'u gorffennol. Yn rhan nesaf y bennod trafodir rhai o'r meysydd a ddatblygodd drwy dulliau hanes o'r gwaelod a hanes llafar.

Hanes Llafur

Roedd cysylltiadau agos rhwng hanes o'r gwaelod a hanes llafur o'r cychwyn, gyda haneswyr fel E. P. Thompson yn awyddus i amlygu hanes y dosbarth gweithiol. Cyn yr 1960au a haneswyr fel Thompson, roedd hanes llafur yn tueddu i ganolbwyntio ar hanes sefydliadau a mudiadau gwleidyddol a gynrychiolai'r gweithwyr. Ar ddiwedd y bedwaredd ganrif ar bymtheg tyfodd diddordeb yn hanes y dosbarth gweithiol ymhlith ysgolheigion oherwydd twf sosialaeth a'r awydd i ddeall y mudiad gwleidyddol newydd hwn. Hefyd roedd dyngarwch a mudiadau diwygio cymdeithasol eisiau casglu mwy o wybodaeth am gyflwr y dosbarth gweithiol a'i ddatblygiad i'w defnyddio er lles gwaith cymdeithasol.[29] Ysgrifennwyd nifer o'r gweithiau cynnar gan ddiwygwyr cymdeithasol, fel Beatrice a Sidney Webb (1858–1943 a 1859–1947) a oedd hefyd yn aelodau o Gymdeithas y Ffabiaid (grŵp asgell chwith sosialaidd cynnar). Cyfraniad Beatrice Webb oedd y llyfrau *The Co-Operative Movement in Great Britain* (1891) a *History of Trade Unionism* (1894). Fel y gwelir o'r teitlau canolbwyntiodd Webb yn bennaf ar sefydliadau'r mudiadau llafur a dosbarth gweithiol yn yr ymchwil hwn. Dyma oedd prif ffocws hanes llafur tan y newidiadau a ddaeth yn sgil gweithiau E. P. Thompson ac Eric Hobsbawm yn y chwedegau.

Dyma gyfle da i droi at hanes Cymru gan yn ôl Martin Johnes hanes llafur yw 'the strongest tradition within modern Welsh historigraphy.'³⁰ Yn achos Cymru mae'r cysylltiad rhwng hanes llafur a hanes o'r gwaelod yn amlwg. Eto fel ym mhob datblygiad hanesyddiaethol o dan sylw eisoes roedd cyd-destun a phrofiadau personol yr haneswyr yn bwysig i'r datblygiad. Dros y ganrif ddiwethaf (tan yn ddiweddar) dominyddwyd Cymru yn wleidyddol gan y Blaid Lafur. Felly roedd hanes llafur yng Nghymru yn aml wedi'i glymu wrth hanes rôl y Blaid Lafur mewn brwydrau dros hawliau'r gweithwyr. Yn aml roedd haneswyr llafur Cymru hefyd yn tarddu o'r union gymunedau yr oeddynt yn ymchwilio iddynt. Felly cymhelliant mawr haneswyr llafur Cymru oedd amlygu hanes eu pobl a'u cymunedau.³¹ Datblygodd hanes sefydliadau llafur Cymru ochr yn ochr â hanes o'r gwaelod. Er enghraifft, cyhoeddwyd ymchwil i dwf y Blaid Lafur gan Deian Hopkin.³² Mae ei erthygl yn adlewyrchu hanesyddiaeth llafur mwy traddodiadol gyda phwyslais ar fudiadau'r dosbarth gweithiol. Roedd haneswyr hefyd yn darparu hanes mwy cynhwysfawr a oedd yn cwmpasu hanes cymdeithasol yn ogystal â gwleidyddol a sefydliadol gan ddefnyddio dulliau hanes o'r gwaelod. Cyfraniad pwysig i'r dull hwn oedd llyfr Hywel Ffrancis a Dai Smith, *The Fed* (1980) ar Ffederasiwn Glowyr De Cymru. Er bod sefydliad llafur Y Ffederasiwn yn sail i'r llyfr roedd hefyd yn bortread mwy cynhwysfawr o'r gymdeithas a'r unigolion, gyda hanes llafar yn cynrychioli llais glowyr yn uniongyrchol.³³

Nid profiad glowyr de Cymru yn unig a amlygwyd gan dwf hanes o'r gwaelod yn hanesyddiaeth Cymru. Profiadau pobl wledig Sir Gaerfyrddin oedd ffocws llyfr Russell Davies *Secret Sins: Sex, Violence and Society in Carmarthenshire* (1996). Defnyddiwyd amryw o ffynonellau yn y gyfrol hon i ddangos nad oedd hanes gwledig Cymru mor foesegol a rhamantus ag a ddychmygwyd. Yn hytrach trafodwyd hanes mwy cymhleth, gan gynnwys afiechydon meddwl, tensiynau rhywiol a throsedd.

Hanes Menywod

Fel y gellir ei ddychmygu, nid oedd hanes menywod, yn enwedig hanes menywod cyffredin, yn flaenoriaeth i haneswyr traddodiadol a oedd â mwy o ddiddordeb yng nghampau dynion a ffigurau mawreddog hanes. Un o'r beirniadaethau mwyaf o waith E. P. Thompson a'r haneswyr o'r gwaelod cynnar oedd eu diffyg sylw i rôl menywod o fewn hanes. Roedd gan yr haneswyr Marcsaidd fwy o ddiddordeb mewn dynion cyffredin o'r dosbarth gweithiol nag yn ei chwiorydd.[34] Ac eithrio ambell i astudiaeth, ni sefydlwyd hanes menywod o fewn y ddisgyblaeth tan y saithdegau. Felly fel ymateb i'r dallbwynt hwn y tyfodd hanes menywod fel pwnc. Yn sgil twf 'ail-don' ffeministiaeth, newidiadau i ran menywod yn y gymdeithas a thwf addysg uwch, roedd mwy o fenywod yn mynd ati i ymchwilio ac yn ennill graddau doethuriaeth. O ganlyniad roedd menywod yn awyddus i ddarganfod eu hanes nhw eu hunain. Ni chroesawyd y datblygiad hwn gan bawb o fewn yr academi. Hyd yn oed yng nghyd-destun y *History Workshop Journal*, cyfnodolyn hanes radicalaidd, chwarddodd y dorf ar yr hanesydd Sheila Rowbotham wrth iddi alw am fwy o hanes menywod a ffeministaidd.[35] Felly yn aml daeth y cymhelliant i ysgrifennu hanes menywod o du allan i'r academi ac o archifau hanes menywod a'r mudiad addysg i oedolion.[36]

Prif fwriad cychwynnol haneswyr menywod oedd ail-ddarganfod rôl, profiad a safbwynt menywod yn y gorffennol ac amlinellu eu galluedd hanesyddol. Yn hynny o beth felly, roeddynt yn debyg iawn i'r haneswyr o'r gwaelod a drafodwyd eisoes.[37] Eu nod oedd ysgrifennu '*herstory*' drwy ychwanegu profiad menywod at hanesyddiaeth. Roedd yn weithred wleidyddol: drwy amlygu camwahaniaethu hanesyddol gellir deall a brwydro yn erbyn camwahaniaethu yn y presennol. Testun clasurol yw gwaith Sheila Rowbotham, *Hidden from History: 300 Years of Women's Oppression and the Fight Against It* (1973). Mae agwedd ffeministaidd y llyfr yn hollol amlwg o'r cychwyn a phrif bwnc y llyfr oedd hanes menywod fel gweithredwyr gwleidyddol. Yn y testunau cynnar roedd pwyslais ar elfennau pob dydd a chanolbwyntiwyd ar ddioddefaint menywod oherwydd y gymdeithas batriarchaidd.[38] Her arall wrth ysgrifennu hanes menywod oedd darganfod ffynonellau. Roedd mwy o ddeunydd wedi'i greu gan fenywod o ddosbarthiadau cymdeithasol uwch ac o wledydd Gorllewinol. Roedd y rhain ar gael ar ffurf dyddiaduron, llythyrau, hunangofiannau a llyfrau eraill, ond roedd cael gafael ar lais menywod cyffredin ac o wledydd llai datblygedig yn anoddach o lawer.[39] Eto defnyddiwyd cofnodion swyddogol fel cofnodion llys ac i haneswyr cyfoes roedd hanes llafar yn offeryn anhepgor i lenwi'r bylchau.

Serch twf y diddordeb mewn astudio menywod, roedd teimlad o hyd nad oedd yr ymdrech wedi gwir effeithio ar yr astudiaeth o hanes a bod hanes menywod yn gweithredu yn gyfochrog â hanes y brif ffrwd. Yng nghyd-destun yr agwedd hon y daeth cyfraniad mwyaf arwyddocaol hanes menywod at astudiaeth hanes. Erbyn yr wythdegau roedd haneswyr menywod wedi dechrau gweld rhyw biolegol a rhywedd fel dau gategori ar wahân. Hynny yw roedd rhyw yn gategori biolegol ond roedd rhywedd yn lluniad cymdeithasol, ac felly wedi'i greu gan gymdeithas. Mae rhywedd, felly, yn gysyniad sydd wedi ei greu, ac felly mae'n gallu newid ar hyd amser ac o gymdeithas i gymdeithas. Trwy edrych ar rywedd, ac felly 'benyweiddra' a 'gwrywdod', fel lluniad cymdeithasol gellir astudio sut mae rhywedd wedi dylanwadu ar berthnasau cymdeithasol. Yn ôl Laura Lee Downs: '[gender], understood as a socially constructed system of difference has operated to shape social relations and understandings of the self in societies past.'[40] Dyma gyfraniad mawr i'r pwnc oherwydd o hyn ymlaen roedd categori newydd ar gael i ddeall cymdeithasau a pherthnasau a strwythurau grym o fewn cymdeithasau.

Roedd haneswyr menywod, felly, ar flaen y gad yn y newidiadau cysyniadol ac yn cyfrannu at ddatblygiad 'hanes cymdeithasol newydd' a oedd yn deall cymdeithas fel system symbolaidd y dylanwedir arni gan ddiwylliant. Dylanwadwyd ar haneswyr gan syniadau ôl-fodernaidd i ddadansoddi'r byd drwy symbolau, iaith a disgwrs yn hytrach na thrwy strwythurau. Cyflwynwyd syniadau ôl-strwythurwyr fel Roland Barthes (1915–80), Michel Foucault (1926–84) a Jacques Derrida (1930–2004) i ddeall hanes trwy hanes rhywedd.[41] Trwy'r datblygiadau hyn amlygwyd pob math o feysydd eraill fel hanes rhywioldeb a hanes pobl LHDT+.

Astudio'r Darostyngol

Wrth asesu astudiaethau pobl ddarostyngol (*subaltern*) gellir adnabod nifer o'r tueddiadau a welwyd eisoes yn hanes o'r gwaelod a hanes menywod yn arbennig. Drwy astudio'r darostyngol mae'n

> **Antonio Gramsci (1891–1937)**
>
> Athronydd neo-farcsaidd o'r Eidal. Ceisiodd gymhlethu syniadau Marx drwy symud i ffwrdd oddi wrth benderfyniaeth economaidd.
>
> Roedd yn un o sylfaenwyr Plaid Gomiwnyddol yr Eidal ac yn 1926 cafodd ei garcharu gan gyfundrefn Ffasgaidd Benito Mussolini. Yn ystod ei garchariad, ysgrifennodd *Prison Notebooks* rhwng 1929 a 1935, sydd yn cael ei ystyried yn gyfraniad gwreiddiol a phwysig at ddamcaniaeth wleidyddol. Bathodd Gramsci y cysyniad o hegemoni (gwelir pennod Hanes Marcsaidd).

bosib hefyd dilyn effaith syniadau ôl-fodern ar astudiaeth hanes. Ond yn gyntaf, beth yw astudiaethau pobl ddarostyngol? Bathwyd y term *'subaltern'* gan **Antonio Gramsci** (1891–1937) i ddisgrifio'r bobl y gwadwyd llais gwleidyddol iddynt ac fe'i mabwysiadwyd gan haneswyr Indiaidd i ddisgrifio trywydd hanes o'r gwaelod o fewn cyd-destun trefedigaethol ac ôl-drefedigaethol.[42]

Yn yr achos hwn roedd cyd-destun eto yn ganolog. Ar ôl yr Ail Ryfel Byd cyflymodd dirywiad yr ymerodraethau Ewropeaidd a dechreuodd proses dad-drefedigaethu gwleidyddol, economaidd a hefyd ddiwylliannol. Yn sgil hyn datblygodd maes newydd o astudiaethau rhyngddisgyblaethol gyda'r bwriad o ddad-drefedigaethu gwybodaeth a dealltwriaeth. Hynny yw, roedd angen nid yn unig dad-drefedigaethu systemau gwleidyddol ond hefyd syniadau, ysgolheictod a dulliau – roedd hanes, felly, hefyd yn rhan o'r newidiadau hyn. Nod astudiaethau ôl-drefedigaethol oedd amlygu hanes, diwylliant a syniadau'r bobl a wladychwyd yn hytrach na phrofiadau gwledydd imperialaidd yn unig. Effeithiodd y persbectif newydd hwn nid yn unig ar hanes ond hefyd ar ysgolheictod yn gyffredinol gyda damcaniaeth feirniadol, llenyddol a'r gwyddorau cymdeithasol yn esblygu hefyd.[43] O'r cyd-destun hwn o fewn hanesyddiaeth India y tyfodd astudiaethau'r darostyngol.

Er mwyn deall twf astudiaethau'r darostyngol mae angen gwybodaeth gefndirol am hanesyddiaeth India yn y bedwaredd ganrif ar bymtheg. Yn ystod cyfnod yr Ymerodraeth Brydeinig roedd agweddau trefedigaethol a hiliol haneswyr gwyn yn arwain at y gred nad oedd hanes gan India. Ymgorfforwyd yr agweddau hyn yng ngeiriau tad E. P. Thompson a ysgrifennodd yn 1926: 'Indians are not historians, and they rarely show any critical ability.'[44] Yn dilyn annibyniaeth India prif ffocws yr hanesyddiaeth oedd y frwydr dros annibyniaeth oddi wrth Brydain ac yn bennaf rôl elitau India a'r daith i ryddid yn 1947. Canolbwyntiwyd ar arweinwyr fel Mahatma Gandhi (1869–1948) a Jawaharlal Nehru (1889–1964) a hefyd ar gyfraniad y dosbarthiadau cymdeithasol uwch yn yr ymgyrch.[44]

Cyfundrefn gast (*caste system*)

System hierarchaidd o drefnu'r gymdeithas Hindwaidd yn ôl *karma*. Hyd heddiw, mae'r system yn sail i berthnasau cymdeithasol yn ogystal â rhagolygon swyddi a gyrfaoedd pobl. Gwelir pump prif gast: y *Brahmins* (offeiriaid, deallusion ac athrawon), y *Kshatriyas* (ymladdwyr a llywodraethwyr), y *Vaishyas* (ffermwyr a masnachwyr) y *Shudras* (llafurwyr), a'r *Dalits* (glanhawyr).

Yn 1980 galwodd yr hanesydd Ranajit Guha am ffocws newydd o fewn yr hanesyddiaeth. Roedd eisiau ymbellhau oddi wrth hanes yr elitau a dangos cyfraniad y werin a'r **castiau** isel yn hanes India yn eu lle. Yn debyg iawn i'r gwaith a drafodwyd drwy gydol y bennod hon, roedd astudiaethau'r darostyngol am ddangos galluedd dosbarthiadau is, eu hymwybyddiaeth wleidyddol a'u cyfraniad at greu 'eu hanes eu hunain'.[46] Eto fel ym mhob esiampl arall mae cyd-destun bywyd yr hanesydd yn bwysig. Fel nifer fawr o haneswyr o'r gwaelod eraill, roedd Guha yn Farcsydd a oedd wedi' dadrithio â Marcsiaeth Uniongred a'r obsesiwn ar benderfyniaeth economaidd. Roedd haneswyr o'r gwaelod Prydain hefyd wedi dylanwadu arno i edrych tu hwnt i ddosbarth cymdeithasol fel strwythur economaidd yn unig.[47] O ran y cyd-destun yn India, roedd gwladwriaeth India wedi mynd trwy argyfwng gwleidyddol yn y 1970au, gyda gwahanol grwpiau ideolegol yn herio'r consensws cenedlaetholgar a oedd wedi rheoli ers annibyniaeth.[48] Effeithiodd y datblygiadau gwleidyddol hyn hefyd ar ysgolheictod a hanesyddiaeth drwy greu testunau ymchwil newydd.

Fel haneswyr eraill a oedd am ddarganfod profiadau ac ymwybyddiaeth y bobl gyffredin, roedd canfod ffynonellau yn her, gyda phrinder ffynonellau uniongyrchol a grëwyd gan y bobl. Ond eto drwy ddefnyddio ffynonellau swyddogol, yn yr achos hwn ffynonellau'r Raj (gweinyddiaeth drefedigaethol India), yn greadigol roedd modd amlygu hanes y werin ag 'ymwybyddiaeth y darostyngol'. Astudiodd Guha ddogfennau swyddogol am wrthryfeloedd y werin a'u darllen nhw 'yn erbyn y graen' yn ei lyfr blaengar, *Elementary Aspects of Insurgent Peasantry* (1983).[49] Hynny yw, trwy edrych tu hwnt i brif thema'r dogfennau, sef pwy oedd ar fai am y gwrthdaro, gellir darganfod ideoleg, mythau a defodau'r bobl gyffredin. Felly prif ffocws astudiaethau'r darostyngol ar y cychwyn oedd defnyddio dulliau hanes o'r gwaelod a'u cymhwyso i hanesyddiaeth a chyd-destun Indiaidd.[50]

Fel yn achos hanes menywod, dros amser cymhlethwyd astudiaethau'r darostyngol hefyd. Beirniadwyd yr ysgolheigion cynnar am beidio â mynd â dad- ac ôl-wladychiaeth hanes a hanesyddiaeth Indiaidd yn ddigon pell. Dadleuwyd fod angen dadleoli Ewrop fel model o fodernrwydd a gwelliant, gan fod y syniadau hyn yn adlewyrchu agweddau trefedigaethol.[51] Ystyriwyd gwladwriaeth a chenedlaetholdeb India ei hun fel dyfais Ewropeaidd gan y rhai a oedd yn beirniadu'r pwnc, ac felly er mwyn dad-drefedigaethu hanes yn gyflawn roedd angen ymbellhau oddi wrth astudio hanes cenedlaetholdeb. Yn ei le roedd angen chwilio am elfennau o ymwybyddiaeth Indiaidd a oedd yn bodoli *ar wahân* i neu *cyn* trefedigaethu; gelwir hyn yn 'ddarnau' (*fragments*). Hynny yw, yn lle astudio'r werin mewn cyferbyniad â'r elît fel ar ddechrau astudiaethau'r darostyngol, roedd y pwyslais newydd yn galw am chwilio am y 'darnau' Indiaidd mewn cyferbyniad â'r wladwriaeth Indiaidd.[52] Eto yn yr achos hwn roedd datblygiad hanes o'r gwaelod wedi ysgogi datblygiad dadansoddiadau mwy cymhleth ac ôl-fodern yn hanesyddiaeth India.

Casgliadau

Yn y bennod hon buom ar daith ledled y byd a thrwy gydol hanesyddiaeth yr ugeinfed ganrif. Fel y dangoswyd, mae holi 'pwy, pam a sut' yn rhan allweddol o ddeall datblygiadau mewn hanesyddiaeth. Ym mhob achos gwelsom y berthynas rhwng yr hanesydd, ei gyd-destun hanesyddol a dulliau ymchwil. Fel arfer daeth yr ysgogiad i ddarganfod hanes y werin bobl oddi wrth haneswyr yr asgell chwith gwleidyddiaeth; Marcswyr a oedd wedi dadrithio â'r Blaid Gomiwnyddol ac eisiau mynd â dadansoddiad hanes ymhellach na'r model a gynigiwyd gan Farcsiaeth. Drwy wneud hynny, amlygwyd cysylltiadau rhwng dosbarthiadau cymdeithasol a diwylliant yn ogystal â galluedd unigolion i gyfrannu at newidiadau hanesyddol o fewn strwythurau cymdeithasol. Roedd elfen unigryw i ddatblygiad hanes o'r gwaelod ym mhob gwlad gyda chyd-destun hanesyddol ond hefyd traddodiadau ysgolheigion yn creu amgylchiadau cenedlaethol arbennig. Elfen drawiadol arall wrth gwrs oedd y defnydd creadigol o ffynonellau cynradd traddodiadol ochr yn ochr â ffynonellau mwy dychmygus fel hanes llafar a chynnyrch diwylliannol. Yn hanes o'r gwaelod gellir hefyd gweld esblygiadau i gyfeiriadau newydd. Yn arbennig wrth ystyried hanes menywod ac astudio'r darostyngol a ddatblygodd o fod yn ffordd i lenwi blychau yn hanes i fod yn ddull ôl-fodern (a rhyngddisgyblaethol) i gyfrannu at y maes yn fwy eang. Nod E. P. Thompson nôl yn 1963 oedd amlygu hanes y 'werin ddyn' yn ôl 'ei brofiad ei hun'. Ers hynny drwy ddulliau hanes o'r gwaelod mae hanesyddiaeth wedi ehangu ymhell tu hwnt i'r nod hwnnw ac wedi galluogi miliynau o ddarllenwyr o wahanol gefndiroedd a chymunedau ddarganfod eu hanes hwythau.

Darllen Pellach

Genovese, Eugene D., *Roll, Jordan, Roll: The World the Slaves Made* (Llundain: Deutsch, 1975).

Ginsburg, Carlo, *The Cheese and the Worms: The Cosmos of a Sixteenth Century Miller* (Caergrawnt: Cambridge University Press, 1981).

Guha, Ranajit, *Elementary Aspects of Insurgent Peasantry* (Delhi: Oxford University Press, 1983).

Lüdtke, Alf (gol.), *The History of Everyday Life: Reconstructing Historical Experiences and Ways of Life* (Chichester a Princeton, N.J: Princeton University Press, 1995).

Portelli, Alessandro, *The Death of Luigi Trastuli and Other Stories*, (Albany: State University of New York Press, 1991).

Rowbothom, Shiela, *Hidden from History: 300 Years of Women's Oppression and the Fight Against It* (Llundain: Pluto Press, 1973).

Scott, Joan W., 'Gender: A Useful Category of Historical Analysis. *The American Historical Review*, 91/5 (1986), 1053–75.

Thompson, E. P., *The Making of the English Working Class* (Harmondsworth: Penguin, 1968).

Nodiadau

[1] Christopher Hill, Rodney H. Hilton ac Eric J. Hobsbawm, 'Past and Present. Origins and Early Years', Past & Present, 100 (1983), 3–14, t. 3.

[2] Robert Harrison, Aled Jones a Peter Lambert, 'The Primacy of Political History', yn Peter Lambert a Phillipp Schofield (goln), *Making History: An Introduction to the Practices of History* (Llundain ac Efrog Newydd: Routledge, 2004), t. 26.

[3] Georg G. Iggers, *Historiography in the Twentieth Century: From Scientific Objectivity to the Postmodern Challenge* (Middletown, CT: Wesleyan University Press, 1997), t. 79.

[4] E. P. Thompson, *The Making of the English Working Class* (Harmondsworth: Penguin, 1968), t. 13.

[5] Christopher Hill, *The World Turned Upside down: Radical Ideas during the English Revolution* (Harmondsworth: Penguin, 1975); George Rudé, *The Crowd in History 1730–1848: A Study of Popular Disturbances in France and England 1730–1848* (Llundain: Wiley, 1964); Dorothy Thompson, *The Early Chartists* (Llundain: Macmillan, 1971).

[6] Thomas Welskopp, 'Social History', yn Stefan Berger, Heiko Feldner a Kevin Passmore (goln), *Writing History: Theory & Practice* (Llundain: Bloomsbury Academic, 2010), t. 231.

[7] Raphael Samuel, 'British Marxist Historians, 1880–1980: Part One', *New Left Review*, 120 (1980), 27.

[8] Thompson, *The Making*.

9 Michael Roberts, 'The Annales School and Historical Writing', yn Lambert a Schofield, *Making History*, t. 78.
10 Roberts, 'The Annales School', p. 85; Emmanuel Le Roy Ladurie, *Montaillou, village occitan de 1294 à 1324* (Paris: Gallimard, 1975).
11 Jim Sharpe, 'History from Below', yn Peter Burke (gol.), *New Perspectives on Historical Writing* (Caergrawnt: Polity Press, 1991), t. 29.
12 Roberts, 'The Annales School', t. 85.
13 Iggers, *Historiography in the Twentieth Century*, t. 108.
14 Iggers, *Historiography in the Twentieth Century*, t. 102.
15 Sharpe, 'History from Below', t. 30
16 Stefan Berger, 'Former GDR Historians in the Reunified Germany: An Alternative Historical Culture and Its Attempts to Come to Terms with the GDR Past', *Journal of Contemporary History*, 38/1 (2003), 63–83, t. 71.
17 Roger Fletcher, 'History from Below Comes to Germany: The New History Movement in the Federal Republic of Germany', *The Journal of Modern History*, 60/3 (1998), 557–68, tt. 559–60.
18 Peter Lambert, 'Social History in Germany', yn Lambert a Schofield (goln), *Making History*, t. 100.
19 Alf Lüdtke, 'Introduction', yn Alf Lüdtke (gol.), *The History of Everyday Life: Reconstructing Historical Experiences and Ways of Life* (Chichester; Princeton, N.J: Princeton University Press, 1995), t. 5.
20 Charles Crowe, 'The Emergence of Progressive History', *Journal of the History of Ideas*, 27/1 (1996), 109–24, 110–11.
21 Georg G. Iggers, Q. Edward Wang a Supriya Mukherjee (goln), *A Global History of Modern Historiography* (Harlow ac Efrog Newydd: Pearson Longman, 2008), t. 253.
22 Ian Tyrrell, 'Historical Writing in the United States', yn Axel Schneider a Daniel Woolf (goln), *The Oxford History of Historical Writing. Volume 5, Historical Writing since 1945* (Rhydychen: Oxford University Press, 2015), t. 483.
23 Tyrrell, 'Historical Writing', t. 484.
24 Eugene D. Genovese, *Roll, Jordan, Roll: The World the Slaves Made* (Llundain: Deutsch, 1975).
25 Valerie Raleigh Yow, *Recording Oral History: A Guide for the Humanities and Social Sciences* (Rhydychen: Alma, 2005), t. 3.
26 Lynn Abrams, *Oral History Theory* (Llundain: Routledge, 2010), t. 5.
27 Luisa Passerini, *History Workshop Journal*, 8/1 (1979), 82–108; Alessandro Portelli, *The Death of Luigi Trastuli and Other Stories* (Albany: State University of New York Press, 1991).
28 Abrams, *Oral History Theory*, t. 7.

29 Arthur Marwick, *The New Nature of History: Knowledge, Evidence, Language* (Basingstoke: Palgrave, 2001), t. 99.
30 Martin Johnes, 'For Class and Nation: Dominant Trends in the Historiography of Twentieth-Century Wales', *History Compass*, 8/11 (2010), 1257–74, t. 1257.
31 Johnes, 'For Class and Nation', tt. 1257–8.
32 Deian Hopkin, 'The Rise of Labour', *Llafur*, 6/3 (1994), 120–41.
33 Johnes, 'For Class and Nation', t. 1259.
34 Sharpe, 'History from Below', t. 27.
35 Anna Davin, 'The Only Problem Was Time', *History Workshop Journal*, 50/1 (2000): 239–45, t. 240.
36 Laura Lee Downs, 'From Womens' History to Gender History', yn Stefan Berger, Heiko Feldner a Kevin Passmore (goln), *Writing History: Theory & Practice* (Llundain: Bloomsbury Academic, 2010), t. 292.
37 Julie De Jardins, 'Women's and Gender History', yn Schneider a Woolf (goln), *The Oxford History*, t. 143.
38 De Jardins, 'Women's and Gender History' t. 145.
39 De Jardins, 'Women's and Gender History' t. 144.
40 Downs, 'From Women's' History', t. 288.
41 De Jardins, 'Women's and Gender History', t. 151.
42 Iggers, *A Global History*, t. 285.
43 Gellir darllen mwy am ddatblygiad ôl-trefedigaethedd yn Robert J. C. Young, *Postcolonial Theory: A Very Short Introduction* (Rhydychen: Oxford University Press, 2003).
44 Edward Thompson, *The Other Side of the Medal* (New York: Harcourt, Brace, & Co., 1926), tt. 27–8; Vinay Lal, 'Subaltern Studies and Its Critics: Debates over Indian History', *History and Theory*, 40/1 (2001), 135–48, t. 135.
45 Gyan Prakash, 'Postcolonial Criticism and History: Subaltern Studies', yn Schneider a Woolf (goln), *The Oxford History*, tt. 75–6.
46 Prakash, 'Postcolonial Criticism', t. 77.
47 Iggers, *A Global History*, t. 286.
48 Prakash, 'Postcolonial Criticism', t. 75.
49 Prakash, 'Postcolonial Criticism', t. 75.
50 Iggers, *A Global History*, t. 286.
51 Dipesh Chakrabarty, *Provincializing Europe: Postcolonial Thought and Historical Difference* (New Jersey: Princeton University Press, 2000).
52 Iggers, *A Global History*, t. 288.

5

Hanes ac Anthropoleg

Iwan Morus

Yn 1937 cyhoeddodd yr anthropolegydd Edward Evan Evans-Pritchard ei astudiaeth enwog *Witchcraft, Oracles and Magic among the Azande*.[1] Roedd yr astudiaeth wedi'i seilio ar brofiadau Evans-Pritchard tra'n byw ymysg yr Azande yng ngogledd canolbarth Affrica yn ystod yr 1920au. Ymgais oedd y llyfr i ddeall sut yr oedd yr Azande yn byw, a sut yr oeddynt yn deall y byd o'u cwmpas. Yn benodol, roedd Evans-Pritchard yn ceisio deall arwyddocâd dewiniaeth a phresenoldeb gwrachod o fewn cymdeithas yr Azande. Roedd yn awyddus i egluro sut roedd y sefydliad o ddewiniaeth yn gweithredu o fewn y gymdeithas. Fel anthropolegydd, roedd Evans-Pritchard (1902–73) yn awyddus i astudio natur a datblygiad cymdeithasau a diwylliannau gwahanol. Fel anthropolegwyr eraill, roedd yn credu mai'r ffordd orau o gyflawni hynny oedd drwy astudio'r ffyrdd yr oedd diwylliannau gwahanol yn gweithredu o ddydd i ddydd a thrwy geisio deall pwrpas cymdeithasol gwahanol gredoau y diwylliannau gwahanol hyn. Gan fod gwrachod a'r ddewiniaeth oedd yn gysylltiedig â gwrachod yn chwarae rhan mor sylfaenol ym myd yr Azande, felly, roedd eu deall yn hanfodol i ddeall cymdeithas yr Azande yn fwy cyffredinol. Yn hyn o beth, roedd ei waith yn engraifft o'r agwedd ffwythianyddol adeileddol (*structural functionalist*) a ddatblygodd o fewn anthropoleg yn ystod hanner cyntaf yr ugeinfed ganrif. Mae cyfraniad Evans-Pritchard yn esiampl pwysig o'r berthynas rhwng hanes ac anthropoleg. Cyn ystyried hynny ymhellach, fodd bynnag, mae angen edrych yn ôl rhyfaint ar hanes anthropoleg a'i pherthynas â hanes fel disgyblaeth.

Mae gwreiddiau hanesyddol anthropoleg yn ymestyn yn ôl rhyw ganrif cyn cyfnod ymchwil Evans-Pritchard ymysg yr Azande. Yn ystod degawdau cynnar y bedwaredd ganrif ar bymtheg, roedd llyfrau megis *Researches into the Physical History of Mankind* (1813) gan y meddyg o Loegr, James Cowles Pritchard (1786–1848), yn cynnig hanes y ddynoliaeth a gysylltai datblygiad corfforol y gwahanol hiliau â lefel gwareiddiad. Yn aml, roedd dadleuon fel y rhain yn pwysleisio unoliaeth y ddynoliaeth. Roedd y berthynas rhwng datblygiad corfforol a gwareiddiad yn chwarae rhan amlwg hefyd yn nadl y llyfr poblogaidd *Vestiges of the Natural History of Creation* (1845). Yn amlach na pheidio, roedd elfen gref iawn o hiliaeth yn y math hwn o anthropoleg.[2] Yn ei waith *The Races of Man* (1850) awgrymodd y meddyg Robert Knox (1791–1862) fod gwahanol hiliau dynoliaeth wedi esblygu i ffynnu mewn gwahanol amgylcheddau a hinsoddau. Yn ei astudiaeth *The Races of Britain: A Contribution to the Anthropology of Western Europe* (1885), awgrymodd John Beddoe (1826–1911) fod modd arddangos rhagoriaeth gwareiddiad Eingl-Sacsonaidd Lloegr dros wareiddiad Celtaidd Cymru a'r Iwerddon drwy astudio siâp penglogau'r boblogaeth. Roedd y llyfr wedi ei seilio ar draethawd ar wreiddiau'r genedl Seisnig a enillodd wobr o 100 gini yn Eisteddfod Genedlaethol Rhuthun yn 1867.

Roedd Beddoe yn un o aelodau cyntaf y Royal Anthropological Institute a sefydlwyd yn 1871. Cyfuniad o ddwy gymdeithas flaenorol – yr Ethnological Society a'r Anthropological Society – oedd y sefydliad newydd, ac fe'i sefydlwyd mewn ymgais i ddod â gwahanol garfannau o anthropolegwyr at ei gilydd ac i ail-greu anthropoleg fel menter wyddonol wedi'i seilio ar fesuro gofalus a safonol. Fel yn achos Beddoe, roedd anthropolegwyr diwedd y bedwaredd ganrif ar bymtheg yn gwneud defnydd helaeth o dechnegau anthropometreg. Roedd ymchwilwyr fel y rhain yn argyhoeddiedig bod mesur priodweddau corfforol unigolion yn fodd i'w didoli yn ôl hil. Roedd mesur priodweddau megis hyd braich neu goes, siâp a maint pen, neu onglau'r benglog, yn ogystal â lliw gwallt neu lygaid, yn cael eu hystyried fel priodweddau ag iddynt berthynas hiliol. Yn ganolog i'r ddealltwriaeth hon oedd y syniad fod yna berthynas eglur rhwng datblygiad corfforol a datblygiad gwareiddiad. Roedd hiliau oedd yn meddu ar gyrff mwy datblygedig (a chyrff oedd yn meddu ar briodweddau gogledd Ewropeaidd oedd yn cael eu hystyried fel y rhai mwyaf datblygedig) felly yn cael eu hystyried fel y rhai mwy gwareiddiedig. Yn hyn o beth roedd anthropolegwyr y cyfnod yn llwyr ymgymryd â'r syniadaeth gynyddol oedd yn rhan mor ganolog o ddiwylliant diwedd y cyfnod Fictoraidd.[3]

Roedd y syniadaeth gynyddol hon yn bwynt cyfarfod pwysig rhwng anthropolegwyr a haneswyr ar gychwyn yr ugeinfed ganrif. Fel anthropolegwyr, roedd haneswyr ers canol y bedwaredd ganrif ar bymtheg yn ystyried hanes yn broses o gynnydd a gwelliant. Tasg yr hanesydd fyddai olhrain siwrnai gynyddol cenedl tuag at y trefniadau gwleidyddol a chymdeithasol oedd yn bodoli yn y presennol. Roedd hanes o'r math a gynhyrchwyd gan haneswyr megis Thomas Babington Macaulay yn ei *History of England from the Accession of James II* (1849) yn fwriadol gynyddol – ac yn y math hwn o hanes y mae gwreiddiau y math o hanes a ddisgrifir yn awr fel 'hanes Chwigaidd'. Mae haneswyr cyfoes, wrth gwrs, yn trin hanes Chwigaidd fel esiampl o hanes wedi'i droi ar ei ben yn ei ymgais i egluro digwyddiadau hanesyddol yn nhermau eu canlyniadau yn hytrach na'u hachosion, ond mae'n bwysig cydnabod mai i haneswyr Fictoraidd dyna'n union oedd pwrpas hanes. Yn hyn o beth roeddynt yn rhannu'r un ymwybyddiaeth gynyddol ag anthropolegwyr y cyfnod. Roedd y rheiny, ar y cyfan, yn ystyried mai prif bwrpas anthropoleg oedd dangos cynnydd gwareiddiad a'r berthynas rhwng esblygiad y ddyniolaeth mewn termau ffisegol, moesol a chymdeithasol.

Yn ystod blynyddoedd cynnar yr ugeinfed ganrif dechreuodd pwyslais newydd ar weithio yn y maes ddod i'r blaen ymysg anthropolegwyr. O'r safbwynt newydd hwn, pwrpas anthropoleg oedd deall cymdeithasau gwahanol o'r tu mewn. Roedd y pwyslais newydd hwn yn arbennig o amlwg yng ngwaith yr anthropolegydd Pwylaidd, Bronisław Malinowski (1884–1942). Roedd Malinowski yn mynnu ei bod yn hanfodol i'r anthropolegydd fyw yn y cymunedau yr oeddent am eu hastudio a cheisio deall bywyd pob dydd o fewn y cymunedau hynny. Dyna oedd pwrpas gweithio yn y maes. Roedd angen i'r anthropolegydd ymuno yng ngweithgareddau'r gymuned a cheisio eu deall drwy gymryd rhan.

Mae'r dull hwn o arsylwi o'r tu mewn (*participant observation*) yn parhau i gael ei ystyried fel rhan hanfodol o ymarfer anthropoleg. Mae'r ymchwil a ymgymerodd Malinowski ym Mhapua Guinea Newydd ac ymysg trigolion ynysoedd y Trobriand yn parhau i gael ei hystyried fel engreifftiau clasurol o waith anthropolegol. Yn ei lyfr, *Argonauts of the Western Pacific* (1922), dadleuodd Malinowski mai pwrpas anthropoleg oedd darganfod safbwynt y brodor, ei berthynas â'i fywyd, a'r ffordd yr oedd yn gweld ac yn profi'r byd. Ond roedd angen i'r anthropolegydd fynd y tu hwnt i hyn hefyd, a cheisio deall y gymdeithas gyfan fel un sefydliad.[4]

Dyma'r traddodiad anthropolegol sydd i'w weld yn astudiaethau Evans-Pritchard ymysg yr Azande. Beth oedd yn arbennig o nodweddiadol ynglŷn â gwaith Evans-Pritchard fodd bynnag oedd y graddau yr oedd yn ymddiddori mewn ceisio deall meddylfryd yr Azande fel cyfundrefn resymegol yn ôl eu telerau eu hunain. O safbwynt y rhan fwyaf o ddeiliaid diwylliannau diwydiannol y gorllewin modern, mae cymdeithas lle mae bodolaeth gwrachod yn cael ei gymryd yn ganiataol ac sydd yn dibynnu i'r fath raddau ar ddewiniaeth i ddeall digwyddiadau pob dydd yn ymddangos yn gynhenid afresymegol. Roedd Evans-Pritchard ar y llaw arall am awgrymu mai tasg yr anthropolegydd i raddau helaeth oedd arddangos rhesymoldeb cymdeithasau gwahanol o'u safbwynt nhw eu hunain. O safbwynt yr Azande roedd y gred mewn gwrachod yn un hollol resymol. O'u safbwynt hwy roeddynt yn ymwneud â dewiniaeth yn feunyddiol ac roedd ymyrraeth gwrachod yng ngweithgareddau pob dydd unigolion yn rhywbeth i'w gymryd yn ganiataol. O safbwynt yr Azande, diffyg cred mewn dewiniaeth fyddai'n afresymol, gan fod tystiolaeth o weithgaredd gwrachod i'w gweld ym mhobman. Roedd yr Azande yn defnyddio presenoldeb gwrachod fel modd o egluro digwyddiadau anffodus neu ddamweiniol, fel to tŷ yn cael ei losgi, neu ddarn o grochenwaith yn cael ei dorri.

Mae gwaith Evans-Pritchard wedi bod yn ddylanwadol iawn nid yn unig ymysg anthropolegwyr, ond ymysg ymchwilwyr yn y gwyddorau cymdeithasol yn fwy cyffredinol.[5] Yn benodol, mae ei ystyriaeth o gredoau'r Azande ynglyn â dewiniaeth a gwrachod a'i ymgais i gyflwyno'r credoau hynny fel rhai rhesymol o fewn

Hanes ac Anthropoleg

byd yr Azande, yn cael ei ystyried fel model o sut i ymdrin â diwylliannau sy'n meddu ar gredoau gwahanol iawn i rai'r ymchwilydd a'i ddarllenwyr. Yn sicr dyma oedd un o brif atyniadau gwaith Evans-Pritchard o safbwynt nifer o haneswyr a oedd yn chwilio am ffyrdd newydd o edrych ar hanes. Mae gwaith yr hanesydd Keith Thomas a'i lyfr *Religion and the Decline of Magic* (1971) yn enghraifft nodweddiadol o ddylanwad Evans-Pritchard.[6] Mewn erthygl ddylanwadol yn *Past and Present* yn 1963 dadleuodd Thomas mai yr unig wahaniaeth o bwys rhwng hanes ac anthropoleg mewn gwirionedd oedd bod anthropolegwyr fel rheol yn treulio amser ymysg y bobloedd roeddynt yn eu hastudio tra nad oedd gan haneswyr ddewis ond dibynnu ar ffynonellau mewn archifau. Un o ragoriaethau penodol anthropoleg o'i chymharu â hanes, yn ôl Thomas, oedd y rheidrwydd ar i'r anthropolegydd geisio cynnig arolwg a dadansoddiad o gymdeithas gyfan yn hytrach nag un agwedd yn unig ohoni.[7]

Yn ei erthygl, awgrymodd Thomas bod dadansoddiad Evans-Pritchard o le dewiniaeth ym myd yr Azande yn cynnig model arbennig o addawol i haneswyr. Roedd astudiaethau anthropolegol fel hyn yn cynnig cyfleoedd i haneswyr weld testunau eu hymchwil mewn cyd-destun ehangach a mwy cymharol. Yn ei ragair i *Religion and the Decline of Magic* disgrifiodd ei fwriad i geisio gwneud synnwyr o gredoau megis sêr-ddewiniaeth, dewiniaeth, iacháu trwy hud, darogan, proffwydoliaethau hynafol, ysbrydion a thylwyth teg oedd yn gyffredin yn ystod yr unfed a'r ail ganrif ar bymtheg ond sydd yn anghyffredin yn y byd modern. Roedd am ddeall pam y medrai person deallus o'r cyfnod gredu pethau y byddai unrhyw berson rhesymol cyfoes yn ei ystyried yn ffolineb. I'r pwrpas hwnnw, awgrymodd bod ystyried astudiaethau anthropolegwyr o gymdeithas o gredoau cyffelyb yn yr Affrig a mannau eraill yn hanfodol. Roedd astudiaethau o'r fath yn cynnig cyfleoedd i'r ymchwilydd fynd i mewn i groen y bobl oedd yn cael eu hastudio mewn ffordd nad oedd modd i hanesydd ei hefelychu. Roedd tynnu cymhariaeth rhwng credoau cymdeithasau 'cyntefig' cyfoes yn fodd i daflu golau cymharol ar y ffordd roedd credoau cyffelyb yn gweithredu yng nghymdeithasau'r gorffennol. O ganlyniad, roedd y ffordd roedd yr Azande, er enghraifft, yn ystyried dewiniaeth yn rhan naturiol o'u byd, yn cynnig ffordd newydd o feddwl am le dewiniaeth yn y byd modern cynnar.

Mae ôl dylanwad anthropolegwyr megis Evans-Pritchard i'w weld yng ngwaith y genhedlaeth newydd o haneswyr Marcsaidd a ddatblygodd yn ystod yr 1960au. Bwriad E. P. Thompson yn ei gampwaith *The Making of the English Working Class* (1963) oedd ceisio ail-greu byd diwylliannol y dosbarth gweithiol ar drothwy'r Chwyldro Diwydiannol. Drwy ysgrifennu 'hanes o'r gwaelod' a cheiso deall diwylliant dosbarth gweithiol fel yr oedd, yn hytrach na fel y dylai fod, roedd Thompson a haneswyr eraill megis Christopher Hill yn ymgymryd â gwaith oedd yn anthropolegol ei naws mewn nifer o ffyrdd. Fel y dywedodd Thompson wrth ddisgrifio ei waith yn *The Making of the English Working Class*, ei fwriad oedd ceisio amddiffyn y bobl roedd yn ysgrifennu amdanynt rhag agweddau nawddoglyd eu disgynyddion. Hwyrach bod eu hargyhoeddiadau a'u gobeithion yn ymddangos yn ffôl o safbwynt y dyfodol. Hwyrach bod eu gwrthwynebiad i dwf peiriannaeth a thechnolegau newydd yn gyfeiliornus. Search hynny roedd ganddynt eu diwylliant eu hunain a'u synnwyr eu hunain o'r math o bobl yr oeddynt. Roedd ymgais Thompson i fynd i mewn i groen artisaniaid radical cychwyn y bedwaredd ganrif ar bymtheg, neu ymdrech Hill i ddeall meddylfryd Lefelwyr a charfannau chwyldroadol eraill o'r ail ganrif ar bymtheg yn ymdrechion tebyg iawn i rai anthropolegwyr i ddeall cymdeithasau eraill yn ôl eu telerau eu hunain.[8]

Fel y dadleuodd Keith Thomas, y prif wahaniaeth rhwng y math hwn o fenter hanesyddol a gwaith anthropolegol oedd natur y deunydd ymchwil a'r broses ymchwilio.[9] Roedd anthropolegwyr yn byw yn y cymunedau roeddynt yn eu hastudio. Roedd eu gwybodaeth o'r gymdeithas roeddynt yn ei hastudio yn seiliedig ar dystiolaeth uniongyrchol – drwy siarad gydag aelodau o'r gymdeithas, drwy arsylwi defodau ac arferion, neu drwy gymryd rhan mewn gwahanol weithgareddau eu hunain. Wrth reswm, nid oedd modd i haneswyr a ddymunai astudio hanes o'r gwaelod ymgymryd â'r math hwn o ymchwil. Nid oedd modd iddynt eu trochi eu hunain yn niwylliannau'r gorffennol yn y ffordd y medrai anthropolegwyr eu trochi eu hunain yn y cymdeithasau roeddent yn eu hastudio. Yn eu hymdrechion i ail-greu byd y dosbarth gweithiol roedd yn rhaid i haneswyr edrych am fathau newydd o dystiolaeth. Defnyddiwyd ystod sylweddol o adnoddau i'r perwyl hwn. Y bwriad oedd ceisio adfer beth oedd yn ei olygu bod yn nyddwr wrth i beiriannau ac arferion gwaith newydd ddinistrio ei fywoliaeth, er enghraifft, neu yn filwr ym myddinoedd Oliver Cromwell (1599–1658), neu yn aelod o sect Biwritanaidd newydd. Roedd astudiaethau fel hyn yn ceisio deall beth oedd gwahanol elfennau diwylliant yn eu golygu i aelodau o'r grwpiau hynny, yn union yn yr un modd y byddai ymchwil anthropolegol yn ceisio dirnad beth oedd pwrpas ac arwyddocâd defod grefyddol neu ddull o fwyta i'r gymdeithas oedd yn cael ei hastudio.

Bu agweddau anthropolegol yn ddylanwad sylfaenol ar ddatblygiad ysgol yr *Annales* drwy gydol yr ugeinfed ganrif. Mae gwreiddiau'r ysgol – a enwyd ar ôl y cyfnodolyn *Annales d'Histoire Économique et Sociale* a sefydlwyd yn 1929 gan Lucien Febvre a Marc Bloch – i'w gweld ym mwrlwm deallusol Ffrainc ar ddiwedd y bedwaredd ganrif ar bymtheg a chychwyn yr ugeinfed ganrif. Roedd gwaith y cymdeithasegydd arloesol Émile Durkheim, er engraifft, yn arbennig o ddylanwadol ar garfan newydd o haneswyr. Roedd gwaith Durkheim ei hunan wedi teimlo dylanwad syniadau anthropolegol, yn arbennig ei astudiaeth o grefydd – *The Elementary Forms of Religious Life* (1912) – oedd yn ymgais i ddatblygu damcaniaeth gyffredinol am rôl crefydd o fewn cymdeithas.[10] Roedd yr ymgais i edrych ar gymdeithas yn ei chyfanrwydd yn hanfodol i syniadau hanesyddol yr *Annales* hefyd. I haneswyr megis Febvre a Bloch roedd edrych y tu hwnt i hanes gwleidyddol confensiynol yn rhan hanfodol o'r ymgais i ddeall y gorffennol. Yn yr un modd ag anthropolegwyr megis Malinowski, roedd haneswyr yr *Annales* am geisio deall yr ystod o ffactorau oedd yn cyfrannu tuag at weithgaredd gymdeithasol a diwylliannol. Roeddent am ddeall sut roedd yr ystod hwn o ffactorau yn dod at ei gilydd i sicrhau cyfanrwydd a chysondeb cymdeithas dros gyfnodau o amser.

Roedd y pwyslais hwn ar astudio'r *longue durée* yn ganolog i syniadau'r *Annalistes*, ac mae'r berthynas â syniadau anthropolegwyr megis Malinowski a Claude Lévi-Strauss yn glir. Roedd anthropolegwyr fel hyn yn awyddus i ganfod strwythurau dwfn cymdeithas a dyna oedd hanfod dull hanesyddol nifer o haneswyr yr *Annales* hefyd. Mae modd cymharu syniadau Lévi-Strauss ynglŷn â strwythurau dwfn cymdeithasol â gwaith yr hanesydd Fernand Braudel (1902–1985), er enghraifft. Yn ôl Lévi-Strauss, roedd cymdeithasau yn cael eu dal at ei gilydd drwy gyfrwng ystod o gysylltiadau a pherthnasau diwylliannol oedd yn parhau dros gyfnod hir o amser. Roedd y fath gysylltiadau yn gweithredu fel ffyrdd o ddiffinio diwylliant. Mewn modd cyffelyb roedd Braudel yn ei waith ar hanes y tiroedd o amgylch Môr y Canoldir yntau yn ymddiddori mewn strwythurau hir dymor. Yn ei lyfr dylanwadol *La Méditerranée et le Monde Méditerranéen à l'Epoque de Philippe II* (1949), edrychodd Braudel ar hanes yr ardal drwy ystyried dylanwadau megis daearyddiaeth a hinsawdd ar ei diwylliannau gwahanol a thrwy chwilio am gysondebau dros wahanol rannau o'r ardal a thros amser. Roedd y syniad hwn fod canfod rhediadau hirhoedlog o fewn strwythurau dyfnaf cymdeithas yn agwedd hanfodol ar hanes yn ganolog i syniadau'r *Annales,* ac roedd perthynas agos rhwng yr agwedd hon a syniadau anthropolegol a chymdeithasegol y cyfnod.[11]

Mae cysylltiadau agos i'w dirnad hefyd rhwng agweddau anthropolegol a syniadau haneswyr ysgol yr *Annales* ynglŷn â hanes *mentalités*. Ffocws sylfaenol y ffordd hon o feddwl am hanes yw'r angen i ddeall fel cyfanrwydd y modd roedd cymdeithasau'r gorffennol yn amgyffred y byd o'u hamgylch. Mae'r berthynas rhwng gwaith megis astudiaeth Marc Bloch o'r traddodiad o bŵer brenhinol i wella afiechydon megis y manwyn (*scrofula*), a dulliau ymchwil anthropolegol, yn amlwg, er enghraifft. Yn *Les Rois Thaumaturges* (1924), cwestiwn sylfaenol Bloch oedd pam fod y gred yng ngallu'r brenin i wella afiechydon drwy gyffwrdd yn un mor bwerus. Pam yr oedd pobl yn credu yn y gallu hwn, a sut oedd y gred yn helpu i ddiffinio'r berthynas rhwng y brenin a'r gymdeithas ehangach. Yn eu hanfod, cwestiynau anthropolegol yw'r rhain.[12] Mae'r berthynas rhwng y math hwn o ymchwil hanesyddol ar y naill law ac ymchwiliadau anthropolegol megis gwaith Evans-Pritchard ar yr Azande ar y llall, yn amlwg. Mae'r un fath o awydd i ddeall meddylfryd cymdeithas gyfan i'w weld yng ngweithiau Claude Lévi-Strauss fel *La Pensée Sauvage* (1962) neu *Le Cru et le Cuit* (1964). Hyd yn oed os yw'r fethodoleg sy'n cael ei defnyddio, fel yn achos Lévi-Strauss, yn o wahanol i ddull hanesyddol ysgol yr *Annales*, yr un math o gwestiynau sy'n ysgogi'r ymchwil.[13]

Mae elfennau amlwg o ddylanwad anthropoleg i'w gweld yng ngwaith mwy diweddar rhai o ddisgynyddion yr *Annales* hefyd. Mae gwaith Alain Corbin, er enghraifft, yn datblygu nifer o syniadau'r *Annales* ac yn ceisio ail-greu byd synhwyraidd y gorffennol drwy ddefnyddio dulliau anthropolegol eu naws. Yn ei lyfr *Le Miasma et la Jonquille* (1988) ceisiodd Corbin ddehongli ystyr aroglau ym Mharis ar ddiwedd y ddeunawfed ganrif. Pwrpas y llyfr oedd archwilio'r ffordd roedd poblogaeth Paris yn deall y byd o'u hamgylch drwy gyfrwng arogl. Roedd arogleuon gwahanol, o ddrewdod y strydoedd i bersawrau'r *salon*, yn cyfleu ystod o ystyron ymarferol a symbolaidd.[14] Yn yr un modd, yn ei lyfr *Le Cloches de la Terre* (1998) bwriad Corbin oedd ymchwilio i'r ffordd roedd synau yn cyfrannu tuag at ffurfio ymwybyddiaeth pobl yn y Ffrainc wledig yn ystod y bedwaredd ganrif ar bymtheg. Dangosodd Corbin fod gan sŵn fel cloch eglwys yn canu, nifer o ystyron ac awgrymodd bod deall y math hyn o ystyron a'r rôl roeddynt yn eu chwarae ym mywydau pob dydd a bywydau dychmygus pobl yn cyfrannu tuag at werthfawrogiad hanesyddol newydd o agweddau o'r gorffennol. Gellir cymharu y math hwn o agwedd hanesyddol â'r awydd anthropolegol i geisio dirnad cymdeithas gyfan yn ei hanfod.[15]

Mae ymdrech debyg i'w gweld yng ngwaith yr hanesydd Robert Darnton. Yn ei gasgliad o ysgrifau hanesyddol, *The Great Cat Massacre* (1984) ceisiodd ddefnyddio gwahanol fathau o ffynonellau i geisio ail-greu bywyd ymenyddol y gorffennol. Mae ei ddull yn atgof o agweddau anthropolegol, ac yn wir fe ddatblygwyd ei lyfr allan o gwrs o ddarlithoedd ar hanes ac anthropoleg a gynhaliwyd ym Mhrifysgol Princeton. Disgrifiodd Darnton ei lyfr fel ymdrech i drin ein gwareiddiad ni yn yr un modd ag y mae anthropolegwyr yn ymdrin â diwylliannau pobloedd eraill. Roedd am ysgrifennu hanes yn y modd ethnograffig.[16] Edrycha'r llyfr ar wahanol agweddau ar fywyd yn Ffrainc yn ystod y ddeunawfed ganrif. Yn y bennod "Peasants Tell Tales: The Meaning of Mother Goose," er engraifft, defnyddiodd Darnton dystiolaeth straeon poblogaidd i geisio deall meddylfryd y cyfnod. Drwy dynnu sylw at y mathau gwahanol o symbolaethau oedd i'w gweld mewn storïau gwerin o'r cyfnod megis 'Mother Goose' neu 'Sleeping Beauty', gobeithiai Darnton fedru ail-greu rhywfaint o fyd ymenyddol y person cyffredin yn y ddeunawfed ganrif. Yn yr un modd, yn y bennod a rydd deitl i'r llyfr, ceisiodd ddehongli beth y medrid ei ddysgu am fyd prentisiaid ym Mharis y cyfnod drwy edrych ar ddigwyddiad o ladd cathod a gymerodd le yno yn ystod yr 1730au. Mae agweddau cyffelyb i'w gweld yng ngwaith yr hanesydd Carlo Ginzburg. Yn ei lyfr *Il Fromaggio e i Vermi* (1976) a gyfieithwyd i'r Saesneg fel *The Cheese and the Worms* yn 1980, ceisiodd Ginzburg ddeall meddylfryd unigolyn o'r unfed ganrif ar bymtheg, melinydd o'r enw Menocchio. Mae'r cyfieithiad Saesneg wedi cael ei ddisgrifio fel un o lyfrau hanes mwyaf poblogaidd yr ugeinfed ganrif.[17] Fel yn achos Darnton, roedd Ginzburg am geisio deall byd ymenyddol unigolyn a fyddai fel arfer yn hanesyddol anweledig. Yn achos Menocchio, roedd modd gwneud yr ymgais hon gan iddo gael ei gyhuddo o heresi ac o ganlyniad roedd record o'i holi gan y Chwilys mewn bodolaeth. Drwy edrych ar dystiolaeth Mennochio yn disgrifio ei gredoau roedd modd ail-greu ei synnwyr o'r byd o'i gwmpas yn ogystal â'r adnoddau a ddefnyddiodd i ddatblygu ei syniadau. Mae ymgais gyffelyb i geisio ail-greu bydoedd ymenyddol coll i'w gweld yng ngweithiau eraill Ginzburg hefyd. Yn ei lyfr *Storia Notturna* (1989) er enghraifft, ceisiodd Ginzburg ddadansoddi'r ddelwedd gyffredin o Sabat Gwrachod. Roedd am geisio deall nid yn unig sut y datblygwyd y ddelwedd gyffredin ond beth oedd yn cuddio y tu ôl iddi. Yn hyn o beth roedd yn adeiladu ar waith haneswyr megis Keith Thomas a oedd eu hunain yn tynnu ar fethodoleg anthropolegol.

Un anthropolegydd sydd wedi bod yn ddylanwadol iawn ar y datblygiadau hanesyddol hyn yw Clifford Geertz (1926–2006). Mae ei ddylanwad ar waith Robert Darnton yn arbennig o glir ac yn cael ei gydnabod gan Darnton yn *The Great Cat Massacre*, lle mae'n nodi y bu Geertz yn cyd-ddysgu'r cwrs yn Princeton ar hanes ac anthropoleg a fu'n graidd i'r llyfr. Roedd Geertz yn arbennig o nodedig am ei waith i hyrwyddo anthropoleg symbolaidd. Dadleuodd fod diwylliannau yn eu hanfod yn semiotig o ran natur. Yn hyn o beth roedd Geertz yn adeiladu ar syniadau anthropolegwyr cynharach megis Claude Lévi-Strauss. Fel Lévi-Strauss, roedd am bwysleisio pwysigrwydd astudio iaith fel cyfrwng diwylliant, a chredai fod y ffordd roedd aelodau o unrhyw gymdeithas yn cyfathrebu â'i gilydd yn hanfodol symbolaidd. Disgrifiodd Geertz y ddynoliaeth fel anifeiliaid sydd wedi'u dal mewn gwe o ystyron a oedd wedi cael eu creu ganddynt hwy eu hunain. Diwylliant yw'r we honno a thasg yr anthropolegydd yw ceisio dehongli'r we a'r elfennau gwahanol sydd ynghlwm ynddi. Er mwyn dehongli unrhyw ddiwylliant, dadleuodd Geertz fod angen adnabod pob elfen o'r we symbolaidd hon yn ogystal â pherthynas pob elfen â'i gilydd. Roedd hyn yn fater o ddatguddio strwythurau oedd yn bodoli o dan wyneb unrhyw gymdeithas.

Un o brif gyfraniadau Geertz oedd y cysyniad o ddisgrifiad 'trwchus' a ddatblygwyd yn ei lyfr *The Interpretation of Cultures* (1973). Mae gwreiddiau'r cysyniad i'w cael yng ngwaith yr athronydd Gilbert Ryle (1900–76).[18] Mae disgrifiad trwchus o unrhyw weithred yn ymgais i ddisgrifio pwrpas ac arwyddocâd y weithred yn ogystal â'r broses o'i chyflawni. Yr enghraifft mae Ryle yn ei dewis yw'r gwahaniaeth rhwng wincio a blincio llygad – tra bo'r ddwy weithred yn edrych yr un peth (disgrifiad tenau), byddai disgrifiad trwchus o'r winc yn cyfeirio at arwyddocâd y weithred hefyd. Yn ôl Geertz, darparu disgrifiad trwchus o'r gweithgareddau sy'n nodweddu diwylliant yw tasg sylfaenol anthropoleg. Dyna roedd yn ceisio ei gyflawni yn ei draethawd "Deep Play: Notes on the Balinese Cockfight," er enghraifft. Roedd ei ddadansoddiad o'r digwyddiad yn ceisio edrych y tu hwnt i beth oedd i'w weld yn digwydd er mwyn ceisio dehongli beth oedd arwyddocâd y digwyddiad i'r rhai oedd yn cymryd rhan. Dyma'r agwedd o waith Geertrz a oedd mor apelgar i haneswyr megis Robert Darnton. Dyna beth yr oedd yntau yn ceisio ei gyflawni yn *The Great Cat Massacre*, er enghraifft. Yn hytrach na chynnig disgrifiad syml (disgrifiad tenau yn nhermau Ryle a Geertz) o grŵp o brentisiaid Parisiaidd yn hela a lladd cathod, roedd am geisio dirnad beth oedd ystyr y weithred i'r prentisiaid – disgrifiad trwchus.

Cafodd y mathau hyn o syniadau anthropolegol ddylanwad sylweddol ar yr hyn a elwir y tro diwylliannol o fewn hanes yn ystod yr 1980au. Roedd y tro diwylliannol o fewn hanes yn agwedd o'r newid cyfeiriad mwy cyffredinol a ddigwyddodd ar draws y dyniaethau a'r gwyddorau cymdeithasol yn ystod chwarter olaf yr ugeinfed ganrif. Bu syniadau a methodolegau anthropolegol yn ddylanwadau pwysig ar y tro diwylliannol, yn uniongyrchol ac yn anuniongyrchol. Wrth wraidd y tro diwylliannol oedd yr awydd i ail-ystyried beth ddylai prif ffocws hanes fod. Yn hytrach na chanolbwyntio ar wleidyddiaeth neu fywyd economaidd fel prosesau cwbl wrthrychol roedd y to newydd o haneswyr diwylliannol am geisio deall beth oedd y rhwydweithiau o ystyron oedd yn dal cymdeithasau'r gorffennol at ei gilydd. Fel yr eglurodd Lynn Hunt yn *The New Cultural History* (1989), roedd yr hanes diwylliannol newydd yn adeiladu ar waith hanesyddol cynharach yn y traddodiad Marcsaidd a'r traddodiad *Annales* drwy dalu sylw i bwysigrwydd iaith fel cyfrwng symbolaidd.[19] Yn hyn o beth roedd ymarferwyr y math hwn o hanes yn dadansoddi eu ffynonellau yn yr un modd ag y byddai anthropolegwyr megis Geertz yn dadansoddi'r diwylliannau gwahanol roeddynt hwythau yn eu hastudio. Roedd yr hanes diwylliannol newydd yn gyfystyr â thrin y gorffennol yn yr un modd ag y byddai anthropolegydd yn trin diwylliant estron. Mae'n deg meddwl am y tro diwylliannol i raddau helaeth fel tro anthropolegol.

Yn y modd hwn, ceisiodd yr haneswyr Leonore Davidoff (1932–2014) a Catherine Hall yn eu hastudiaeth o'r dosbarth canol yn ystod hanner cyntaf y bedwaredd ganrif ar bymtheg, *Family Fortunes* (1987), er enghraifft, drin y cysyniad o ddosbarth cymdeithasol fel rhwydwaith o ystyron symbolaidd ac ymarferol. Yn hytrach na thrin dosbarth fel categori economaidd gwrthrychol yn y dull Marcsaidd traddodiadol, roeddynt am ddeall beth oedd bod yn ddosbarth canol yn ei olygu i bobl y cyfnod. Roedd yr agwedd hon yn un gyfatebol i'r modd y byddai anthropolegydd yn ymdrin â sefydliad cymdeithasol megis 'caste', er enghraifft, mewn diwylliant gwahanol.[20] Y bwriad oedd deall sut yr oedd y categori cymdeithasol hwn yn gweithredu a sut yr oedd yn cael ei amgyffred.

Agwedd arall ar y tro anthropolegol hwn yw astudio testunau

megis y corff, a rhywedd, fel ffenomenâu hanesyddol. Mae defnydd yr hanesydd Thomas Laqueur o ymdriniaethau anthropolegol yn ei astudiaeth o ddatblygiad syniadau gwahanol ynglŷn â'r corff rhywiol yn *Making Sex* (1990) yn cynnig enghraifft arall. Dadl sylfaenol Laqueur oedd bod gwahaniaethau corfforol rhwng y rhywiau i'w deall fel ffenomenâu diwylliannol a hanesyddol yn hytrach na rhai cwbl fiolegol.[21] Yng nghyd-destun hanes gwyddoniaeth mae ymchwilwyr megis Bruno Latour wedi dadlau bod modd astudio diwylliant y labordy yn yr un modd ag y byddai anthropolegydd (ac anthropolegydd oedd Latour yn wreiddiol) yn astudio diwylliant estron – drwy ddilyn eu trigolion o gwmpas a cheisio deall ystyr eu gweithgareddau.[22]

Mae agweddau anthropolegol wedi chwarae rhan allweddol yn natblygiad hanes ôl-drefedigaethol. Ac yn ogystal, mae hanes ôl-drefedigaethol yn cynnig enghraifft bwysig o agweddau hanesyddol yn cael eu troi i gynnig beirniadaeth o rai traddodiadau anthropolegol hefyd. Mae gwreiddiau hanes ôl-drefedigaethol i'w canfod yng ngwaith Edward Said (1935–2003), a'i lyfr *Orientalism* (1979). Dangosodd Said y ffyrdd roedd ysgrifennu Ewropeaidd am y 'Dwyrain' yn atgynhyrchu ystod o agweddau nawddoglyd tuag at ddiwylliannau gwahanol ac yn trin y byd y tu allan i'r gorllewin fel rhywle egsotig, estron, ac y tu allan i hanes.[23] Mae gwreiddiau anthropoleg yn y cyfnod Fictoraidd i'w gweld yn ymgymryd â'r math yma o agweddau. Roedd anthropoleg Fictoraidd yn aml yn gweithredu fel rhan o'r gyfundrefn imperialaidd. Mae'r tueddiad a ddisgrifiodd Said o weld y byd y tu hwnt i Ewrop fel diwylliannau statig a digyfnewid i'w weld mewn syniadau anthropolegol mwy diweddar hefyd. Hyd yn oed yng ngwaith anthropolegydd fel Evans-Pritchard mae tueddiad i drin diwylliant Azande cychwyn yr ugeinfed ganrif fel petai rywsut yn oroesol. Ar y llaw arall, mae dulliau anthropolegol o geisio deall gweithgareddau diwylliannol wedi bod yn hanfodol i ddatblygu syniadau ôl-drefedigaethol ynglŷn â'r gwahanol ffyrdd y gall haneswyr geisio adfer a gwneud synnwyr o fydoedd grwpiau oedd a sydd yn bodoli ar gyrion neu o dan wyneb sefydliadau imperialaidd a threfedigaethol.

Mae astudiaethau swbaltern fel hyn yn parhau i arddangos y berthynas agos sydd yn bodoli rhwng hanes ac anthropoleg. Mae'r berthynas hon, fel rydym wedi gweld, yn tarddu o wreiddiau'r ddwy ddisgyblaeth. Fe ddatblygodd anthropoleg, fel hanes, yn ddisgyblaeth broffesiynol yn ystod degawdau olaf y bedwaredd ganrif ar bymtheg. Roedd ymarferwyr y ddwy ddisgyblaeth yn rhannu yr un awydd i ddeall twf gwareiddiad ac i olrain datblygiad cymdeithas. Drwy gydol yr ugeinfed ganrif, mewn ystod o ffyrdd gwahanol, bu anthropoleg yn allweddol i ddatblygiad agweddau hanesyddol newydd. Bu i ddadl Malinowski mai ceisio deall ymdeimlad y brodor o'i le yn y byd, a syniadau Lévi-Strauss ynglŷn â phwysigrwydd deall strwythurau symbolaidd diwylliant chwarae eu rhan yn nhrawsnewidiad hanes. Syniadau anthropolegol fel hyn oedd wrth gefn datblygiadau o fewn ysgol yr *Annales*. Chwaraeodd anthropoleg ran bwysig yn natblygiad hanes o'r gwaelod drwy gynnig ffyrdd newydd o ddehongli sut yr oedd yr ymdeimlad o ddosbarth cymdeithasol yn cael ei fynegi. Mae gwaith anthropolegwyr megis Clifford Geertz wedi cynnig ffyrdd newydd i haneswyr feddwl sut i ddehongli'r gorffennol ac wedi chwarae rhan allweddol yn natblygiad y tro diwylliannol o fewn hanes yn ystod degawdau olaf yr ugeinfed ganrif. Mae anthropoleg yn parhau i gynnig dulliau pwerus newydd o feddwl am y ffyrdd y mae angen i haneswyr ehangu eu maes ac edrych ymhellach am ddealltwriaeth o gyfraniad diwylliannau a grwpiau gwahanol at greu'r byd cyfoes.

Darllen Pellach

Darnton, Robert, *The Great Cat Massacre: And other Episodes in French Cultural History* (Efrog Newydd: Basic Books, 2009).

Davidson, John, 'History and Anthropology', yn Phillipp Schofield a Peter Lambert (goln), *Making History: An Introduction to the History and Practices of a Discipline* (Llundain: Routledge, 2004), tt. 150–61.

Sera-Shriar, Efram, *The Making of British Anthropology, 1813–1871* (Pittsburgh: University of Pittsburgh Press, 2016).

Stocking, George, *Race, Culture and Evolution: Essays in the History of Anthropology* (Llundain: Free Press, 1968).

Thomas, Keith, 'History and Anthropology', *Past and Present*, 24 (1963), 3–24.

Winch, Peter, *The Idea of a Social Science* (Llundain: Routledge, 1958).

Esiamplau Clasurol

Evans-Pritchard, Edward, *Witchcraft, Oracles and Magic among the Azande* (Rhydychen: Oxford University Press, 1937).

Geertz, Clifford, *The Interpretation of Culture* (Llundain: Fontana, 2010).

Levi Strauss, Claude, *Myth and Meaning: Cracking the Code of Culture* (Toronto: University of Toronto Press, 1995).

Malinowski, Bronislaw, *Argonauts of the Western Pacific* (Llundain: Routledge, 1922).

Thomas, Keith, *Religion and the Decline of Magic* (Llundain: Weidenfeld and Nicolson, 1971).

Nodiadau

[1] Edward Evans-Pritchard, *Witchcraft, Oracles and Magic among the Azande* (Rhydychen: Oxford University Press, 1937). Cyhoeddwyd argraffiad talfyredig yn 1976.

[2] George Stocking, *Race, Culture and Evolution: Essays in the History of Anthropolgy* (Llundain: Free Press, 1968); Efram Sera-Shriar, *The Making of British Anthropology, 1813–1871* (Pittsburgh: University of Pittsburgh Press, 2016).

[3] Peter Bowler, *The Invention of Progress: The Victorians and the Past* (Rhydychen: Blackwell, 1989).

[4] Bronislaw Malinowski, *Argonauts of the Western Pacific* (Llundain: Routledge, 1922).

[5] Peter Winch, *The Idea of a Social Science* (Llundain: Routledge, 1958); Richard Rorty, *Philosophy and the Mirror of Nature* (Princeton: Princeton University Press, 1979).

[6] Keith Thomas, *Religion and the Decline of Magic* (Llundain: Weidenfeld and Nicolson, 1971).

[7] Keith Thomas, 'History and Anthropology', *Past and Present*, 24 (1963), 3–24.

[8] E. P. Thompson, *The Making of the English Working Class* (Llundain: Victor Gollancz, 1963); E. P. Thompson, *Customs in Common* (Llundain: Merlin Press, 1991); Christopher Hill, *The World Turned Upside-down* (Llundain: Maurice Temple Smith, 1972).

9. Thomas, 'History and Anthropology'.
10. Emile Durkheim, *The Elementary Forms of Religious Life*. Cyfieithiad newydd (Rhydychen: Oxford University Press, 2008).
11. Fernand Braudel, *The Mediterranean and the Mediterranean World in the Age of Phillip II* (Berkeley a Los Angeles: University of California Press, 1995).
12. Marc Bloch, *The Royal Touch: Sacred Monarchy and Scrofula in England and France* (Llundain: Routledge, 2015).
13. Claude Levi Strauss, *Myth and Meaning: Cracking the Code of Culture* (Toronto: University of Toronto Press, 1995).
14. Alain Corbin, *The Foul and the Fragrant: Odour and the Social Imagination* (Llundain: Berg, 1986).
15. Alain Corbin, *Village Bells: Sound and Meaning in the Nineteenth-century French Countryside* (Llundain: Macmillan, 1999).
16. Robert Darnton, *The Great Cat Massacre: And other Episodes in French Cultural History* (Efrog Newydd: Basic Books, 2009).
17. Carlo Ginzburg, *The Cheese and the Worms: The Cosmos of a Sixteenth-century Miller* (Baltimore: Johns Hopkins University Press, 2013).
18. Clifford Geertz, *The Interpretation of Culture* (Llundain: Fontana, 2010).
19. Lynn Hunt (gol.), *The New Cultural History* (Berkeley a Los Angeles: University of California Press, 1989).
20. Leonore Davidoff a Catherine Hall, *Family Fortunes: Men and Women of the English Middle Class* (Chicago: University of Chicago Press, 1987).
21. Thomas Laqueur, *Making Sex: Body and Gender from the Greeks to Freud* (Cambridge, MA: Harvard University Press, 1992).
22. Bruno Latour a Stephen Woolgar, *Laboratory Life* (Princeton: Princeton University Press, 1986).
23. Edward Said, *Orientalism* (Llundain: Penguin, 2003).

6

Ôl-strwythuraeth a'r Tro Diwylliannol: Rhywedd, Dwyreinioldeb ac Ôl-drefedigaethedd

Marion Löffler

Esbonia'r bennod hon hanfod hanes ôl-strwythurol yn ystyr eang y term, a'r technegau a ddefnyddir gan haneswyr ôl-fodernaidd yn sgil y tro diwylliannol i greu naratifau o'r gorffennol trwy ddad-adeiladu cynrychiolaethau'r gorffennol, h.y. 'testunau' a 'disgyrsiau', a'u darllen 'yn groes i gyfeiriad y graen'. Arddengys ail ran y bennod sut yr ymarferir y technegau hyn gan haneswyr diwylliannol blaenllaw mewn astudiaethau clasurol ar genedlaetholdeb, rhywedd, dosbarth, a threfedigaethedd.

Ôl-foderniaeth

Bathwyd y term ôl-foderniaeth i ddynodi mudiad ym myd celf a phensaernïaeth a gredai nad oedd celf yn adlewyrchu realiti yn wrthrychol, ond yn hytrach yn ei gynrychioli mewn amrywiol ffyrdd. Ers ail hanner yr ugeinfed ganrif defnyddir y term fwyfwy i arwahanu'r oes fodern oddi wrth yr oes ôl-fodern a ddechreuodd ar 6 Awst 1945, pan daniwyd y bom atomig cyntaf gan yr Unol Daleithiau uwchben dinas Hiroshima. Nodweddir y cyfnod ôl-fodern gan y symudiad oddi wrth ddiwydiannau cynhyrchu nwyddau i'r rhai gwasanaethol; gan oruchafiaeth y cyfryngau digidol ac esgyniad rhith-realiti yn eu sgil; a chan y bygythiad i oroesiad dynolryw yn sgil y cynhesu byd-eang a achosir ganddi.

> **Goddrychedd** a **Gwrthrychedd** (*subjectivity* and *objectivity*)
>
> Mae ôl-fodernwyr yn honni nad oes modd cael gwybodaeth hanesyddol wrthrychol gan nad oes gorffennol safonol yn bodoli ble gellir gwerthuso deongliadau gwahanol. Mae unrhyw ddealltwriaeth sydd gennym o'r gorffennol wedi cael ei ffurfio gan ragfarnau o'n sefyllfa hanesyddol unigryw ni.
>
> Mark Bevir, 'Objectivity in History', *History and Theory*, 33/3 (Hydref 1994), 328.
>
> Gan ystyried datganiad Bevir, gellir sylwi ar enghreifftiau o ysgrifennu hanesyddol gwrthrychol a goddrychol. Enghraifft gwrthrychol fyddai: 'Mae nifer o aelodau capeli yng Nghymru yn llai heddiw nag oedd ganrif yn ôl.' Enghraifft goddrychol – lle gwelir dadansoddiad ac, yn debygol, rhagfarn – o ysgrifennu hanesyddol fyddai: 'Mae llai o bobl yn mynychu'r capel heddiw, gan nad yw crefydd yn chwarae rôl mor bwysig ym mywydau pobl.'

Mabwysiadwyd y term, a meddylfryd ôl-foderniaeth, gan wahanol feysydd y Dyniaethau oddi ar y 1960au, gan wrthwynebu cysyniadau modernaidd, megis y gred mewn cynnydd cymdeithasol positif, yng ngwrthrychedd realiti ac yn rhesymoldeb dynolryw a'r gallu i adnabod y byd. Yn eu lle, cofleidir gan ddeallusion ôl-fodernaidd gysyniadau megis perthynolaeth (*relativism*), hynny yw, bod pob gwirionedd yn berthynol yn hytrach na sefydlog, â sawl ddadansoddiad yn bosib; a **goddrychedd** (*subjectivity*) yn lle **gwrthrychedd** (*objectivity*), a olyga fod pob dadansoddiad yn gyfyngedig i un achlysur ac unigolyn. O ganlyniad, y mae'n amhosib, yn eu tyb hwy, sefydlu neu ddiddwytho tueddiadau cyffredinol o'r hyn a ymchwiliwyd, gan fod pob dadansoddiad yn unigryw a digymharedd. Ym marn yr ôl-fodernwyr eithaf, nid ydy'r byd yn bodoli y tu allan i'w gwahanol gynrychiolaethau ar ennyd eu dadansoddiad. Nid oes, felly, mynediad at orffennol ffeithiol gan yr hanesydd, gan nad ydy'r gorffennol yn bodoli y tu allan i ddychymyg yr awdur, a hanes o ganlyniad yn troi yn fath o ffuglen. Dyfarnwyd, felly, bod 'diwedd hanes' wedi dod.

Ôl-strwythuraeth a'r Tro Diwylliannol

Ni ddaeth 'diwedd hanes', serch hynny, gan ei bod hi'n bosib i'r hanesydd ddefnyddio agweddau a damcaniaethau ôl-fodernaidd, sydd yn ei (g)alluogi i archwilio'r gorffennol o onglau newydd sy'n berthnasol i'r unfed ganrif ar hugain. Er enghraifft, drwy ddynodi ein hoes fel un ôl-fodern, hynny yw, fel cyfnod sydd yn ymwybodol wahanol i oes oruchafol 'fodern' gwledydd hegemonig gorllewin Ewrop, gellir dychmygu hanes o safbwynt daearyddol gwahanol, gan droi ymylon y byd modern – cenhedloedd diwladwriaeth, ardaloedd diarffordd, a chyn-drefedigaethau – yn ganolbwynt i astudiaethau hanesyddol.[1]

Hanes ôl-strwythuraidd a'r 'tro diwylliannol'

Perthyn ôl-strwythuraeth i'r meddylfryd ôl-fodernaidd hwn drwy herio damcaniaethau modernaidd Ferdinand de Saussure (1857–1913) ac ymagweddau strwythurol yr ugeinfed ganrif, a ddadansoddodd strwythurau 'dwfn' ieithoedd, llenyddiaethau, cymunedau a chymdeithasau'r gorffennol drwy eu trîn fel rhannau o systemau caeëdig sefydlog. Cynrychiolwyd pob cyfundrefn ar ei hwyneb drwy arwyddwyr haniaethol. Credai haneswyr strwythurol fod casgliadau cyffredinol am gymdeithasau'r oesoedd cynt yn gyraeddadwy drwy gasglu data ar lefel yr arwyddwyr hyn, a'u dadansoddi er mwyn darganfod strwythurau dyfnion a thueddiadau cyffredin (gweler penodau 5, 7 a 9). Yn syfrdanol wahanol i hyn, cynrychiolaethau'r gorffennol sydd yn ffurfio disgwrs benodedig, yn hytrach na'r gorffennol ei hun, sydd yn sail i ymagweddau ôl-strwythurol at hanes.

Michel Foucault a 'disgwrs'

Dyfeisiwyd y cysyniad o ddisgwrs gan un o ymarferwyr cyntaf a mwyaf dylanwadol hanes ôl-strwythurol diwylliannol, yr athronydd Ffrengig Michel Foucault (1926–84). Gan wrthod bodolaeth meta-naratifau'r haneswyr modern, strwythurol, a ddadansoddodd hanes yn nhermau datblygiad cyffredinol tuag at ganlyniad neu gynnydd penodol, ystyriai Foucault hanes megis cyfres o gyfnodau, neu epistemau a reolir gan ddisgwrs arbennig, hynny yw, gan gyfundrefn o wybodaeth. Iddo ef, nid oedd newidiadau hanesyddol yn deleolegol, sef yn datblygu tuag at bwynt neu amcan arbennig, nac yn amlygu'r rheolau dyfnion, cyffredinol, a arddelwyd gan y strwythurwyr.

Y mae'r syniadau uchod, yn ogystal â sylwadau Foucault am hanes megis 'ffuglen', un o lawer o naratifau posib am y gorffennol, wedi cael eu condemnio yn helaeth gan haneswyr, yn enwedig gan ymarferwyr Marcsaidd, ond maent hefyd wedi arwain at ysgrifau a llyfrau sy'n amddiffyn swyddogaeth hanes.[2] O safbwynt yr unfed ganrif ar hugain, mae ymagwedd Foucault at hanes fel cyfres o epistemau y mae pob un ohonynt yn cael eu rheoli gan ddisgwrs hegemonig wedi agor drysau i haneswyr diwylliannol i archwilio cysyniadau megis dosbarth a chenedl o ongl wahanol, ac i amlygu lleisiau carfannau a esgeuluswyd gan haneswyr yr oes fodern.

Diffiniodd Foucault bob disgwrs megis casgliad o **destunau** â rheolau unigryw iddynt sy'n dynodi beth sydd yn bodoli ac ym mha ffordd y mae'n bodoli drwy broses o gategoreiddio a labelu'r byd. Ei brif ddadl oedd fod y categorïau a greir mewn disgwrs yn dylanwadu ar y realiti, ac yn wir, yn creu realiti o'r newydd. Ei brif ffocws fel athronydd, felly, oedd cloddio testunau'r disgyrsiau hyn megis haenau gwareiddiadau cynt am olion o sut yr adeiladwyd ac yr atgynhyrchwyd disgyrsiau gwahanol epistemau. Drwy wneud hynny, byddai'n bosib darganfod sut oedd y pŵer hegemonig yn categoreiddio ac felly yn rheoli cymdeithas. Y mae pwy bynnag a oedd (a sydd) yn berchen ar y pŵer i greu'r rheolau hyn a chategoreiddio'r byd yn creu disgwrs hegemonig mewn episteme. Drwy'r ddisgwrs hegemonig hon rheolir carfannau cymdeithasol a lleol poblogaethau cyfan ar lefel datganoledig, yn ôl Foucault.

> **Testunau** *(texts)*
>
> Nid dogfennau ysgrifenedig yn unig a olygir wrth 'destun' disgwrs, ond unrhywbeth sy'n gallu cyfleu ystyr, megis 'testun' llafar, 'testun' gweledol, 'testun' clywedol, neu unrhyw fodd arall sydd yn cyfathrebu gwybodaeth.

Ôl-strwythuraeth a'r Tro Diwylliannol

Cyflwynodd Foucault ei dechneg o ddad-adeiladu disgyrsiau hegemonig yn gyntaf mewn cyfrolau a gyfieithwyd i'r Saesneg megis *Discipline and Punish. The Birth of the Prison* yn 1975, sef astudiaeth o'r ffyrdd y newidiodd systemau cosbi yn Ffrainc – o arteithio a dienyddio cyhoeddus i ddisgyblu 'trugarog' mewn carchardai – yn y bedwaredd ganrif ar bymtheg. Carchardai modern, yn ei farn ef, oedd y safleoedd delfrydol i arsylwi'r pŵer datganoledig a weithredir mewn cymdeithas gyfan drwy ddisgwrs, fel y datganodd mewn darlith yn 1971:

> To place someone in prison, to deprive him of food and heat, to prevent him from leaving, from making love, etc. – this is certainly the most frenzied manifestation of power imaginable. The other day I was speaking to a woman who had been in prison and she was saying: 'Imagine, that at the age of forty I was punished one day with a meal of dry bread.' What is striking about this story is not the childishness of the exercise of power, but the cynicism with which power is exercised as power, in the most archaic, puerile, infantile manner. ... What is fascinating about prisons is that, for once, power does not hide or mask itself; it reveals itself as tyranny pursued into the tiniest details ... and the reverse is equally true. Not only are prisoners treated like children, but children are treated like prisoners. Children are submitted to an infantilization which is alien to them. On this basis, it is undeniable that schools resemble prisons and that factories are its closest approximation.[3]

Tasg deallusion, yn ôl Foucault, yw amlygu'r disgyrsiau hegemonig er mwyn arddangos sut y defnyddir hwy i gategoreiddio'r byd ac ymyleiddio rhai carfannau cymdeithasol, ac felly sicrhau neu wadu iddynt gyfranogaeth yn y broses o reoli'r ddisgwrs. Dangosodd yn ei waith ffyrdd newydd o ddarganfod sut y gweithredir pŵer canolog yn lleol, a chyfeiriodd sylw haneswyr at garfannau cymdeithasol ymylol, ac yn y man at gymunedau ymylol yn fyd-eang.

Ers hynny, defnyddir rhannau o ddamcaniaeth a thechnegau Foucault gan haneswyr diwylliannol, gan ddehongli'r testun, hynny yw y gynrychiolaeth, yn eang i gynnwys, er enghraifft, patrymau cynllunio pentrefi a dinasoedd, ffyrdd o ddelweddu carfannau cymdeithasol neu ethnig yn weledol neu gerddorol, arferion cyffredin carfannau a chymunedau megis ffasiynau gwisgo a bwyta,

> **Darllen yn agos** (*close reading*)
>
> Techneg ddadansoddi mewn beirniadaeth lenyddol yn ogystal â'r Dyniaethau yn fwy cyffredinol a'r Gwyddorau Gymdeithasol. Canolbwyntia'r dechneg hon ar y penodol yn hytrach na'r cyffredinol drwy gynnal dadansoddiad beirniadol sy'n ffocysu ar fanylion a phatrymau i ddatblygu dealltwriaeth ddofn o ffurf, iaith, strwythur ac ystyr testun.

ond hefyd cyfundrefnau cymdeithasol megis systemau addysgu, cosbi troseddwyr neu ddyfarnu a thrin 'gwallgofrwydd'. Am fod testunau'r gorffennol felly yn amgyffred diwylliant cyfan, gelwir y datblygiad hwn y tro diwylliannol (gweler y Cyflwyniad).[4] Y dechneg o ddadansoddi'r ddisgwrs yw dad-adeiladu testun yn fanwl, gan ei **ddarllen yn agos** am olion y categoreiddio. Yn y broses hon, gall yr hyn sydd yn absennol o'r testun fod yr un mor arwyddocaol â'r hyn sydd yn bresennol. Er enghraifft, dinoetha absenoldeb cynrychiolaethau gan ac o fenywod strwythurau pŵer rhyweddol cuddiedig. Gellir canfod gwybodaeth am yr hyn sydd yn absennol drwy ddarllen yn groes i gyfeiriad y graen, techneg a fenthycwyd oddi wrth yr anthropolegwyr. Golyga hyn ddarllen testun yn groes i bwrpas yr awdur, a darganfod bylchau yn siâp yr hyn sydd yn absennol neu yn wahanol. Mantais y dechneg hon yw adfer lleisiau'r rhai na chafodd gyfle i fynegi eu hunain, boed hwy'n fenywod, yn aelodau dosbarthiadau neu yn genhedloedd a drefedigaethwyd.[5]

Fel y gwelir yng ngweddill y bennod hon, mae haneswyr ôl-strwythurol, diwylliannol yn arfer technegau'r tro diwylliannol, megis dad-adeiladu disgwrs a darllen yn groes i gyfeiriad y graen, ond ystyrient bod y syniad o 'strwythur' caeëdig gyda chyfatebiad rhwng yr arwyddwr a'r arwyddedig yn wallus. Yn hytrach, seilient eu gwaith hwy ar y cysyniad ôl-strwythurol o 'system agored', ansefydlog.[6] Golyga hyn fod yr hanesydd diwylliannol yn adeiladu gorffennol yn ôl ei (d)disgwrs ei hun, sydd yn seiliedig ar bob disgwrs ar y gorffennol a adeiladwyd eisoes, ac o dan ddylanwad y disgyrsiau hyn. Nid yw gwaith yr hanesydd ôl-strwythurol o ddad-adeiladu testunau'r gorffennol, felly, yn medru cyrraedd gwir 'ffeithiau' y gorffennol. Dim ond darlleniad unigryw o destun y gorffennol, o dan ddylanwad sawl disgwrs, sydd yn bosib, o gymryd ymagwedd eithafol. Eto i gyd, dengys yr hanner canrif ddiwethaf lwyddiant y prosiect o gymhathu syniadau ôl-strwythurol ag ymagweddau diwylliannol at hanes cenhedloedd, hanes cymdeithasol, hanes rhywedd a hanes ôl-drefedigaethol drwy ddadansoddi disgyrsiau'r gorffennol, darganfod effeithiau disgyrsiau hegemonig a'u dad-adeiladu, a darllen yn groes i gyfeiriad y graen.

Benedict Anderson a chenhedloedd fel 'cymunedau'r dychymyg'

Ar ddiwedd *When was Wales?*, hanes Cymru dadleuol a dylanwadol Gwyn Alf Williams (1925–95) a gyhoeddwyd yn 1985, ceir pennod fer â'r teitl 'Walking Naked', sydd yn nodweddu'r Cymry ar ddechrau'r 1980au megis cenedl ddiymadferth ôl-drefedigaethol a 'noeth o dan law asid'.[7] Eto i gyd, daw gobaith o'r syniad ôl-fodernaidd o ddyfeisio ac ail-ddyfeisio cenedl yn barhaus, a phwysleisir rôl yr hanesydd yn y broses hon:

> Wales has always been now. The Welsh as a people have lived by making and remaking themselves in generation after generation, usually against the odds, usually within a British context. Wales is an artefact which the Welsh produce. If they want to. It requires a choice. ... In that Welsh making and remaking of themselves, a sense of history has been central. The Welsh or their effective movers and shapers have repeatedly employed history to make a usable past, to turn a past into an instrument with which a present can build a future.[8]

Amlinellwyd y cysyniad o genhedloedd fel 'cymunedau'r dychymyg' yn llawn yn 1983 gan y cymdeithasegydd Benedict Anderson (1936–2015) yn ei waith *Imagined Communities. Reflections on the Origin and Spread of Nationalism*. Yn debyg i'r sôn am 'ddiwedd hanes', rhagwelasid diwedd mudiadau cenedlaethol yn yr oes ôl-fodern, gan eu bod ynghlwm wrth sefydlu gwladwriaethau mawr Ewrop yn bedwaredd ganrif ar bymtheg. Ond erbyn y 1980au amlygwyd yn fyd-eang ymdrechion gan wladwriaethau newydd ôl-drefedigaethol i ail-ddyfeisio eu hunain yn genhedloedd ag iddynt ardaloedd, ieithoedd, hanes a thraddodiadau ar wahân i rai'r pwerau Ewropeaidd oedd wedi bod yn ffocws astudiaethau ar genedlaetholdeb. Aeth Anderson ati i archwilio'r broses hon, gan ehangu maes gorchwyl astudiaethau ar genedlaetholdeb y tu hwnt i Ewrop, a cheisio diffinio yn nhermau hanes diwylliannol mai disgwrs oedd pob cenedlaetholdeb:

> Nationality, or, as one might prefer to put it in view of that word's multiple significations, nation-ness, as well as nationalism, are cultural artefacts of a particular kind. To understand them properly, we need to understand carefully, how they have come into historical being, in what ways their meanings have changed over time, and why, today, they command such profound emotional legitimacy.[9]

Awgrymodd, felly, haneseiddio'r (*historicise* – gweler **hanesiaeth** yn y Cyflwyniad) cysyniad drwy drin cenhedloedd fel cymunedau'r dychymyg a ddyfeisir gan eu haelodau o dan amgylchiadau penodol mewn lleoliadau penodol, ac a ail-ddyfeisir o'r newydd ym mhob cenhedlaeth. Ofer byddai eu diffinio fel categorïau ac ideolegau cyffredinol, byth-newidiol, fel y ceisiwyd ei wneud gan haneswyr strwythurol.

Diffiniodd Anderson gymuned genedlaethol megis 'an imagined political community – and imagined as both inherently limited and sovereign',[10] gan esbonio ei bod yn 'gymuned' am fod ymdeimlad o fod yn 'gymrodyr' (*comrades*) yn bodoli rhwng ei haelodau; ei bod yn 'gyfyngedig' am nad oes yr un gymuned yn y byd sy'n cwmpasu dynolryw gyfan; a'i bod yn 'sofran' am iddi ddisodli hawliau dwyfol i deyrnasu ardaloedd a gosod yn eu lle'r syniad o genedl yn rheoli ardal benodedig.[11] Yn ei farn ef, roedd y prosesau hyn ynghlwm wrth oes yr Ymoleuo (*Enlightenment*) ac oes y chwyldroadau a sbardunwyd gan y Chwyldro Ffrengig yn 1789, gan sefydlu gweriniaeth fodern gynta'r byd. Yn fwy manwl, disgrifiodd Anderson y broses o ddychmygu cenhedloedd fel un sydd ynghlwm wrth safoni iaith frodorol (yn aml drwy ddatblygu diwylliant print), codi ymwybyddiaeth o darddiadau hynafol a hanes cyffredin, a dynodi ardal a phoblogaeth drwy gasglu data a mapio ardaloedd. Fel y dengys yn ei gyfrol, defnyddiwyd a defnyddir y technegau hyn gan genhedloedd bach ac ymerodraethau fel ei gilydd hyd heddiw.

Adeiladwyd ar waith Anderson gan haneswyr a damcaniaethwyr blaenllaw yn fuan iawn, yn eu plith Miroslav Hroch ac Eric Hobsbawm (1917–2012), ond yn enwedig Anthony D. Smith (1939–2016) a grynhodd y maes yn 2000 yn *The nation in history: historiographical debates about ethnicity and nationalism*.[12] Erbyn hyn, mae nifer yr astudiaethau sydd wedi defnyddio'r cysyniad mor helaeth, gellir honni mai'r cysyniad o 'gymunedau'r dychymyg' yw conglfaen maes sydd hefyd wedi dylanwadu ar yr ymagweddau ôl-drefedigaethol a drafodir isod, a thrwy hynny ar y ffordd y darllenir hanes Cymru. O ddychwelyd at ddyfyniad Gwyn Alf Williams, hoffwn dynnu sylw at y ffaith fod y teimlad o fod yn 'gymrodyr' yn niffiniad Anderson yn bresennol yn y gair 'Cymro' a'i darddiad 'Combroges', gan ei fod yn golygu 'gŵr o'r un fro, cyd-wladwr'.[13] Defnyddiwyd yr ystyr hwn gan ddeallusion Cymreig Oes yr Ymoleuo a'r bedwaredd ganrif ar bymtheg pan aethant ati i ddychmygu'r genedl Gymreig o'r newydd, a galw'r cymdeithasau oedd yn gweithredu i'r amcan hwn yn 'Gymrodorion' a 'Chymreigyddion'.[14]

Hanes cymdeithasol newydd

Er bod haneswyr cymdeithasol wedi mabwysiadu rhai o gysyniadau a thechnegau hanes diwylliannol yn weddol gynnar, a haneswyr Marcsaidd megis E. P. Thompson (1924–93) a Gwyn Alf Williams yn archwilio *diwylliant* y dosbarth gweithiol a'r ffyrdd y datganent eu hymwybyddiaeth o berthyn i ddosbarth, glynent wrth y cysyniad o fodolaeth gwrthrychol dosbarthiadau ar sail eu perthynas â'r moddion cynhyrchu a symudiad hanes tuag at gomiwnyddiaeth drwy frwydr y dosbarthiadau (gweler pennod 5).[15] Yn sgil datblygu'r damcaniaethau ôl-strwythurol a'u defnyddio ym meysydd hanes rhywedd a hanes ôl-drefedigaethol (gweler isod), daeth hi'n fwyfwy anodd glynu wrth yr ymagwedd Farcsaidd glasurol hon.

Yn 1995, cyhoeddwyd 'The End of Social History?' gan Patrick Joyce, erthygl ddadleuol sydd erbyn hyn yn glasur.[16] Y mae rhai haneswyr yn hoffi gollwng y marc cwestiwn o'r teitl,[17] ond mae'r marc yn hanfodol, am mai gofyn i ystyried lle hanes cymdeithasol fel rhan o'r prosiect hanes ôl-fodern oedd Joyce, a hyn er mwyn cyrraedd at ddealltwriaeth 'hunan-ddadansoddol a haneseiddiedig' ('self-reflective and historicized') o hanes cymdeithasol.[18] Gan fabwysiadu'r cysyniadau o *episteme* a disgwrs, galwodd ar i haneswyr cymdeithasol symud y tu hwnt i ddosbarth i ymchwilio hanes 'power, and of the regimes of knowledge that have produced ways of knowing the world'.[19] Awgrymodd mai'r ffordd o gyflawni hyn byddai trwy haneseiddio categorïau megis 'rheswm', 'gwyddoniaeth' a 'dosbarth' yn eu cyd-destunau hanesyddol fel cynnyrch disgyrsiau yn hytrach na chategorïau byth-newidiol gwrthrychol. Yn ymarferol, golyga hyn ymchwilio'r prosesau o sefydlu categorïau megis 'cymdeithas' a 'dosbarth' mewn *episteme*, gan ddinoethi strwythurau pŵer drwy wneud hynny.[20] Gan bwysleisio ei fod yn seilio'r cysyniad o hanes cymdeithasol newydd ar Foucault, datganodd Joyce mai ei ffocws oedd 'the discourse and practices organized around conceptions of society ... the means by which different groups, individuals and institutions identify and organize themselves, and handle power',[21] yn hytrach na chymdeithasau a brwydrau dosbarthiadau. Cymhathwyd y dechneg o ddadadeiladu â disgyrsiau mudiadau'r dosbarth gweithiol Saesneg o fewn gwahanol epistemau gan haneswyr cymdeithasol megis Gareth Stedman Jones. Dangosodd hwnnw sut y dylanwadodd strwythurau disgyrsiau gwleidyddol blaenorol, a etifeddwyd gan fudiadau ac a ddatblygwyd ymhellach, ar ymwybyddiaeth dosbarth aelodau'r mudiadau dosbarth gweithiol, ac ar eu hamcanion.[22] Yng Nghymru, mae ysgrifennu'r hanes cymdeithasol newydd yn gysylltiedig â datblygiad hanes rhywedd.

Hanes Rhywedd

Gan fod hanes cymdeithasol Marcsaidd yn hegemonig yng Nghymru oddi ar y 1950au, a hanes menywod wedi datblygu yn rhan ohono oddi ar y 1970au (gweler pennod 6), nid yw'n syndod i hanes rhywedd yng Nghymru fod yn gysylltiedig â'r hanes cymdeithasol newydd. Yn 2004, cyhoeddwyd erthygl gan Paul O'Leary ar 'Masculine Histories: Gender and Social History in Wales', a archwiliodd hanesyddiaeth gymdeithasol Cymru o ongl ddiwylliannol, gan ddad-adeiladu disgwrs hegemonig haneswyr Cymreig ail hanner yr ugeinfed ganrif a ddeallai profiadau a hunaniaethau gwrywaidd megis 'the norm against which other identities are judged'.[23] Y cynsail i'w drosolwg oedd y cysyniad o **rywedd** (gweler pennod 1: 'O'r "Gwleidyddol" i'r "Cymdeithasol" i'r "Diwylliannol"'), sef ymateb hanes menywod i ôl-strwythuraeth a'r tro diwylliannol.

Y mae hanes rhywedd yn ymchwilio i gynrychiolaethau disgyrsiol o'r 'benywaidd' a'r 'gwrywaidd' fel categorïau a adeiladir mewn disgyrsiau, yn hytrach na chanolbwyntio ar gategorïau megis 'menyw' a 'dyn' fel endidau sydd â bodolaeth gwrthrychol iddynt. Dylanwadodd Foucault ar y maes hwn hefyd gyda chyfres arloesol ar hanes rhywioldeb yn niwylliannau gorllewin Ewrop a ymddangosodd rhwng 1976 a 2018, yn enwedig y gyfrol gyntaf, a ymddangosodd yn Saesneg o dan y teitl *The Will to Knowledge* yn 1978. Gan gymhathu ei theori ddisgyrsiol ynglŷn â rhyw, dadleuai mai drwy ymchwilio cynrychiolaethau'r gwahanol rywiau a'r berthynas rhyngddynt y darganfyddir y strwythurau pŵer a ddefnyddid gan ddynion Ewropeaidd croenwyn i ymylu menywod, a thrwyddynt garfannau cymdeithasol ac ethnig darostyngol (*subaltern*).

Yn hanesyddiaeth Prydain gwelir dechrau'r symudiad o hanes menywod i hanes rhywedd gydag ymddangosiad y llyfr *Family Fortunes. Men and Women of the Middle Class, 1780–1850* yn 1987, a amlygodd mor sylfaenol oedd rhywedd yn y broses o ffurfio dosbarth canol Lloegr drwy ddosbarthu menywod i'r **pau** (*sphere*) preifat a dynion i'r pau cyhoeddus. Drwy ddisgwrs y peuoedd gwahanol hyn, galluogwyd y garfan wrywaidd i arfer pŵer economaidd, cymdeithasol a gwleidyddol. Dangoswyd hefyd yn yr astudiaeth hon nad oedd hi'n bosib cyffredinoli ynglŷn â phrofiadau 'dosbarth' mewn unrhyw gyfnod hanesyddol, gan fod profiadau menywod a dynion yn syfrdanol wahanol.

> **Pau cyhoeddus a phau preifat** (*public sphere* a *private sphere*)
>
> Mae'r pau cyhoeddus yn ofod dinesig sydd yn cynnwys sefydliadau ac sydd yn amodol ar y gyfraith. Datblygwyd y cysyniad hwn gan yr ysgolhaig Almaenig Jürgen Habermas, sydd yn nodi fod y pau cyhoeddus yn meddiannu'r gofod rhwng y wladwriaeth ac actorion preifat, rhwng 'awdurdod cyhoeddus' ac awdurdod unigolion. Yn groes i'r pau cyhoeddus, mae'r pau preifat yn sector o fywyd sydd fel arfer yn cyfeirio at fywyd teuluol neu waith sydd yn troi o amgylch unigolion yn hytrach na sefydliadau. Nid yw'r gwahaniaeth rhwng y ddau wastad yn eglur, fodd bynnag.
>
> Peter Hohendahl a Patricia Russian, 'Jürgen Habermas: "The Public Sphere" (1964)', *New German Critique*, 3 (Hydref 1974), 45-8.

Ers hynny, y mae haneswyr rhywedd wedi ffocysu ar ddadansoddi sut yr adeiladir cysyniadau o bwy a beth sydd yn wrywaidd ac yn fenywaidd, yn eu plith sut yr addysgir plant i gyflawni rôl menyw neu ddyn yn y ffordd y cânt eu gwisgo a'r gemau y cânt eu chwarae, sut mae'r ddisgwrs o beth sydd yn ddisgwyliedig a chonfensiynol yn rheoli pa swyddi mae menywod a dynion yn cael eu cyflawni yn y gweithle, ym mywyd cyhoeddus ac yn y cartref; hyd at y ffordd y byddai ymddangosiad menyw neu ddyn yn cynrychioli ac yn arddangos statws cymdeithasol. Yn flaenllaw o ran datblygu'r ymagwedd hon oedd Joan Wallach Scott, a alwai rhywedd y 'primary way of signifying relationships of power'.[24] Er y feirniadaeth ar ei gwaith a arweiniodd hi at ddatblygu ei damcaniaethau ymhellach yn ddiweddar, saif ei chyfraniadau yn sail a ffocws i hanes rhywedd hyd heddiw.

Yn Nghymru, mae hanes rhywedd wedi arwain at gyhoeddi cyfrolau megis *Women and Gender in Early Modern Wales* (2000), ond hefyd at ddadansoddi disgyrsiau hanesyddol ar 'wrywoldeb' (*masculinity*) sy'n pwysleisio'r gallu i ennill cyflog a symud yn rhydd yn y pau cyhoeddus drwy fod yn aelod o glybiau a phleidiau, yn ogystal ag abledd a chryfder corfforol, gan haneswyr megis Ben Curtis a Steven Thompson.[25] Y mae'r ymagwedd hon wedi cael ei beirniadu am ei bod yn esgeuluso profiadau menywod

Ôl-strwythuraeth a'r Tro Diwylliannol

unwaith eto, ond yn fwyaf diweddar am ei bod yn astudio rhywedd megis disgwrs ddeuaidd (*binary*) sydd yn adeiladu cynrychiolaethau o'r gwrywaidd a'r benywaidd yn unig. Drwy drosgynnu'r deuoldeb hwn, agorwyd y ffordd i astudiaethau cyfun-, traws- ac amlrywiaethol yn ddiweddar, gan gymhathu **damcaniaeth Cadi** at ysgrifennu hanes. Gan ddefnyddio damcaniaeth Cadi, mae haneswyr diwylliannol yn dad-adeiladu disgyrsiau'r gorffennol a osododd heterorywioldeb yn normadol, gan ddiffinio rhywedd a rhywioldeb normadol ar sail rhyw fiolegol. Ymylwyd felly'r sawl nad oedd yn cyfateb i'r ddisgwrs hegemonig hon.[26] Cynnyrch sylweddol cyntaf ymchwil sy'n seiliedig ar ddamcaniaeth Cadi yw'r gyfrol *Queer Wales. The History, Culture and Politics of Queer Life in Wales* a gyhoeddwyd yn 2016. Amlygwyd ynddi am y tro cyntaf 'queer bodies and voices' yn hanes Cymru o'r ddeunawfed hyd at yr ugeinfed ganrif ar hugain.[27]

Gan fod haneswyr rhywedd yn allweddol i ddatblygiad ymagweddau a thechnegau ôl-drefedigaethol, hoffwn gynnig fel esiampl astudiaeth bwerus ar rywedd, hiliaeth a threfedigaethu sydd yn dad-adeiladu'r ddisgwrs Ewropeaidd wrywaidd a fraenarodd y tir ar gyfer caethiwo cannoedd ar filoedd o Affricaniaid, gan eu diosg o'r label 'menyw' a 'dyn' a'r hawliau sylfaenol sydd ynghlwm wrth hynny. Dengys '"Some Could Suckle Over Their

---

Damcaniaeth Cadi (*Queer Theory*)

Daeth y ddamcaniaeth hon i'r amlwg mewn astudiaethau ôl-strwythurol yn y 1990au. I raddau, mae'r ddamcaniaeth yn herio'r syniad fod gan ddynion a menywod nodweddion hanfodol. Dadleua damcaniaethwyr Cadi nad ydy'r corff dynol o reidrwydd yn un gwrywaidd neu fenywaidd; bod rhyw a rhywedd yn ddau beth gwahanol. Gweler gweithiau Judith Butler, er enghraifft, sy'n amlinellu'r cysyniad o 'berfformio' (*performance* a *performativity*) lle mae'r corff yn dod yn system ddynodi (*signifying system*) o fewn sefyllfaoedd cymdeithasol. Mae anwadalwch rhywedd yr unigolyn, a oleuir gan ddamcaniaeth Cadi, yn cwestiynu adeiladwaith cymdeithasol goddrychau rhywioledig â rhywedd penodol.

Shoulder": Male Travelers, Female Bodies, and the Gendering of Racial Ideology, 1500–1700', a gyhoeddwyd yn 1997, sut y defnyddiodd teithwyr gwrywaidd Ewropeaidd ddisgyrsiau modern cynnar am fenywod 'annormal' megis gwrachod, yn ogystal â disgyrsiau am anifeiliaid fferm, i israddio menywod Affricanaidd, gan wadu eu bod yn 'fenywod' am nad oeddent yn cydweddu â'r fenyw Ewropeaidd normadol. Darluniwyd hwy megis anifeiliaid benywaidd yn y ddisgwrs hon, gan ddefnyddio hyn yn ei dro i gyfiawnhau caethiwo menywod a dynion o dras Affricanaidd, gan fod menywod Affricanaidd yn sefyll dros garfan gyfan nad oedd â hawliau dynol. Fel y gwelir yng ngweddill y bennod, mae technegau hanes rhywedd wedi profi yn ddefnyddiol ar draws ymagweddau ôl-drefedigaethol.

Hanes ôl-drefedigaethol

Un o nodweddion yr oes ôl-fodernaidd yw ei bod yn ôl-drefedigaethol, gan fod ymdrechion mudiadau annibyniaeth trefedigaethau'r pwerau Ewropeaidd, yn enwedig rhai Ffrainc, Prydain Fawr a Sbaen, wedi arwain at sefydlu gwladwriaethau yn llawer o'r cyn-drefedigaethau, megis India (1947), Moroco (1956) ac Algeria (1962). Yn sgil y dad-drefedigaethu sefydliadol a gwleidyddol dechreuwyd gwrthod naratifau a chysyniadau hegemonig y trefedigaethau Ewropeaidd, gan gynnwys eu disgwrs ar foderneiddio, y Chwyldro Diwydiannol, yr Ymoleuo, a ffurfiant cenhedloedd ac ymerodraethau. Yn eu lle datblygwyd ymagweddau at hanes â'u ffocws ar brofiadau, fframweithiau o wybodaeth, crefyddau, cysyniadau a thiriogaethau'r cyn-drefedigaethau. Dechreubwynt yr hanes ôl-drefedigaethol hwn oedd cyfuno cysyniad y Marcsydd Antonio Gramsci (1891–1937) o garfannau 'darostyngol' (*subaltern*) ag ymagweddau hanes o'r gwaelod gan gylch o haneswyr yn India i greu astudiaethau'r darostyngol (*subaltern studies*). Yn wahanol i Farcsiaeth glasurol a hanes cymdeithasol, estynnwyd y maes gorchwyl y tu hwnt i'r dosbarth gweithiol i garfannau darostyngol o ran hil, oedran neu rywedd, a'u brwydrau yn erbyn yr elît.[28]

Ôl-strwythuraeth a'r Tro Diwylliannol

Prif ffocws yr ymagweddau ôl-drefedigaethol ôl-strwythurol a ddilynir isod yw'r gwladwriaethau newydd ôl-drefedigaethol a sefydlwyd gan y brodorion, ond mae hanes ôl-drefedigaethol hefyd wedi datblygu'n ymagwedd bwysig mewn gwledydd megis yr Ariannin, Awstralia a'r Unol Daleithiau, sef cyn-drefedigaethau â'u pŵer yn nwylo'r concwerwyr Ewropeaidd hyd heddiw. Y mae'r ymagwedd ôl-drefedigaethol hefyd wedi datblygu yn rhan gynyddol bwysig o ysgrifennu hanes cenhedloedd di-wladwriaeth Ewrop, Cymru yn eu plith. Yn 1978, cyhoeddwyd cyfrol gan Michael Hechter a ddadansoddodd hanes y gwledydd Celtaidd yn nhermau trefedigaethol, gan gymhwyso'r cysyniad o drefedigaeth fewnol (*internal colony*) i sefyllfa'r Cymry, y Gwyddelod a'r Albanwyr.[29] Ers hynny, mae'r cysyniad o drefedigaeth fewnol wedi cael ei ddefnyddio droeon wrth archwilio hanes Cymru. Ceir deongliadau syfrdanol wahanol o Gymru fel endid ôl-drefedigaethol (gan Chris Williams) ac fel un sy'n dal i arddangos nodweddion trefedigaeth (gan Richard Wyn Jones) yn y gyfrol arloesol *Postcolonial Wales* a gyhoeddwyd yn 2005.[30] Yn 2019, gofynnodd Martin Johnes ai '*England's Colony?*' oedd Cymru mewn cyfrol boblogaidd, tra datganodd teitl cyfrol o ysgrifau'r gwleidydd blaenllaw Adam Price yn ddiamwys yn 2018, mai Cymru oedd '*England's First Colony*'.[31] Mae hi'n glir, felly, fod yr ymagwedd ôl-drefedigaethol at hanes yn berthnasol iawn i haneswyr Cymreig.

Edward Said a 'dwyreinioldeb'

Yn ddi-gwestiwn, cyfrol ddylanwadol Edward Said, *Orientalism* a gyhoeddwyd yn 1978 yw sail ac esboniad helaethaf y cysyniad o ddwyreinioldeb a ddefnyddir gan haneswyr diwylliannol i ddad-adeiladu'r disgyrsiau hegemonig trefedigaethol Ewropeaidd a ddiffiniodd boblogaethau gogledd Affrica ac Asia mewn ffordd a fyddai'n cyfiawnhau eu caethiwo a'u trefedigaethu. Ar sail system o wybodaeth am yr ardaloedd pellennig hyn a gynhyrchasid gan ysgolheigion Ewropeaidd oleuedig, adeiladwyd disgwrs y daethpwyd i'w hadnabod fel dwyreinioldeb, sef:

the corporate institution for dealing with the Orient – dealing with it by making statements about it, authorizing views of it, describing it, by teaching it, settling it, ruling over it ... a Western style for dominating, restructuring, and having authority over the Orient ... the whole of India and the Levant, the Biblical texts and the Biblical lands, the spice trade, colonial armies and a long tradition of colonial administrators, a formidable scholarly corpus, innumerable Oriental 'experts' and 'hands', an Oriental professorate, [and] a complex array of 'Oriental' ideas (Oriental despotism, Oriental splendor, cruelty, sensuality).[32]

Yn y bôn, dynodir gan ddwyreinioldeb ddisgwrs hegemonig pŵerau mawr Gorllewin Ewrop dros bob agwedd ar fywyd – crefydd, gwareiddiad, diwylliant, ieithoedd a ffurfiau gwleidyddol – y rhai di-Ewropeaidd, gan greu ymdeimlad o undod a rhagoriaeth Ewrop fel cymuned ddychmygol yn ystyr Benedict Anderson. Yn ôl y ddisgwrs hegemonig hon mae Ewrop yn fodern, democrataidd, rhesymol a gwrywaidd, tra bo diwylliannau'r tu allan i'r gymuned ddychmygol hon yn 'ddwyreiniol', hynny yw, yn hynafol, unbenaethol, yn gelfyddydol ac yn fenywaidd, ac yn gweithredu ar sail teimlad a chyfrwystra yn hytrach na'r ymarferol a rheswm. Dad-adeiladwyd y ddisgwrs hon yn *Orientalism*, gan ddangos sut y'i defnyddiwyd i gyfiawnhau trefedigaethu rhannau helaeth o'r byd. Ers hynny, mae llu o astudiaethau wedi cymhwyso'r cysyniad i bobloedd a charfannau cymdeithasol ledled y byd, gan gynnwys Cymru.

Os deëllir Cymru megis trefedigaeth fewnol, gellir defnyddio'r cysyniad o ddwyreinioldeb i archwilio disgwrs hegemonig y wladwriaeth Brydeinig a ddyfarnodd bod y 'Sais' (*Saxon*) yn fodern, rhesymegol, ymarferol a gwrywaidd ei feddwl, tra bo'r 'Celt' â'i ddoniau ym myd y celfyddydau a'i hanes derwyddol hynafol, heb y gallu i lwyr-ddeall y byd modern nac i reoli gwladwriaeth neu ymerodraeth. Dengys testunau megis darlithoedd dylanwadol y deallusyn Saesneg Matthew Arnold (1822–88) y ddisgwrs hon yn glir. Soniodd am y Celtiaid megis:

> sentimental; if the Celtic nature is to be characterised by a single term ... quick to feel impressions and feeling them very strongly; a lively personality therefore, keenly sensitive to joy and sorrow; this is the main point ... a firm conception of the facts of human life ... the Celt has not patience for.[33]

Ôl-strwythuraeth a'r Tro Diwyllianol

Gweithredwyd y broses o drefedigaethu dosbarth gweithiol Cymru drwy eu dwyreinioli hefyd mewn testunau llywodraethol 'gwrthrychol', megis adroddiad 1847 ar *'the Means afforded to the Labouring Classes of Acquiring a Knowledge of the English Language'*, a adnabyddir hyd heddiw fel 'Brad y Llyfrau Gleision'. Dad-adeiladwyd disgwrs yr adroddiad o safbwynt hanesydd ôl-drefedigaethol yn feistrolgar gan Gwyneth Tyson Roberts yn ei chyfrol *The Language of the Blue Books: Wales and Colonial Prejudice*.[34]

Homi Bhabha a'r 'trydydd gofod

Nid yw dad-adeiladu disgyrsiau dwyreiniol hanesyddol wedi colli ei bwysigrwydd, ond mae haneswyr ôl-drefedigaethol diweddar, fel yr haneswyr rhywedd, wedi symud tuag at ymagwedd sydd yn hepgor cyferbynnu deuaidd (*binary*), gan ganolbwyntio yn hytrach ar effaith trefedigaethu ar y diwylliannau a drefedigaethwyd ac ar ddiwylliannau'r trefedigaethwyr fel ei gilydd. Gosodwyd seiliau'r ymagwedd hon gan Homi K. Bhabha yn ei *Location of Culture*, astudiaeth sy'n ymdrin ag India, ac a gyhoeddwyd yn wreiddiol yn 1994.[35] Y mae ymagwedd Bhabha yn trosgynnu pegynnau diwylliannol y trefedigaethwyr a'r trefedigaethedig, gan awgrymu archwilio **hybridedd** (*hybridity*) diwylliannau'r trydydd gofod

---

Cyswllt rhyng-ddiwylliannol (*hybridity*)

Term dadleuol a ddefnyddir mewn damcaniaeth ôl-drefedigaethol sydd yn cyfeirio at ffurfiau rhyng-ddiwylliannol a gynhyrchir gan wladychiad (*colonisation*). Ceir un diffiniad o gyswllt rhyng-ddiwylliannol fel:

'In its most recent descriptive and realist usage, hybridity appears as a convenient category at "the edge" or contact point of diaspora, describing cultural mixture where the diasporized meets the host in the scene of migration.'

John Hutnyk,'Hybridity', *Ethnic and Racial Studies*, 28/1 (Ionawr 2005), 79–102, t. 79.

(*third space*). Yn ôl yr ymagwedd hon at hanes, disodlir awdurdod gofod cyntaf y diwylliant brodorol, a hefyd ail ofod y diwylliant trefedigaethol fel ei gilydd drwy greu trydydd gofod rhyngddiwylliannol, sef diwylliant hybrid (neu groesryw) sydd yn cael ei ailddiffinio yn barhaus (fel cymunedau'r dychymyg Anderson).[36] Digwydd hyn drwy gyfathrebu â'r ddau diwylliant ffynhonnell drwy dechnegau megis efelychu'r trefedigaethwyr (*mimicry*), atgyfnerthu ystrydebau (*stereotypes*) neu'u chwalu nhw, gan greu gwahaniaeth (*difference*) i'r ddau ddiwylliant arall.[37] Ym marn Bhabha, arweinia hyn at amwysedd (*ambiguity*), sef:

> an *inter*national culture, based not on the exoticism of multiculturalism or the *diversity* of cultures, but on the inscription and articulation of a culture's *hybridity*. It is the *inbetween* space that carries the burden of the meaning of culture, and by exploring this Third Space, we may elude the politics of polarity and emerge as the others of our selves.[38]

Er bod Bhabha wedi cael ei feirniadu'n hallt am gymhlethdod ei ddamcaniaeth ac arddull anodd ei ysgrifau, erys y cysyniadau o hybridedd a'r trydydd gofod yn ddefnyddiol i garfannau a chenhedloedd darostyngol sydd am wrthsefyll a herio'r naratifau hanesyddol trefedigaethol, a dadansoddi eu diwylliannau mewn ffordd sy'n fwy ystyrlon iddynt hwy eu hunain. Dangosodd Paul Gilroy, er enghraifft, fod diwylliannau cyfandiroedd America yn 'rhyng-ddiwylliannol a thrawsgenedlaethol',[39] o ganlyniad i ymdoddi diwylliannau'r Affricaniaid a gludwyd yno fel caethweision o fewn diwylliannau'r pwerau ymerodrol megis Ffrainc, Prydain Fawr a Sbaen. Crëwyd ac ail-greir yn barhaus, ieithoedd a diwylliannau hybrid neu groesryw (neu Creole) sydd â'u hanes unigryw eu hunain.

Y mae nodweddion megis 'ambivalence, hybridity, and postnationality' wedi profi yn fannau cychwyn holl-addas i astudiaethau ar hanes Cymru ac ar y Gymru gyfoes, fel y pwysleisiodd Chris Williams yn y rhagymadrodd i *Postcolonial Wales*,[40] hynny am fod y profiad Cymreig yn un croesryw ers o leiaf Deddfau Uno Cymru â Lloegr a basiwyd yn 1536 a 1542. Yn wir, gellir olrhain hybridedd diwylliannol yng Nghymru i'r Oesoedd Canol, fel y dangosodd Sioned Davies yn rhagair ei chyfieithiad Saesneg newydd o'r *Mabinogion*. Dehonglodd yno rai o'r chwedlau Arthuraidd fel testunau hybrid, sy'n preswylio yn y trydydd gofod rhwng diwylliant y Cymry brodorol darostyngol a diwylliant y concwerwyr Normanaidd.[41] Defnyddir cysyniadau megis hybridedd yn eang erbyn hyn i archwilio hanes llenyddiaeth Saesneg Cymru gan ysgolheigion megis M. Wynn Thomas a Kirsti Bohata.[42]

Casgliadau

Bellach, mae trafodaethau ffyrnig y 1980au a'r 1990au dros fodolaeth a swyddogaeth hanes mewn oes ôl-fodern wedi esgor ar y ddealltwriaeth ei bod hi yn bosib darllen disgyrsiau'r gorffennol, os nad y gorffennol ei hun, a bod gwerth i ymagweddau ôl-strwythurol, diwylliannol i'r hanes cymdeithasol newydd, i hanes rhywedd ac i hanes ôl-drefedigaethol gyda'u cysyniadau o ddwyreinioldeb, cyswllt rhyng-ddiwylliannol, a chymunedau'r dychymyg. Fel haneswyr yr unfed ganrif ar hugain, ni fedrwn honni bellach ein bod yn ysgrifennu hanes gwrthrychol nac yn creu dadansoddiad 'cywir' o olion bywydau unigolion, carfannau a phobloedd, neu o ardaloedd, cenhedloedd, gwladwriaethau ac ymerodraethau'r gorffennol. Y mae pob ymchwiliad hanes yn ddarlleniad o ddisgyrsiau'r gorffennol, un o blith llawer, ac yn ddarlleniad a seilir ar swm y disgyrsiau a fu ar y pwnc eisoes yn ogystal ag ar ein cefndir personol a'n gogwydd. Rhaid amlygu'n hymagweddau, fel y gwnaeth Peter Frankopan yn rhagymadrodd ei gyfrol *The Silk Roads. A New History of the World*, cyfrol ddylanwadol sydd yn ymylu Ewrop gan fabwysiadu Asia fel canolbwynt hanes y byd:

> As a child, one of my most prize possessions was a large map of the world. It was pinned on the wall by my bed and I would stare at it every night before I went to sleep. ... By the time I was a teenager I had become uneasy about the relentlessly narrow geographical focus of my classes at school, which concentrated solely on Western Europe and the United States, and left most of the rest of the world untouched.

We had been taught about the Romans in Britain; the Norman Conquest of 1066; Henry VIII and the Tudors; the American War of Independence; Victorian Industrialisation; the battle of the Somme; and the rise and fall of Nazi Germany. I would look up at my map and see huge regions of the world that had been passed over in silence.[43]

Dyletswydd haneswyr Cymru yw sicrhau nad ydy hanes yr ardaloedd, y diwylliannau, y gwledydd a'r carfannau yn cael ei golli eto. Mae hynny'n cynnwys Cymru, sydd yn cael ei chreu a'i hailgreu ym mhob genhedlaeth.

Llyfryddiaeth

Aaron, Jane a Chris Williams (goln), *Postcolonial Wales* (Caerdydd: Gwasg Prifysgol Cymru, 2005).

Anderson, Benedict, *Imagined Communities. Reflections on the Origin and Spread of Nationalism. Second Revised Edition* (Llundain, 2006) https://is.muni.cz/el/1423/jaro2016/SOC757/um/61816961/Benedict_Anderson_Imagined_Communities.pdf.

Arnold, Matthew, *On the Study of Celtic Literature* (Llundain: Smith Elder & Co., 1867).

Bevir, Mark, 'Objectivity in History', *History and Theory, 33/3* (Hydref 1994), 328–44.

Bhabha, Homi K., *The Location of Culture*, 2il arg. (Llundain: Routledge, 2004).

Bohata, Kirsti, 'Beyond Authenticity? Hybridity and Assimilation in Welsh Writing in English', yn Tony Brown a J. R. Stephens (goln), *Nations and Relations: Writing Across the British Isles* (Caerdydd: New Welsh Review, 2000), tt. 89–121.

Butler, Judith, *Gender Trouble: Feminism and the Subversion of Identity* (Efrog Newydd: Routledge, 1990).

Butler, Judith, *Bodies That Matter: On the Discursive Limits of 'Sex'* (Abingdon: Routledge, 1993).

Clendinnen, Inga, 'Yucatec Maya Women and the Spanish Conquest: Role and Ritual in Historical Reconstruction', yn Anna Green a Kathleen Troup, *The Houses of History. A Critical Reader in*

History and Theory, 2il arg. (Manceinion: Manchester University Press, 2016), tt. 210–32.

Coward, Adam, 'Exiled Trojans or the Sons of Gomer. Wales's Origins in the Long Eighteenth Century', yn Lotte Jensen (gol.), *The Roots of Nationalism. National Identity Formation in Early Modern Europe, 1600–1815* (Amsterdam: Amsterdam University Press, 2016), tt. 167–84.

Davidoff, Leonore a Catherine Hall, *Family Fortunes. Men and Women of the Middle Class, 1780–1850* (Chicago: University of Chicago Press, 1987).

Davies, Sioned, *The Mabinogion* (Rhydychen: Oxford University Press, 2008).

Evans, Richard, *In Defense of History* (Llundain: Granta, 1997).

Michel Foucault, *Language, Counter-Memory, Practice, Selected Essays and Interviews*, gol. Donald F. Bouchard, cyf. Donald F. Bouchard a Sherry Simon (Ithaca: Cornell University Press, 1977).

Frankopan, Peter, *The Silk Roads. A New History of the World* (Llundain: Bloomsbury, 2015).

Geiriadur Prifysgol Cymru, *http://geiriadur.ac.uk/gpc/gpc.html*.

Gilroy, Paul, *The Black Atlantic. Modernity and Double Consciousness* (Llundain: Verso, 1993).

Green, Anna a Kathleen Troup, *The Houses of History. A Critical Reader in History and Theory* (Manceinion: Manchester University Press, 2016).

Hechter, Michael, *Internal Colonialism. The Celtic Fringe in British National Development*, arg. newydd (New Brunswick: Transaction Publishers, 1999).

Hohendahl, Peter a Patricia Russian, 'Jürgen Habermas: "The Public Sphere" (1964)', *New German Critique*, 3 (Hydref 1974), 45–8.

Hutnyk, John, 'Hybridity', *Ethnic and Racial Studies*, 28/1 (Ionawr 2005), 79–102.

Johnes, Martin, *Wales: England's Colony? The Conquest, Assimilation and Recreation of Wales* (Aberteifi: Parthian Books, 2019).

Jones, Gareth Stedman, *Languages of Class. Studies in English Working-Class History, 1832–1982* (Caergrawnt: Cambridge University Press, 1982).

Joyce, Patrick, 'Narratives of Class', yn idem (gol.), *Class* (Rhydychen, 1995), tt. 322–3.

Joyce, Patrick, 'The End of Social History?', *Social History*, 20 (1995), 73–91.

Löffler, Marion, 'A Century of Change. The Eisteddfod and Welsh Cultural Nationalism', yn Krisztina Lajosi ac Andreas Stynen (goln), *The Matica and Beyond: Cultural Associations and Nationalism in Europe* (Brill: Leiden/Boston, 2020), tt. 233–54.

Loughran, Tracy L., 'Chapter: 17 Cultural History', yn Stefan Berger, Heiko Feldner a Kevin Passmore (goln), *Writing History: Theory and Practice*, 3ydd arg. (Llundain: Bloomsbury, 2020), tt. 359–81.

Morgan, Jennifer L., '"Some Could Suckle Over Their Shoulder": Male Travelers, Female Bodies, and the Gendering of Racial Ideology, 1500–1700', *The William and Mary Quarterly*, 54/1 (1997), 167–92.

O'Leary, Paul, 'Masculine Histories: Gender and the Social History of Modern Wales', *Cylchgrawn Hanes Cymru Welsh History Review*, 22/2 (2004), 252–77.

Osborne, Huw, *Queer Wales. The History, Culture and Politics of Queer Life in Wales* (Caerdydd: Gwasg Prifysgol Cymru, 2016).

Price, Adam, *Wales: England's first Colony* (Talybont: Y Lolfa, 2019).

Roberts, Michael, 'Postmodernism and the Linguistic Turn', yn Peter Lambert a Phillip Schofield (goln), *Making History: An Introduction to the History and Practices of a Discipline* (Llundain ac Efrog Newydd: Routledge, 2004), tt. 227–40.

Said, Edward, *Orientalism* (Llundain, 2003).

Scott, Joan Wallace, *Gender and the Politics of History* (Efrog Newydd: Columbia University Press, 1987).

Smith, Anthony D., *The Nation in History: Historiographical Debates about Ethnicity and Nationalism* (Caergrawnt: Polity Press, 2000).

Tyson Roberts, Gwyneth, *The Language of the Blue Books: Wales and Colonial Prejudice* (Caerdydd: Gwasg Prifysgol Cymru, 2011).

Theori Cadi, Porth Coleg Cymraeg Cenedlaethol, https://wici.porth.ac.uk/index.php/Theori_Cadi.

Thomas, M. Wynn, 'Hidden Attachments, yn M. Wynn Thomas (gol.), *Corresponding Cultures: The Two Literatures of Wales* (Caerdydd: Gwasg Prifysgol Cymru, 1993), tt. 45–74.

Thompson, Steven a Ben Curtis, 'Disability and Industrial Society: A Comparative Cultural History of British Coalfields 1780–1948', http://www.dis-ind-soc.org.uk/en/publications.htm.

Williams, Gwyn A., *When was Wales?* (Llundain: Penguin Books, 1985).

Darllen pellach

Aaron, Jane, 'Finding a voice in two tongues: gender and colonization', yn Jane Aaron et al. (goln), *Our Sisters' Land: The Changing Idea of Women in Wales* (Caerdydd: Gwasg Prifysgol Cymru, 1994), tt. 183–98.

Caplan, Jane, 'Postmodernism, Poststructuralism, and Deconstruction: Notes for Historians', *Central European History*, 22 (1989), 262–78.

Haggerty, George a Molly McGarry (goln), *A Companion to Lesbian, Gay, Bisexual, Transgender, and Queer Studies* (Malden, MA: Blackwell, 2007).

Jenkins, Keith, *The Postmodern History Reader* (Llundain: Routledge, 1997).

Said, Edward, 'Orientalism once more', *Development and Change*, 35/5 (2004), 869–79.

Scott, Joan, 'Gender. A Useful Historical Category', *The American Historical Review*, 91/5 (1996), 1053–95.

Weeks, Jeffrey, 'Foucault for Historians', *History Workshop Journal*, 14 (1982), 106–19.

Williams, Patrick a Laura Chrisman (goln), *Colonial Discourse and Post-Colonial Theory. A Reader* (Efrog Newydd, 1993).

Nodiadau

[1] Michael Roberts, 'Postmodernism and the Linguistic Turn', yn Peter Lambert and Phillip Schofield (goln), *Making History: An Introduction to the History and Practices of a Discipline* (Llundain ac Efrog Newydd: Routledge, 2004), tt. 227–40.

[2] Richard Evans, *In Defense of History* (Llundain: Granta, 1997); Anna Green a Kathleen Troup, 'The Challenge of Poststructuralism', yn

eaedem, *The Houses of History. A Critical Reader in History and Theory*, 2il arg. (Manceinion: Manchester University Press, 2016), tt. 294–5.
3 Michel Foucault, 'Intellectuals and Power', yn Donald F. Bouchard a Sherry Simon (goln), *Language, Counter-Memory, Practice. Selected Essays and Interviews* (Cornell: Cornell University Press, 1977), tt. 209–10.
4 Tracy L. Loughran, 'Chapter 17: Cultural History', yn Stefan Berger, Heiko Feldner and Kevin Passmore (goln), *Writing History: Theory and Practice*, 3ydd arg. (Llundain: Bloomsbury, 2020), tt. 359–81.
5 Am enghraifft o 'ddarllen yn groes i gyfeiriad y graen', gweler Inga Clendinnen, 'Yucatec Maya Women and the Spanish Conquest: Role and Ritual in Historical Reconstruction', yn Green a Troup, *Houses of History*, tt. 210–32.
6 Green a Troup, 'The Challenge of Poststructuralism', yn eaedem, *Houses of History*, tt. 290–3.
7 Gwyn A. Williams, *When was Wales?* (Llundain: Penguin, 1985), t. 305.
8 Williams, *When was Wales?*, t. 303.
9 Benedict Anderson, *Imagined Communities. Reflections on the Origin and Spread of Nationalism*, arg. newydd (Llundain ac Efrog Newydd: Verso, 2016), t. 4.
10 Anderson, *Imagined Communities*, t. 6.
11 Anderson, *Imagined Communities*, tt. 6–7.
12 Anthony D. Smith, *The Nation in History: Historiographical Debates about Ethnicity and Nationalism* (Caergrawnt: Polity Press, 2000).
13 'Cymro', yn Geiriadur Prifysgol Cymru, *http://geiriadur.ac.uk/gpc/gpc.html*.
14 Am esiampl gweler, Adam Coward, 'Exiled Trojans or the Sons of Gomer. Wales's Origins in the Long Eighteenth Century', yn Lotte Jensen (gol.), *The Roots of Nationalism. National Identity Formation in Early Modern Europe, 1600–1815* (Amsterdam: Amsterdam University Press, 2016), tt. 167–84; Marion Löffler, 'A Century of Change. The Eisteddfod and Welsh Cultural Nationalism', yn Krisztina Lajosi ac Andreas Stynen (goln), *The Matica and Beyond: Cultural Associations and Nationalism in Europe* (Leiden; Boston: Brill, 2020), tt. 233–54.
15 Green a Troup, 'Marxist Historians', yn eaedem, *Houses of History*, tt. 53–4.
16 Patrick Joyce, 'The End of Social History?', *Social History*, 20 (1995), 73–91.
17 Kevin Passmore, 'Poststructuralism and History', yn Stefan Berger, Heiko Feldner a Kevin Passmore (goln), *Writing History. Theory and Practice*, 2il arg. (Llundain: Bloomsbury, 2010), t. 145, n. 13.
18 Joyce, 'The End of Social History?', t. 74.
19 Joyce, 'The End of Social History?', t. 74.
20 Joyce, 'The End of Social History?', tt. 82–3.

21. Joyce, 'The End of Social History?', t. 86.
22. Gareth Stedman Jones, *Languages of Class. Studies in English Working-Class History, 1832–1982* (Caergrawnt: Cambridge University Press, 1982), t. 101.
23. Paul O'Leary, 'Masculine Histories: Gender and Social History in Wales', *Cylchgrawn Hanes Cymru*, 22/2 (2004), 255.
24. Joan Wallace Scott, *Gender and the Politics of History* (Efrog Newydd: Columbia University Press, 1987), t. 48.
25. Gweler cyhoeddiadau Steven Thompson a Ben Curtis o ganlyniad i'r prosiect 'Disability and Industrial Society: A Comparative Cultural History of British Coalfields 1780–1948', http://www.dis-ind-soc.org.uk/en/publications.htm.
26. 'Theori Cadi', https://wici.porth.ac.uk/index.php/Theori_Cadi.
27. Huw Osborne, 'Introduction', yn idem (gol.), *Queer Wales. The History, Culture and Politics of Queer Life in Wales* (Caerdydd: Gwasg Prifysgol Cymru, 2016), t. 3.
28. Mae'r ymagwedd hon y tu hwnt i'r bennod, ond gweler, Green a Troup, 'Postcolonialism', yn eaedem, *Houses of History*, tt. 320–32.
29. Michael Hechter, *Internal Colonialism. The Celtic Fringe in British National Development*, arg. newydd (New Brunswick: Transaction Publishers, 1999).
30. Jane Aaron a Chris Williams (goln), *Postcolonial Wales* (Caerdydd: Gwasg Prifysgol Cymru, 2005).
31. Martin Johnes, *Wales: England's Colony? The Conquest, Assimilation and Recreation of Wales* (Aberteifi: Parthian Books, 2019); Adam Price, *Wales: The First and Final Colony* (Talybont: Y Lolfa, 2018).
32. Edward Said, *Orientalism, Reprinted with a new Preface* (Llundain: Penguin, 2003), tt. 3–4.
33. Matthew Arnold, *On the Study of Celtic Literature* (Llundain: Smith Elder & Co., 1867), tt. 103–4.
34. Gwyneth Tyson Roberts, *The Language of the Blue Books: Wales and Colonial Prejudice* (Caerdydd: Gwasg Prifysgol Cymru, 2011).
35. Homi K. Bhabha, *The Location of Culture*, 2il arg. (Llundain: Routledge, 2004), t. 53.
36. Bhabha, *The Location of Culture*, t. 169.
37. Bhabha, *The Location of Culture*, t. 107.
38. Bhabha, *The Location of Culture*, t. 56.
39. Paul Gilroy, *The Black Atlantic. Modernity and Double Consciousness* (Llundain: Verso, 1993), tt. ix, xi.
40. Chris Williams, 'Problematizing Wales: An Exploration in Historiography and Postcoloniality', yn Aaron a Williams, *Postcolonial Wales*, tt. 12–13.

[41] Sioned Davies, *The Mabinogion* (Rhydychen: Oxford University Press, 2008).
[42] M. Wynn Thomas, 'Hidden Attachments', yn M. Wynn Thomas (gol.), *Corresponding Cultures: The Two Literatures of Wales* (Caerdydd: Gwasg Prifysgol Cymru, 1999), tt. 45–74; Kirsti Bohata, 'Beyond Authenticity? Hybridity and Assimilation in Welsh Writing in English', yn Tony Brown a J. R. Stephens (goln), *Nations and Relations: Writing Across the British Isles* (Caerdydd: New Welsh Review, 2000), tt. 89–121.
[43] Peter Frankopan, *The Silk Roads. A New History of the World* (Llundain, Bloomsbury, 2015), t. xv.

Epilog:
Dyfodol Hanes

Meilyr Powel

Gan ddychwelyd at gwestiwn cynnar y gyfrol hon, a fynegwyd yn wreiddiol gan E. H. Carr, gallwn bellach gynnig sawl ateb i'r ymholiad, 'beth yw hanes?'. Ar ei lefel symlaf, ie, y gorffennol dynol sydd o dan ystyriaeth. Ond dim ond nodi'r amlwg mae'r ateb hwn yn ei wneud. Drwy gyflwyno'r gorffennol dynol, mae haneswyr dros y canrifoedd wedi datblygu technegau di-ri, benthyg damcaniaethau oddi wrth ddisgyblaethau gwahanol, ac ehangu'r ffynonellau a thestunau o dan sylw. Bellach nid papurau diplomyddol a gweithredoedd y dynion mawr yw prif ffocws yr hanesydd. Fe welwch o'r penodau blaenorol gyflwr rhanedig y maes wrth i'r tro diwylliannol agor y drws i haneswyr astudio amrywiaeth eang o destunau fel ffenomenau hanesyddol. Yn wir, gall testunau hanesyddol heddiw fod yn dra gwahanol i destunau hanesydd y bedwaredd ganrif ar bymtheg, a chynnwys hanesion llafar, anthropolegol, amgylcheddol, a hollfydol fel enghreifftiau o dechnegau a gogwyddau mwy modern fyddai wedi ymddangos yn estron i Leopold von Ranke a'i gyfoedion gant a hanner o flynyddoedd yn ôl.

Serch hyn, mae rhai o'r strwythurau a fyddai'n gyfarwydd i von Ranke yn cael eu defnyddio o hyd, ond heb gael eu hystyried yr un mor ddi-gwestiwn ag o'r blaen. Mae haneswyr yn gwahaniaethu rhwng yr 'Oesoedd Canol', y 'Cyfnod Modern Cynnar' a'r 'Cyfnod Modern', ond gan gadw mewn cof nad oes ffin bendant rhyngddynt, ac mai mater o safbwynt goddrychol yw pryd mae un cyfnod yn dod i ben a'r nesaf yn cychwyn. Mae canfyddiadau poblogaidd o'r 1960au 'chwyldroadol' yn enghraifft dda o sut mae cyfnod hanesyddol yn cael ei roi i mewn i flwch taclus degawd. Ond os ydym am astudio'r newidiadau chwyldroadol gwleidyddol, cymdeithasol, a diwylliannol hyn yn feirniadol fel haneswyr, yna gellid ymestyn y '1960au' i ystyried y newidiadau – megis cerddoriaeth roc a rôl ac ymgyrchoedd hawliau sifil – oedd yn digwydd yn y 1950au a'r gwaddol a barodd i'r 1970au wrth i grwpiau gwrthddiwylliannol[1] ddylanwadu'r byd ffasiwn, cerddorol a gwleidyddol, a grwpiau terfysg fel Carfan y Fyddin Goch (*Red Army Faction*) a'r Brigate Rosse ddod i'r amlwg yn Ewrop yn sgil tonnau Marcsaidd chwyldroadol a gafodd eu hegnïo yn y 1960au. Mae penderfynu ar ddechrau a diwedd cyfnodau hanesyddol yn broses goddrychol iawn ac yn aml yn dibynnu ar y cwestiynau ymchwil sydd gan yr hanesydd.

Fel y dangoswyd eisoes, gwelir sawl hanesydd yn defnyddio damcaniaethau o feysydd eraill, megis anthropoleg, seicoleg, a beirniadaeth lenyddol i ymgymryd ag astudiaeth hanesyddol. Nid yw hynny'n golygu nad oes lle bellach i hanesion cenedlaethol neu hanesion economaidd a Marcsaidd; i'r gwrthwyneb. Wedi'r cyfan, y fframwaith cenedlaethol a rhyngwladol sydd o hyd yn dominyddu trefniant a chyfrwng cymdeithasau a chysylltiadau byd-eang, er gwaetha'r ymdaeniad pŵer i actorion a sefydliadau heblaw'r wladwriaeth draddodiadol. Yr hyn y mae'r datblygiadau methodolegol yn y maes yn dangos yw bod bron pob agwedd dan haul o'n bywydau bellach yn cael ei hastudio o safbwynt hanesyddol; strwythurau cymdeithasol cyfan yn ogystal â meddylfrydau, hunaniaethau, a'r berthynas esblygol rhwng pobl, cymdeithas a'r amgylchedd.[2]

Gellid ystyried amrywiaeth hanesyddiaeth heddiw fel canlyniad ymdrechion i ddemocrateiddio'r maes. Mae amrywiaeth y pynciau o dan sylw hefyd yn adlewyrchu amrywiaeth yr ymarferwyr – yr haneswyr a'r myfyrwyr eu hunain: o ran cenedligrwydd, rhywedd, ethnigrwydd, a dosbarth cymdeithasol. Fel yr esbonia Patrick Manning, mae'r amrywiaeth hon nid yn unig yn ehangu'r cyfranogiad, ond hefyd yn cynnig persbectifau amrywiol, ac yn rhoi cyfle i unigolion o bob cymuned gyfrannu at y cofnod hanesyddol. Rydyn ni heddiw yn profi twf amrywiaeth ymysg ymarferwyr hanes yn ogystal ag yn amrywiaeth yr elfennau sy'n destun astudiaeth

Epilog

hanesyddol, o ran pwnc, cwmpas daearyddol ac amserol, y dulliau ymchwil a dysgu, a'r deongliadau o'r gorffennol.[3] Mae geiriau'r hanesydd Americanaidd, J. H. Hexter i'w gweld yn briodol yma:

> History is a house of many mansions. Its rooms are large, and if we historians are wise we will follow the precepts of the *Annalistes* and be ready to add more rooms as the occasion suggests.[4]

Mae hanes bellach yn dirwedd lluosog iawn ac yn cynnwys lleisiau a phersbectifau na fyddent wedi cael eu clywed ganrif yn ôl. Dengys twf hanes menywod, hanes pobl ddu, hanes anabledd, a hanes rhywedd sut mae lleisiau 'newydd' wedi hawlio'u lle yn y maes, gan ymestyn ac ehangu'n dealltwriaeth o gyfnodau a phrosesau hanesyddol, yn ogystal â grwpiau cymdeithasol, syniadau a hunaniaethau. Ond maent hefyd yn cyffwrdd ar faterion a phynciau cyfoes, yn aml rhai llosg. Fel y dadleuodd Carr flynyddoedd yn ôl, mae hanes yn 'ddeialog diderfyn rhwng y presennol a'r gorffennol'. Yn y blynyddoedd diwethaf gwelwyd mudiad a phrotestiadau *Black Lives Matter* yn cydio ym mhoblogaethau sawl gwlad ar draws y byd, i dynnu sylw at yr anghydraddoldebau, y rhagfarn a'r hiliaeth sydd o hyd yn bodoli yn erbyn pobl ddu mewn cymdeithas. Tyfodd momentwm y mudiad yn gyflym yn dilyn lladd dyn du, George Floyd, gan heddwas gwyn, Derek Chauvin, yn Minneapolis ym mis Gorffennaf 2020. Yn sydyn iawn gwelwyd protestiadau ym Mhrydain yn uniaethu â'r mudiad gan dargedu cerfluniau o bobl oedd yn gysylltiedig a'r fasnach gaethion gyda cherflun Edward Colston (1636–1721) ym Mryste yn cael ei dynnu i lawr a'i daflu'n ddidrugaredd i'r harbwr. Mewn modd tebyg, gwelwyd mudiad *Rhodes Must Fall* yn cydio yn Ne'r Affrig yn 2015, yn wreiddiol i alltudio cerflun o'r imperialydd Prydeinig a chyn Brif Weinidog Trefedigaeth y Cape, Cecil Rhodes (1853–1902), o gampws prifysgol Cape Town. Esblygodd y mudiad i gynnwys ymdrechion i ddadgoloneiddio'r cwricwlwm addysg yn Ne'r Affrig a gwelwyd cefnogaeth iddo ledled y byd, gydag ymgyrch debyg yn digwydd ym Mhrydain i gael gwared ar gerflun Rhodes yng Ngholeg Oriel, Prifysgol Rhydychen. Teg dweud bod adwaith ddigon cadarn wedi dod i'r symudiadau hyn gan rai sydd â buddsoddiad emosiynol neu wleidyddol mewn diogelu tra-arglwyddiaeth y syniadau traddodiadol. Cyhuddwyd hyd yn oed sefydliadau digon ceidwadol fel yr Ymddiriedolaeth Genedlaethol o geisio ail-ysgrifennu hanes, wrth iddynt ail-ystyried y cysylltiadau rhwng eu safleoedd â chaethwasiaeth a'r Ymerodraeth.[5] I sylwebwyr ar naill ochr y ddadl a'r llall, dyma 'ffrynt' newydd yn y 'Rhyfel Diwylliannol' a ymleddir rhwng yr asgell dde a'r asgell chwith.[6]

Sut felly i ddeall y mudiadau a phrotestiadau hyn yn eu cyddestunau hanesyddol? Heb os, mae'r digwyddiadau hyn wedi ffocysu'r lens hanesyddol ar hanes pobl ddu yn enwedig ac ar amlygu'r cysylltiadau hanesyddol di-ri â chaethwasiaeth, imperialaeth, a hiliaeth sydd yn bodoli ar draws y byd o hyd, o enwau strydoedd i gerfluniau ac adeiladau. Mewn gwaith ysgubol diweddar, dengys yr hanesydd Priya Satia y cysylltiadau rhwng hanes ac ymerodraeth drwy olrhain effeithiau'r Ymoleuo – gyda'i phwyslais ar gynnydd a moeseg fyd-eang – yn normaleiddio trais gorchfygiadau imperialaidd.[7] Roedd yr arfer o drwytho moesau â naratifau hanesyddol yn cyfrannu, yn ôl Satia, at ymagweddau, polisïau a gweithredoedd hiliol a oedd yn distawu'r di-rym ac yn hyfhau'r grymus. Gellid sylwi ar haneswyr Prydeinig megis Thomas Babington Macaulay (1800–59), James Mill (1773–1836), a John Robert Seeley (1834–95) fel hwyluswyr imperialaeth. Yn eironig, galwa Satia ar haneswyr modern i atseinio arfer yr Ymoleuo a ffurfio moesau drwy hanes; ond yn hytrach na moesau'r canrifoedd cynt a gefnogodd y grymus, y nod yw creu moesau a gwerthoedd a fydd yn grymuso'r di-rym. Gellir sylwi ar hanesyddiaeth yr Affrig fel maes sydd yn dangos elfennau o'r hyn y galwa Satia amdano, wrth i genhedlaeth newydd o haneswyr ddewis peidio ag astudio'i phobloedd fel derbynwyr gwareiddiad Ewropeaidd neu fel dioddefwyr goddefol imperialaeth Ewropeaidd. Dyma esiampl o ddadgoloneiddio yn digwydd yn hanesyddiaeth yr Affrig, wrth i fwy o ymchwil ffocysu ar y cyfnod cyn-drefedigaethol yn ogystal â chynnig lleisiau newydd pobl ddu mewn hanes mwy modern a hollfydol.[8] Wrth wneud, rhoddir galluedd i bobl ddu yn y naratif hanesyddol mewn modd nad oedd yn cael ei wneud yn y gorffennol gan – yn bennaf – haneswyr gorllewinol gwyn. A thrwy dynnu'n

Epilog

sylw at alluedd, rhoddir grym i'r gorthrymedig a'r di-lais hanesyddol. Ym mis Tachwedd 2020, cyhoeddwyd adroddiad a gomisiynwyd gan Lywodraeth Cymru, a nododd fod dros 200 o safleoedd cyhoeddus yng Nghymru yn coffáu pobl oedd â rhan uniongyrchol yn y fasnach gaethion neu'n gwrthwynebu ei dileu.[9] Yng Nghymru, mae hanes caethwasiaeth ynghlwm wrth hanes ehangach Prydain, ond drwy ymchwil a dadansoddi gallwn ddod i ddeall yn well effeithiau hanesyddol y fasnach gaethion o ran ffurfio'n cymunedau a'n cenedl heddiw.[10] Sylwer ar hanes y Cymro, Robert Owen (1771–1858), er enghraifft, a ystyrir yn Sosialydd Utopaidd ac a oedd yn arloesydd yn y gwaith o ddiwygio ffatrïoedd. Daeth yn adnabyddus fel diwygiwr cymdeithasol yn ymladd achos y dosbarth gweithiol, mynnu addysg am ddim, ac anelu i greu unedau a chymdeithasau a fyddai'n hunanddigonol.[11] Dethlir ei enw ledled Cymru gydag wyth o henebion yn deyrnged iddo yn ogystal ag amgueddfa benodol iddo yn y Drenewydd. Ond roedd Owen hefyd yn un a wrthwynebodd dileu'r fasnach gaethion; hyd yn oed ar ôl ymweld â rhai o'r ystadau siwgr yn Jamaica yn 1829, mynnodd Owen fod cyflwr a bywyd y caethweision yno'n well na'r dosbarth gweithiol, gwyn, ym Mhrydain.[12] Enghraifft arall fydd sylwi ar dirwedd llechi gogledd orllewin Cymru a wnaeth yn ddiweddar sicrhau statws Safle Treftadaeth y Byd UNESCO, ond mae'n amhosib gwahanu'r tirwedd hwn oddi wrth y fasnach gaethion. Ar ddiwedd y bedwaredd ganrif ar bymtheg, chwarel Penrhyn oedd y mwyaf yn y byd, ond fe'i datblygwyd drwy fuddsoddiad ariannol Arglwydd Penrhyn (Richard Pennant, 1737–1808), a oedd yn berchen ar ystadau siwgr yn Jamaica gyda thros fil o gaethweision yn gweithio iddo. Felly wrth i ni ddathlu statws fyd-eang newydd y tirwedd llechi yng ngogledd orllewin Cymru, ynghyd â'r cymunedau a weithiodd y chwareli a chynnal eu hunain yn y Gymraeg a thrwy'r ffydd Gristnogol, byddai'r hanesydd gwerth ei halen yn eiddgar hefyd i nodi'r cysylltiad rhwng y tirwedd Cymreig trawiadol hwn a'r fasnach gaethion.

Yng nghyd-destun mudiad *Black Lives Matter* yn haf 2020 cafwyd gwared ar gerflun Syr Thomas Picton (1758–1815) o galeri 'Arwyr Cymru' yn Neuadd y Ddinas Caerdydd. Ystyriwyd Picton fel 'arwr' brwydr Waterloo ac yn 1916 codwyd cerflun iddo yng ngaleri 'Arwyr Cymru' Neuadd y Ddinas. Ond fe lwyddodd protestiadau *Black Lives Matter* i dynnu sylw at unigolion sydd yn cael eu dathlu mewn mannau cyhoeddus, a daeth hanes Picton – ac eraill – o dan y chwyddwydr. Nid yn unig yr oedd Picton yn berchennog caethweision ond yn ystod ei amser fel Llywodraethwr Trinidad, gorchmynnodd i ferch 14 mlwydd oed gael ei harteithio. Hyd yn oed yn yr amser hwnnw, ysgytiwyd nifer gan y weithred echrydus honno. Ac felly yn 2020, yn sgil y cyhoeddusrwydd i anghydraddoldebau, rhagfarn, a hiliaeth yn erbyn pobl ddu, fe ail-werthuswyd pwrpas cerflun perchennog caethweision ofnadwy o greulon mewn man cyhoeddus dinesig yng Nghymru. Does dim dwywaith i Brydain fodern gael ei ffurfio gan gaethwasiaeth drefedigaethol ac rydyn ni o hyd yn byw gyda'r gwaddol, o'r cerfluniau a'r adeiladau sydd wedi'u henwi ar ôl perchnogion caethweision i'r protestiadau fel rhai *Black Lives Matter* a'r anghydraddoldebau sydd yn effeithio ar bobl o liw; dyma i chi dystiolaeth gadarn o hanes byw, y 'deialog diderfyn rhwng y presennol a'r gorffennol.'

Felly beth am ffynonellau a thechnegau ymchwil? Yn yr oes ddigidol hon, mae drysau newydd yn cael eu hagor sydd yn cynnig cyfleoedd a heriau i'r hanesydd. Gyda thoreth o ffynonellau posib megis papurau newydd, cyfnodolion, dyddiaduron, ffotograffau, a llythyrau yn cael eu digideiddio mewn cronfeydd archifol ledled y byd, gellir dadlau fod y gwaith caib a rhaw o gyrchu ffynonellau hanesyddol wedi ei hwyluso'n sylweddol o'i gymharu â hanner canrif yn ôl. Mae modd, er enghraifft, chwilio geiriau ac enwau penodol ym mhapur newydd y *Rhondda Leader* o 1904 wrth yfed cappuccino mewn *Starbucks* yn Seland Newydd, diolch i gysylltedd y rhyngrwyd ac adnodd gwych Llyfrgell Genedlaethol Cymru, Papurau Newydd Cymru arlein.[13] Yn yr un modd, wrth eistedd ar soffa eich ystafell fyw, mae modd pori cronfa ddata, mapiau, a stadau unigolion Prydeinig oedd yn gysylltiedig â'r fasnach gaethion diolch i ymdrechion ysgolheigion Coleg Prifysgol Llundain yn y *Centre for the Study of the Legacies of British Slavery*.[14] Yn ogystal, mae datblygiadau technolegol yn yr ugain mlynedd diwethaf nid yn unig wedi gwella argaeledd ffynonellau ac adnoddau, ond hefyd wedi caniatáu technegau ymchwil newydd.[15]

Epilog

Mae'r 'tro gofodol', er enghraifft, yn gysyniad a maes hanesyddol sydd yn parhau i dyfu ac esblygu. Yma, defnyddir gofod fel categori dadansoddi gan ysgolheigion, gyda mapiau yn cael eu defnyddio fel ffynonellau, a chynnyrch ymchwil yn cael eu nodweddu gan fapiau digidol unigryw. Mae GIS yn system sydd yn creu, rheoli, dadansoddi, a mapio pob math o ddata, drwy integreiddio data lleoliad gyda gwybodaeth ddisgrifiadol.[16] Defnyddir GIS gan ddaearyddwyr, archeolegwyr a gwyddonwyr yn rheolaidd yn ogystal â'r sectorau iechyd, gweithgynhyrchu, cyfathrebu, trafnidiaeth, ac eraill; ond mae mapio GIS hefyd yn cynnig techneg effeithiol ar gyfer astudiaethau hanesyddol, wrth i ddefnyddwyr ganfod patrymau, perthnasau, a chyd-destunau daearyddol sydd o gymorth i ddeall prosesau a chyfnodau hanesyddol.[17] Mae gwaith Comisiwn Brenhinol Henebion Cymru yn enghraifft dda o sefydliad treftadaeth cenedlaethol sy'n defnyddio GIS i wella'n dealltwriaeth o'r amgylchedd hanesyddol. Fel haneswyr, gallwn ganlyn y dechneg hon yn sylweddol a'i chymhwyso gyda thechnegau eraill, mwy traddodiadol, i ffurfio deongliadau hanesyddol beirniadol a ffres.

Wrth i archifau, llyfrgelloedd, canolfannau ymchwil, a sefydliadau treftadaeth ddigideiddio mwy o adnoddau, gall ymddangos yn llethol i'r hanesydd orfod dethol y ffynonellau cywir, yn enwedig o gofio fod amser weithiau'n gallu bod yn brin. Ond byddwn yn dadlau hefyd fod y twf digidol wedi'i gwneud hi'n haws i ymarferwyr ymgysylltu â hanes, gan gynrychioli arwydd arall o sut mae hanes fel pwnc yn llawer mwy democrataidd ac agored heddiw o'i gymharu â blynyddoedd elitaidd Leopold von Ranke. Wrth gwrs, mae'r broses o ddigideiddio dogfennau yn un sy'n dal i fynd yn ei blaen ac i fwyafrif haneswyr y dyfodol bydd dal gofyn ymweld ag archifau a llyfrgelloedd er mwyn trin ffynonellau yn y cnawd. Ond y gobaith yw fod tonnau diweddar hanesyddiaeth, datblygiadau technolegol, ac argaeledd gwell o ffynonellau yn cymell twf amrywiaeth yn y lleisiau sy'n llunio hanes ac o ganlyniad yn arwain at dwf yn yr amrywiaeth o bynciau ac elfennau hanesyddol sy'n cael eu hastudio. Yn sgil hyn, ceir maes amlochrog iawn sydd yn adlewyrchiad tecach o gymdeithas a'r byd modern.

Mae'r llwybrau gwahanol sydd eisoes wedi cael eu ffurfio yn y maes yn mynd i barhau, ond mae gyda ni heddiw, fel ymarferwyr, gymaint o ffyrdd gwahanol o edrych ar hanes. O ganlyniad, mae dyfodol hanes yn edrych yn fwy cyffrous ac amrywiol wrth i dechnegau newydd gynnig astudiaethau sydd yn fwy cynrychioliadol ac sydd, mewn mannau, yn gallu bod yn rhyngddisgyblaethol. Gyda'r technegau ymchwil niferus a ddatblygwyd ar hyd y ganrif ddiwethaf ac yn fwy diweddar yn y ganrif hon, mae gyda ni lwyth o lwybrau posib i lywio'n ffordd drwy hanes. Wrth wneud, byddwn yn 'llunio' ein hanes ein hunain. A phwy a ŵyr, dichon y bydd un neu fwy o'r llwybrau hyn yn arwain at adeiladu ystafell arall yn y 'house of many mansions' yn y dyfodol. Gan ein hatgoffa'n hunain unwaith eto o'r berthynas rhwng y gorffennol a'r presennol, a'r weithred o ysgrifennu hanes gydag un llygad ar y byd o'n hamgylch heddiw, fe orffennwn y gyfrol hon drwy ddyfynnu geiriau perthnasol Anna Whitelock:

> Mae astudio hanes yn llawer mwy na dysgu am frenhinoedd, breninesau a llywodraethau; mae hefyd yn ymwneud â chymdeithasau ar draws y byd a sut mae pobl wedi byw ar hyd y canrifoedd. Mae'n ymwneud â chyfiawnder ac anghyfiawnder, arloesi a pharhad, rhyddid a gormes. Mae'n ymwneud â hil a chrefydd, syniadau a chredoau; mae'n ymwneud â theithio, archwilio a darganfod; yn ymwneud â meddygaeth, rhyw a marwolaeth; yn ymwneud â phensaernïaeth a chelf, llenyddiaeth a cherddoriaeth. Yn fras, mae'n ymwneud â bywyd.[18]

Nodiadau

[1] *Counterculture.*
[2] John Tosh, *The Pursuit of History: Aims, methods and new directions in the study of modern history*, 5ed arg. (Harlow: Pearson, 2010), t. 330.
[3] Patrick Manning, 'Diversity: among historical practitioners, in research, and in teaching', *Perspectives on History*, 12 Mai 2016. https://www.historians.org/publications-and-directories/perspectives-on-history/may-2016/diversity-among-historical-practitioners-in-research-and-in-teaching (cyrchwyd 28 Gorffennaf 2021).
[4] J. H. Hexter, 'Fernand Braudel and the Monde Braudellien', *Journal of Modern History*, 44/4 (1972), 538.

Epilog

5 Gweler, er enghraifft 'Revealed: Every reason the woke National Trust placed 100 properties on BLM-inspired list of shame including homes of Winston Churchill, Rudyard Kipling and William Wordsworth', *Daily Mail*, 22 Medi 2020 – ar gael ar-lein, *https://www.dailymail.co.uk/ news/article-8759219/National-Trust-accused-rewriting-history-property-list-shame-colonial-links.html*

6 Ar gyfer erthygl am y 'rhyfel diwylliannol' sy'n dyddio o'r cyfnod cyn mudiad Black Lives Matter, gweler Richard Wyn Jones, 'Kulturkampf! Gwleidyddiaeth y Deyrnas Gyfunol a'r Rhyfel Diwylliannol', *Barn*, 681 (Hydref 2019), 11–13.

7 Priya Satia, *Time's Monster: How History Makes History* (Harvard: Harvard University Press, 2020).

8 Yn yr iaith Saesneg, mae'r cyfnodolyn academaidd *Journal of African History* yn llwyfan pwysig ar gyfer yr hanesion newydd hyn. O ran hanesion mwy poblogaidd, gweler er enghraifft: Georges Nzongola-Ntalaja, *The Congo from Leopold to Kabila: A People's History* (Llundain: Zed Books, 2002); Michela Wrong, *I Didn't Do It For You: How the World Betrayed a Small African Nation* (Efrog Newydd: HarperCollins, 2006); David Van Reybrouck, *Congo: The Epic History of a People* (Efrog Newydd: Ecco, 2014); David Olusoga, *Black and British: A Forgotten History* (Llundain: Pan Macmillan, 2016); François-Xavier Fauvelle, *The Golden Rhinoceros: Histories of the African Middle Ages*, cyfieithiad Troy Tice (Woodstock: Princeton University Press, 2018); Michael A. Gomez, *African Dominion: A New History of Empire in Early and Medieval West Africa* (Rhydychen: Princeton University Press, 2018); Toby Green, *A Fistfull of Shells: West Africa from the Rise of the Slave Trade to the Age of Revolution* (Llundain: Penguin, 2020).

9 'Y Fasnach mewn Caethweision a'r Ymerodraeth Brydeinig: archwiliad o Goffáu yng Nghymru'. Mynediad: *https://llyw.cymru/ y-fasnach-mewn-caethweision-ar-ymerodraeth-brydeinig-archwiliad-o-goffau-yng-nghymru*

10 Gweler Chris Evans a Marian Gwyn am weithiau diweddar ar y pwnc hwn. Chris Evans, *Slave Wales* (Caerdydd: Gwasg Prifysgol Cymru, 2010); Marian Gwyn, 'Wales and the memorialisation of slavery in 2007', *Atlantic Studies*, 9/3 (2012), 299–318. Ar lefel Brydeinig, gweler Padraic X. Scanlan, *Slave Empire: How Slavery Built Modern Britain* (Llundain: Robinson, 2020). Ar gyfer yr Alban, gweler T. M. Devine (gol.), *Recovering Scotland's Slavery Past: The Caribbean Connection* (Caeredin: Edinburgh University Press, 2015).

11 'Owen, Robert (1771–1858), Sosialydd Utopaidd', Y Bywgraffiadur Cymreig. Mynediad: *https://bywgraffiadur.cymru/article/ c-OWEN-ROB-1771#?c=0& m=0&s=0&cv=0&manifest=https%3A%2F%2Fdamsssl.llgc.org.uk%2Fiiif% 2F2.0%2F4674544%2Fmanifest.json&xywh=919%2C1448%2C2838%2C2290*

12. Frank Podmore, *Robert Owen: A Biography* (Llundain: George Allen & Unwin, 1906), t. 339.
13. *https://papuraunewydd.llyfrgell.cymru/*
14. *https://www.ucl.ac.uk/lbs/*
15. Martin Johnes a Bob Nicholson, 'Sport History and Digital Archives in Practice', yn G. Osmond a M. G. Philips (goln), *Sport History in the Digital Era* (Chicago: University of Illinois Press, 2015), tt. 53–74.
16. Saif GIS am Geographic Information Systems. Ceir crynodeb da a llawer mwy o wybodaeth ar *https://www.esri.com/en-us/what-is-gis/overview*
17. John Morrissey, David P. Nally, Ulf Strohmayer, Yvonne Whelan (goln), *Key concepts in historical geography* (Llundain: Sage, 2014).
18. Cyfieithwyd o Anna Whitelock, 'Studying history is the passport to the future', *BBC History Magazine*, Hydref 2015.

Llyfryddiaeth

Llyfrau

Aaron, Jane, a Chris Williams (goln), *Postcolonial Wales* (Caerdydd: Gwasg Prifysgol Cymru, 2005)

Arnold, Matthew, *On the Study of Celtic Literature* (Llundain: Smith Elder & Co., 1867)

Abrams, Lynn, *Oral History Theory* (Llundain: Routledge, 2010)

Anderson, Benedict, *Imagined Communities. Reflections on the Origin and Spread of Nationalism* (Argraffiad newydd, Llundain; Efrog Newydd: Verso, 2016)

Aston, T. H., a C. H. E. Philpin (goln), *The Brenner Debate: Agrarian Class Structure and Economic Development in Pre-industrial Europe* (Caergrawnt: Cambridge University Press, 1985)

Anderson, Perry, *Lineages of the Absolutist State* (Llundain: Verso, 2013)

Baár, Monika, *Historians and Nationalism: East-Central Europe in the Nineteenth Century* (Rhydychen: Oxford University Press, 2010)

Berger, Stefan a Stefan Conrad, *The Past as History: National Identity and Historical Consciousness in Modern Europe* (Basingstoke: Palgrave Macmillan, 2015)

Bhaba, Homi K., *The Location of Culture*, 2il arg. (Llundain: Routledge, 2004)

Black, Jeremy a Donald M. Macraild, *Studying History*, 3ydd arg. (Basingstoke: Palgrave, 2007)

Blackburn, Robin, *The American Crucible: Slavery, Emancipation and Human Rights* (Llundain: Verso, 2013)

Blackledge, Paul, *Reflections on the Marxist Theory of History* (Manceinion: Manchester University Press, 2006)

Bloch, Marc, *The Royal Touch: Sacred Monarchy and Scrofula in England and France* (Llundain: Routledge, 2015)

Bourke, Joanna, *Fear: a cultural history* (Llundain: Virago, 2006)

Bowler, Peter, *The Invention of Progress: The Victorians and the Past* (Rhydychen: Blackwell, 1989)

Braudel, Fernand, *The Mediterranean and the Mediterranean World in the Age of Phillip II* (Berkeley a Los Angeles: University of California Press, 1995)

Bridenthal, Renate, Claudia Koonz, a Susan Stuard (goln), *Becoming visible: Women in European History* (Boston: Houghton Mifflin, 1977)

Brooks, Simon, *Pam Na Fu Cymru* (Caerdydd: Gwasg Prifysgol Cymru, 2015)

Buckner, Philip (gol.), *Canada and the British Empire* (Rhydychen: Oxford University Press, 2008)

Bukharin, Nikolai, *Historical Materialism: A System of Sociology* (Llundain: G. Allen & Unwin, 1926)

Burke, Peter, *What is Cultural History?* (Caergrawnt: Polity Press, 2004)

Burrow, John, *A History of Histories* (Llundain: Penguin, 2007)

Cannadine, David (gol.), *What is History Now?* (Basingstoke: Palgrave Macmillan, 2002)

Carr, E. H., *What is History?* (Harmondsworth: Penguin, 1964)

Chakrabarty, Dipesh, *Provincializing Europe: Postcolonial Thought and Historical Difference* (New Jersey: Princeton University Press, 2000)

Chakrabarty, Dipesh, *The Calling of History: Sir Jadunath Sarkar and His Empire of Truth* (Chicago a Llundain: University of Chicago Press, 2015)

Clarke, John, C. Critcher, Richard Johnson (goln), *Working Class Culture: Studies in History and Theory* (Llundain: Hutchinson, 1979)

Cohen, G. A., *Karl Marx's Theory of History: A Defence* (Rhydychen: Clarendon Press, 2000)

Connor, Steven, *Dumbstruck: a cultural history of ventriloquism* (Rhydychen: Oxford University Press, 2000)

Corbin, Alain, *The Foul and the Fragrant: Odour and the Social Imagination* (Llundain: Berg, 1986)

Corbin, Alain, *Village Bells: Sound and Meaning in the Nineteenth-century French Countryside* (Llundain: Macmillan, 1999)

Cornforth, Maurice (gol.), *Rebels and their Causes: Essays in Honour of A. L. Morton* (Llundain: Lawrence and Wishart, 1978)

Darnton, Robert, *The Great Cat Massacre: And other Episodes in French Cultural History* (Efrog Newydd: Basic Books, 2009)

Llyfryddiaeth

Davidoff, Leonore a Catherine Hall, *Family Fortunes: Men and Women of the English Middle Class* (Chicago: University of Chicago Press, 1987)

Davies, Sioned, *The Mabinogion* (Rhydychen: Oxford University Press, 2008)

de Ste. Croix, G. E. M., *The Class Struggle in the Ancient World* (Llundain: Duckworth, 1981)

Derrida, Jacques, *De la grammatologie* (Paris: Minuit, 1967)

Devine, T. M., *Recovering Scotland's Slavery Past: The Caribbean Connection* (Caeredin: Edinburgh University Press, 2015)

Dimitrov, Georgi, *The Working Class Against Fascism* (Llundain: Martin Lawrence, 1935)

Downs, Laura Lee, *Writing Gender History* (Llundain: Hodder, 2004)

Durkheim, Emile, *The Elementary Forms of Religious Life*, cyfieithiad newydd (Rhydychen: Oxford University Press, 2008)

Eaude, Michael, *Catalonia: a cultural history* (Rhydychen: Oxford University Press, 2008)

Elton, Geoffrey, *The Practice of History* (Llundain: Methuen, 1967)

Evans, Chris, *Slave Wales* (*Caerdydd*: Gwasg Prifysgol Cymru, 2010)

Evans, Neil a Huw Pryce (goln), *Writing a Small Nation's Past: Wales in Comparative Perspective, 1850–1950* (Farnham: Ashgate, 2013)

Evans, Richard J., *In Defence of History* (Llundain: Granta, 1997)

Evans-Pritchard, Edward, *Witchcraft, Oracles and Magic among the Azande* (Rhydychen: Oxford University Press, 1937)

Fauvelle, François-Xavier, *The Golden Rhinoceros : Histories of the African Dominion: A New History of Empire in Early and Medieval West Africa*, cyfieithiad Troy Tice (Princeton: Princeton University Press, 2018)

Federici, Silvia, *Caliban and the Witch: Women, the Body and Primitive Accumulation* (Efrog Newydd: Autonomedia, 2014)

Femia, Joseph V., *Gramsci's Political Thought: Hegemony, Consciousness, and the Revolutionary Process* (Rhydychen: Clarendon Press, 1987)

Fichte, Johann Gottlieb, *Addresses to the German Nation*, gol. Gregory Moore (Caergrawnt: Cambridge University Press, 2008)

Finney, Patrick (gol.), *Palgrave Advances in International History* (Basingstoke: Palgrave Macmillan, 2005)

Foucault, Michel, *The Archaeology of Knowledge and the Discourse on Language* (Efrog Newydd: Pantheon, 1972)

Fox, Robin Lane, *The Classical World: An Epic History of Greece and Rome* (Llundain: Penguin, 2006)

Frankopan, Peter, *The Silk Roads. A New History of the World* (Llundain, Bloomsbury, 2015)

Friedman, David M., *A mind of its own: a cultural history of the penis* (Llundain: Robert Hale, 2003)

Gay, Peter, *Style in History* (Llundain: Jonathan Cape, 1975)

Geary, Patrick, *The Myth of Nations: The Medieval Origins of Europe* (Princeton: Princeton University Press, 2002)

Geertz, Clifford, *The Interpretation of Culture* (Llundain: Fontana, 2010)

Genovese, Eugene D., *Roll, Jordan, Roll: The World the Slaves Made* (Efrog Newydd: Vintage Books, 1976)

Gibbon, Edward, *The History of the Decline and Fall of the Roman Empire* (Llundain: Strahan and Cadell, 1776–89)

Gilroy, Paul, *The Black Atlantic. Modernity and Double Consciousness* (Llundain: Verso, 1993)

Ginzburg, Carlo, *The Cheese and the Worms: The Cosmos of a Sixteenth Century Miller* (Caergrawnt: Cambridge University Press, 1981)

Goldblatt, David *The Ball is Round: A Global History of Football* (Llundain: Penguin, 2007)

Gomez, Michael A., *African Dominion: A New History of Empire in Early and Medieval West Africa* (Rhydychen: Princeton University Press, 2018)

Grafton, Anthony, *The Footnote: A Curious History* (Llundain: Faber and Faber, 1997)

Gramsci, Antonio, *Selections from the Prison Notebooks* (Llundain: Lawrence and Wishart, 1971)

Gramsci, Antonio, *Selections from the Cultural Writings* (Llundain: Lawrence and Wishart, 1985)

Green, Anna, *Cultural History* (Basingstoke: Palgrave Macmillan, 2008)

Green, Anna a Kathleen Troup (goln), *The Houses of History: A Critical Reader in Twentieth-Century History and Theory*, 2il arg. (Manceinion: Manchester University Press, 2016)

Llyfryddiaeth

Green, J. R., *A Short History of the English People* (Efrog Newydd: Harper, 1884)

Green, Toby, *A Fistfull of Shells: West Africa from the Rise of the Slave Trade to the Age of Revolution* (Llundain: Penguin, 2020)

Guha, Ranajit, *Elementary Aspects of Insurgent Peasantry* (Delhi: Oxford University Press, 1983)

Haggerty, George a Molly McGarry (goln), *A Companion to Lesbian, Gay, Bisexual, Transgender, and Queer Studies* (Malden, MA: Blackwell, 2007)

Hall, Catherine, *Macaulay and Son: Architects of Imperial Britain* (New Haven, CT; Llundain: Yale University Press, 2012)

Hare, Geoff, *Football in France: a cultural history* (Rhydychen ac Efrog Newydd: Berg, 2003)

Hassan, Ihab, *The Postmodern Turn: Essays in Postmodern Theory and Culture* (Columbus: Ohio State University Press, 1987)

Hechter, Michael, *Internal Colonialism. The Celtic Fringe in British National Development*, arg. Newydd (New Brunswick: Transaction Publishers, 1999)

Herder, Johann Gottfried, *Philosophical Writings*, gol. Michael N. Forster (Caergrawnt: Cambridge University Press, 2002)

Herodutus, *The Histories*, cyf. Aubrey de Sélincourt, nodiadau John Marincola (Llundain: Penguin, 2003)

Hien, Markus, *Altes Reich und neue Dichtung: Literarischpolitisches Reichsdenken zwischen 1740 und 1830* (Berlin; Boston, MA: Walter de Gruyter, 2015)

Hill, Christopher, *The English Revolution 1640* (Llundain: Lawrence and Wishart, 1940)

Hill, Christopher, *The World Turned Upside Down: Radical Ideas During the English Revolution* (Llundain: Maurice Temple Smith, 1972)

Hill, Christopher, *Puritanism and Revolution: Studies in the Interpretation of the English Revolution in the 17th Century* (Harmondsworth: Penguin Books, 1986)

Hill, Christopher, *Intellectual Origins of the English Revolution Revisited* (Rhydychen: Clarendon Press, 1997)

Hill, Christopher, *The Century of Revolution 1603–1714* (Abingdon: Routledge, 2002)

Hilton, Rodney, *Bond Men Made Free: Medieval Peasant Movements and the English Rising of 1381* (Llundain: Routledge, 2003)

Hobsbawm, Eric, *Age of Revolution 1789–1848* (Llundain: Abacus, 2001)

Hobsbawm, Eric, *Age of Capital 1848–1875* (Llundain: Abacus, 2001)

Hobsbawm, Eric, *The Age of Empire 1875–1914* (Llundain: Abacus, 2001)

Hobsbawm, Eric, *Age of Extremes: The Short Twentieth Century 1914–1991* (Llundain: Abacus, 1994)

Hobsbawm, Eric, *Primitive Rebels* (Llundain: Abacus, 2001)

Hunt, Lynn (gol.), *The New Cultural History* (Berkeley a Los Angeles: University of California Press, 1989)

Iggers, Georg G., *Historiography in the Twentieth Century: From Scientific Objectivity to Postmodern Challenge* (Hanover: University Press of New England, 1997)

Iggers, Georg G., Q. Edward Wang a Supriya Mukherjee, *A Global History of Historiography* (Harlow: Pearson Education, 2008)

James, C. L. R., *The Black Jacobins: Toussaint L'Overture and the San Domingo Revolution* (Llundain: Secker & Warburg, 1938)

Jann, Rosemary, *The Art and Science of Victorian History* (Columbus, OH: Ohio State University Press, 1985)

Jenkins, Dafydd, *Y Meddwl Modern: Evans-Pritchard* (Dinbvch: Gwasg Gee, 1982)

Jenkins, Keith, *The Postmodern History Reader* (Llundain: Routledge, 1997)

Johnes, Martin, *Wales: England's Colony? The Conquest, Assimilation and Recreation of Wales* (Aberteifi: Parthian Books, 2019)

Jones, Gareth Stedman, *Languages of Class: Studies in English Working Class History 1832–1982* (Caergrawnt: Cambridge University Press, 1996)

Joyce, Patrick, *Visions of the People: Industrial England and the Question of Class 1848–1914* (Caergrawnt: Cambridge University Press, 1991)

Kaye, Harvey J., *The British Marxist Historians* (Caergrawnt, Polity Press, 1990)

Kaye, Harvey J., *The Education of Desire: Marxists and the Writing of History* (Llundain: Routledge, 1992)

Llyfryddiaeth

Kelley, Donald R., *Fortunes of History: Historical Inquiry from Herder to Huizinga* (New Haven, CT; Llundain: Yale University Press, 2003)

Kiernan, Victor, *European Empires from Conquest to Collapse 1815–1960* (Llundain: Fontana, 1982)

Kiernan, Victor, *The Duel in European History: Honour and the Reign of the Aristocracy* (Rhydychen: Oxford University Press, 1989)

Kiernan, Victor, *Tobacco: A History* (Llundain: Hutchinson Radius, 1991)

Kiernan, Victor, *The Lords of Human Kind: European Attitudes to Other Cultures in the Imperial Age* (Llundain: Serif, 1995)

Kilfeather, Siobhán, *Dublin: a cultural history* (Rhydychen ac Efrog Newydd: Oxford University Press, 2005)

Krell, Alan, *The devil's rope: a cultural history of barbed wire* (Llundain: Reaktion, 2002)

Lindsay, F. W., *The Cariboo Dream* (British Columbia: Vernon News, 1971)

Krieger, Leonard, *Ranke: The Meaning of History* (Chicago; Llundain: University of Chicago Press, 1977)

Laderman, Scott, *Empire in waves: a political history of surfing* (Berkeley: University of California Press, 2014)

Laqueur, Thomas, *Making Sex: Body and Gender from the Greeks to Freud* (Cambridge, MA: Harvard University Press, 1992)

Latour, Bruno a Stephen Woolgar, *Laboratory Life* (Princeton: Princeton University Press, 1986)

Leerssen, Joep, *National Thought in Europe: A Cultural History* (Amsterdam: Amsterdam University Press, 2006)

Levi Strauss, Claude, *Myth and Meaning: Cracking the Code of Culture* (Toronto: University of Toronto Press, 1995)

Linebaugh, Peter, a Marcus Rediker, *The Many-Headed Hydra: The Hidden History of the Revolutionary Atlantic* (Llundain: Verso, 2007)

Lloyd, John Edward, *A History of Wales from the Earliest Times to the Edwardian Conquest*, 2 gyfrol, 3ydd arg. (Llundain: Longmans, Green & Co., 1939)

Lüdtke, Alf (gol.), *The History of Everyday Life: Reconstructing Historical Experiences and Ways of Life* (Chichester; Princeton, NJ: Princeton University Press, 1995)

Macaulay, Thomas Babington, *The History of England from the Accession of James II*, 4 cyfrol (Llundain: J. M. Dent & Co., 1906)

Malinowski, Bronislaw, *Argonauts of the Western Pacific* (Llundain: Routledge, 1922)

Marwick, Arthur, *The New Nature of History: Knowledge, Evidence, Language* (Basingstoke: Palgrave, 2001)

Marx, Karl, a Friedrich Engels, *Y Maniffesto Comiwnyddol* (Caerdydd: Pwyllgor Cymreig y Blaid Gomiwnyddol, 1948)

Marx, Karl, a Friedrich Engels, *The German Ideology* (Llundain: Lawrence and Wishart, 1991)

McLellan, David, *The Thought of Karl Marx* (Llundain: Papermac, 1995)

McLellan, David (gol.), *Karl Marx Selected Writings* (Rhydychen: Oxford University Press, 2004)

McLellan, David, *Marxism after Marx* (Basingstoke: Palgrave Macmillan, 2007)

McGlade, Rhiannon, *Catalan cartoons: a cultural and political history* (Caerdydd: Gwasg Prifysgol Cymru, 2016)

Meiksins-Wood, Ellen, a John Bellamy Foster (goln), *In Defense of History: Marxism and the Postmodern Agenda* (Efrog Newydd: Monthly Review Press, 1997)

Morillo, Stephen, a Michael F. Pavkovic, *What is Military History?*, 2il arg. (Caergrawnt: Polity Press, 2013)

Morrissey, John, David P. Nally, Ulf Strohmayer, Yvonne Whelan (goln), *Key concepts in historical geography* (Llundain: Sage, 2014)

Nagle, Shane, *Histories of Nationalism in Ireland and Germany: A Comparative Study from 1800 to 1932* (Llundain: Bloomsbury Academic, 2017)

Nzongola-Ntalaja, Georges, *The Congo from Leopold to Kabila: A People's History* (Llundain: Zed Books, 2002)

Olusoga, David, *Black and British: A Forgotten History* (Llundain: Pan Macmillan, 2016)

Osborne, Huw (gol.), *Queer Wales. The History, Culture and Politics of Queer Life in Wales* (Caerdydd: Gwasg Prifysgol Cymru, 2016)

Perry, Matt, *Marxism and History* (Basingstoke: Palgrave Macmillan, 2002)

Llyfryddiaeth

Podmore, Frank, *Robert Owen: A Biography* (Llundain: George Allen & Unwin, 1906)

Popkin, Jeremy D., *From Herodotus to H-Net: The Story of Historiography* (Rhydychen: Oxford University Press, 2016)

Portelli, Alessandro, *The Death of Luigi Trastuli and Other Stories*, (Albany: State University of New York Press, 1991)

Price, Adam, *Wales: The First and Final Colony* (Talybont: Y Lolfa, 2018)

Price, Thomas (Carnhuanawc), *Hanes Cymru, a Chenedl y Cymry, o'r Cynoesoedd hyd at Farwolaeth Llewelyn ap Gruffydd; ynghyd a Rhai Cofiaint Perthynol i'r Amseroedd o'r Pryd Hynny i Waered* (Crughywel: Thomas Williams, 1842)

Pryce, Huw, *J. E. Lloyd and the Creation of Welsh History: Renewing a Nation's Past* (Caerdydd: Gwasg Prifysgol Cymru, 2011)

Rahikainen, Marjatta, a Susanna Fellman (goln), *Historical Knowledge: In Quest of Theory, Method and Evidence* (Newcastle: Cambridge Scholars Publishing, 2012)

Rigby, Stephen, *Marxism and History: A Critical Introduction* (Manceinion: Manchester University Press, 1998)

Roberts, Gwyneth Tyson, *The Language of the Blue Books: Wales and Colonial Prejudice* (Caerdydd: Gwasg Prifysgol Cymru, 2011)

Rorty, Richard, *Philosophy and the Mirror of Nature* (Princeton: Princeton University Press, 1979)

Rowbotham, Sheila, *Hidden from History: 300 Years of Women's Oppression and the Fight Against It*, (Llundain: Pluto Press, 1973)

Rudé, George, *The Crowd in History 1730–1848: A Study of Popular Disturbances in France and England 1730–1848* (Llundain: Wiley, 1964)

Russell, Conrad, *Parliaments and English Politics 1621–1629* (Rhydychen: Clarendon Press, 1979)

Said, Edward, *Orientalism* (Llundain: Routledge and Kegan Paul, 1978)

Satia, Priya, *Time's Monster: How History Makes History* (Harvard: Harvard University Press, 2020)

Schorske, Carl, *Thinking with History: Explorations in the Passage to Modernism* (Princeton, NJ: Princeton University Press, 1998)

Schreuder, Deryck a Ward, Stuart (goln), *Australia's Empire* (Rhydychen: Oxford University Press, 2008)

Scanlon, Padraic X., *Slave Empire: How Slavery Built Modern Britain* (Llundain: Robinson, 2020)

Scott, Joan Wallace, *Gender and the Politics of History* (Efrog Newydd: Columbia University Press, 1987)

Sera-Shriar, Efram, *The Making of British Anthropology, 1813–1871* (Pittsburgh: University of Pittsburgh Press, 2016)

Smith, Andrew, *The Ghost Story, 1840–1920 a cultural history* (Manceinion: Manchester University Press, 2013)

Smith, Anthony D., *The nation in history: historiographical debates about ethnicity and nationalism* (Caergrawnt: Polity Press, 2000)

Smith, Bonnie G., *The Gender of History: Men, Women, and Historical Practice* (Cambridge, MA: Harvard University Press, 1998)

Smith-Rosenberg, Carroll, *Disorderly Conduct: Visions of Gender in Victorian America* (Rhydychen: Oxford University Press, 1986)

Stocking, George, *Race, Culture and Evolution: Essays in the History of Anthropology* (Llundain: Free Press, 1968)

Sullivan, Robert E., *Macaulay: The Tragedy of Power* (Cambridge, MA; Llundain: Belknap Press, 2009)

Taylor, A. J. P., *The Origins of the Second World War* (Llundain: Hamish Hamilton, 1961)

Thomas, Keith, *Religion and the Decline of Magic* (Llundain: Weidenfeld and Nicolson, 1971)

Thompson, E. P., *The Making of the English Working Class* (Llundain: Penguin Books, 1991)

Thompson, E. P., *Customs in Common* (Pont-y-pŵl: Merlin Press, 2010)

Thompson, Dorothy, *The Early Chartists* (Llundain: Macmillan, 1971)

Thompson, Willie, *What Happened to History?* (Llundain: Pluto Press, 2000)

Tosh, John, *The Pursuit of History: Aims, methods and new directions in the study of modern history*, 5ed arg. (Harlow: Pearson, 2010)

Trachtenberg, Marc, *The Craft of International History* (Rhydychen: Princeton University Press, 2006)

Llyfryddiaeth

Turner, Frederick Jackson, *The Early Writings of Frederick Jackson Turner with a list of all his works*, gol. Everett E. Edwards (Madison, 1938)

von Ranke, Leopold, *History of the Latin and Teutonic Nations (1494 to 1514)*, cyfieithiad G. R. Dennis (Llundain: G. R. Bell and Sons, 1909)

von Ranke, Leopold, *The Theory and Practice of History*, gol. Georg G. Iggers (Abingdon: Routledge, 2011)

von Treitschke, Heinrich, *History of Germany in the Nineteenth Century*, cyfieithiad Eden a Cedar Paul, gol. Gordon A. Craig (Chicago a Llundain: University of Chicago Press, 1975)

Wagg, Stephen, *Cricket: A Political History of the Global Game, 1945–2017* (Llundain: Routledge, 2019)

Westad, Odd Arne, *The Global Cold War* (Caergrawnt: Cambridge University Press, 2007)

White, Hayden, *Metahistory: The Historical Imagination in the Nineteenth Century* (Baltimore, MD; Llundain: Johns Hopkins University Press, 1973)

White, Hayden, *The Content of the Form* (Baltimore: Johns Hopkins University Press, 1987)

Wickham, Chris (gol.), *Marxist History-Writing for the Twenty-first Century* (Rhydychen: Oxford University Press, 2007)

Williams, Gwyn A., *When Was Wales? A History of the Welsh* (Llundain: Penguin Books, 1985)

Williams, Howard Ll., *Y Meddwl Modern: Marx* (Caerfyrddin: Cyfres Ddigidol y Coleg Cymraeg Cenedlaethol, 2015)

Williams, Patrick a Laura Chrisman (goln), *Colonial Discourse and Post-Colonial Theory. A Reader* (Efrog Newydd: Columbia University Press, 1993)

Winch, Peter, *The Idea of a Social Science* (Llundain: Routledge, 1958)

Winter, Jay a Prost, Antoine, *The Great War in History: Debates and Controversies, 1914 to the Present* (Caergrawnt: Cambridge University Press, 2005)

Woolf, Daniel, *A Global History of History* (Caergrawnt: Cambridge University Press, 2011)

Wrong, Michela, *I Didn't Do It For You: How the World Betrayed a Small African Nation* (Efrog Newydd: HarperCollins, 2006)

Young, Robert J. C., *Postcolonial Theory: A Very Short Introduction* (Rhydychen: Oxford University Press, 2003)
Yow, Valerie Raleigh, *Recording Oral History: A Guide for the Humanities and Social Sciences* (Rhydychen: Alma, 2005)

Penodau Llyfrau

Aaron, Jane, 'Finding a voice in two tongues: gender and colonization', yn Jane Aaron, Teresa Rees, Sandra Betts a Moira Vincentelli (goln), *Our Sisters' Land: The Changing Idea of Women in Wales* (Caerdydd: Gwasg Prifysgol Cymru, 1994)
Adamsdon, Walter L., 'Marxism and Historical Thought' yn Lloyd Kramer a Sarah Maza (goln) *A Companion to Western Historical Thought* (Rhydychen: Blackwell, 2002)
Alexander, Sally, 'Women's Work in Nineteenth Century England: A Study of the Years 1820–1850', yn Juliet Mitchell ac Anne Oakley (goln), *The Rights and Wrongs of Women* (Llundain: Penguin, 1976)
Benzoni, Gino, 'Ranke's favorite source: the Venetian relazioni: impressions with allusions to later historiography', yn Georg G. Iggers a James M. Powell (goln), *Leopold von Ranke and the Shaping of the Historical Discipline* (Syracuse, NY: Syracuse University Press, 1990)
Bohata, Kirsti, 'Beyond Authenticity? Hybridity and Assimilation in Welsh Writing in English', yn Tony Brown a J. R. Stephens (goln), *Nations and Relations: Writing Across the British Isles* (Caerdydd: New Welsh Review, 2000)
Coward, Adam, 'Exiled Trojans or the Sons of Gomer. Wales's Origins in the Long Eighteenth Century', yn Lotte Jensen (gol.), *The Roots of Nationalism. National Identity Formation in Early Modern Europe, 1600–1815* (Amsterdam: Amsterdam University Press, 2016)
Davidson, John, 'History and Anthropology', yn Peter Lambert Phillipp Schofield (goln), *Making History: An Introduction to the History and Practices of a Discipline* (Llundain: Routledge, 2004)

Llyfryddiaeth

De Jardins, Julie, 'Women's and Gender History', yn Axel Schneider a Daniel Woolf (goln), *The Oxford History of Historical Writing. Volume 5, Historical Writing since 1945* (Rhydychen: Oxford University Press, 2015)

Downs, Laura Lee, 'From Womens' History to Gender History', yn Stefan Berger, Heiko Feldner, a Kevin Passmore (goln), *Writing History: Theory and Practice*, 2il arg. (Llundain: Bloomsbury, 2010)

Eley, Geoff 'Marxist historiography', yn Stefan Berger, Heiko Feldner a Kevin Passmore (goln), *Writing History: Theory and Practice*, 2il arg. (Llundain: Bloomsbury, 2010)

Evans, R. J. W., 'National historiography, 1850–1950: the European context', yn Neil Evans a Huw Pryce (goln), *Writing a Small Nation's Past: Wales in Comparative Perspective* (Farnham: Ashgate, 2013)

Foucault, Michel, 'Intellectuals and Power', yn Donald F. Bouchard a Sherry Simon (goln), *Language, Counter-Memory, Practice. Selected Essays and Interviews* (Cornell: Cornell University Press, 1977)

Harrison, Robert, Aled Jones a Peter Lambert, 'The Primacy of Political History', yn Peter Lambert a Phillipp Schofield (goln), *Making History: An Introduction to the Practices of History* (Llundain; Efrog Newydd: Routledge, 2004)

Himmelfarb, Gertrude, 'Telling it as you like it: postmodernist history and the flight from fact', yn Keith Jenkins (gol.) *The Postmodern History Reader* (Llundain; Efrog Newydd: Routledge, 1997)

Johnes, Martin a Nicholson, Bob, 'Sport History and Digital Archives in Practice', yn G. Osmond a M. G. Philips (goln), *Sport History in the Digital Era* (Chicago: University of Illinois Press, 2015)

Peter Lambert, 'Social History in Germany', yn Peter Lambert and Phillipp Schofield (goln), *Making History: An Introduction to the History and Practices of a Discipline* (Llundain; Efrog Newydd: Routledge, 2004)

Lambert, Peter, 'The professionalization and institutionalization of history', yn Stefan Berger, Heiko Feldner a Kevin Passmore (goln), *Writing History: Theory and Practice*, 2il arg. (Llundain: Bloomsbury, 2010)

Levi, Giovanni, 'On Microhistory', yn Peter Burke (gol.), *New Perspectives on Historical Writing* (Caergrawnt: Polity Press, 2001)

Lockridge, Larry, 'The Ethics of Biography and Autobiography', yn *Critical Ethics: Text, Theory and Responsibility*, gol. Dominic Rainsford a Tim Woods (Efrog Newydd: St Martin's Press, 1999)

Löffler, Marion, 'A Century of Change. The Eisteddfod and Welsh Cultural Nationalism', yn Krisztina Lajosi ac Andreas Stynen (goln), *Matica and Beyond: Cultural Associations and Nationalism in Europe* (Leiden; Boston: Brill, 2020)

Loughran, Tracey L., 'Cultural History', yn Stefan Berger, Heiko Feldner a Kevin Passmore (goln), *Writing History, Theory and Practice*, 3ydd arg. (Llundain: Bloomsbury, 2020)

Lüdtke, Alf, 'Introduction', yn Alf Lüdtke (gol.), *The History of Everyday Life: Reconstructing Historical Experiences and Ways of Life* (Chichester; Princeton, NJ: Princeton University Press, 1995)

Passmore, Kevin, 'Poststructuralism and History', yn Stefan Berger, Heiko Feldner a Kevin Passmore (goln), *Writing History: Theory and Practice*, 2il arg. (Llundain: Bloomsbury, 2010)

Prakash, Gyan, 'Postcolonial Criticism and History: Subaltern Studies', yn Axel Schneider a Daniel Woolf (goln), *The Oxford History of Historical Writing. Volume 5, Historical Writing since 1945* (Rhydychen: Oxford University Press, 2015)

Roberts, Michael, 'The Annales School and Historical Writing', yn Peter Lambert a Phillipp Schofield (goln), *Making History: An introduction to the history and practices of a discipline* (Llundain; Efrog Newydd: Routledge, 2004)

Roberts, Michael, 'Postmodernism and the Linguistic Turn', yn Peter Lambert and Phillipp Schofield (goln), *Making History: An Introduction to the History and Practices of a Discipline* (Llundain; Efrog Newydd: Routledge, 2004)

Sharpe, Jim, 'History from Below', yn Peter Burke (gol.), *New Perspectives on Historical Writing* (Caergrawnt: Polity Press, 1991)

Thomas, M. Wynn, 'Hidden Attachments', yn M. Wynn Thomas (gol.), *Corresponding Cultures: The Two Literatures of Wales* (Caerdydd: Gwasg Prifysgol Cymru, 1999)

Llyfryddiaeth

Tyrrell, Ian, 'Historical Writing in the United States', yn Axel Schneider a Daniel Woolf (goln), *The Oxford History of Historical Writing. Volume 5, Historical Writing since 1945* (Rhydychen: Oxford University Press, 2015)

Warren, John, 'The Rankean tradition in British historiography', yn Stefan Berger, Heiko Feldner a Kevin Passmore (goln), *Writing History: Theory and Practice*, 2il arg. (Llundain: Bloomsbury, 2010)

Welskopp, Thomas, 'Social History', yn Stefan Berger, Heiko Feldner a Kevin Passmore (goln), *Writing History: Theory & Practice*, 2il arg. (Llundain: Bloomsbury, 2010)

Chris Williams, 'Problematizing Wales: An Exploration in Historiography and Postcoloniality', yn Jane Aaron a Chris Williams (goln), *Postcolonial Wales* (Caerdydd: Gwasg Prifysgol Cymru, 2005)

Erthyglau

Anderson, Perry, 'Origins of the Present Crisis', *New Left Review*, 1/23, 1964), 26–53.

Berger, Stefan, 'Former GDR Historians in the Reunified Germany: An Alternative Historical Culture and Its Attempts to Come to Terms with the GDR Past', *Journal of Contemporary History*, 38/1 (2003), 63–83.

Bogue, Allan G., 'Frederick Jackson Turner Reconsidered', *The History Teacher*, 27/2 (Chwefror 1994), 195–221.

Brenner, Robert, 'Dobb on the Transition from Feudalism to Capitalism', *Cambridge Journal of Economics*, 2/2 (1978), 121–40.

Braw, J. D., 'Vision and revision: Ranke and the beginning of modern history', *History and Theory*, 46/4 (2007), 45–60.

Brobjer, Thomas H., 'Nietzsche's relation to historical methods and nineteenth-century German historiography', *History and Theory*, 46/2 (2007), 155–79.

Caplan, Jane, 'Postmodernism, Poststructuralism, and Deconstruction: Notes for Historians', *Central European History*, 22 (1989), 262–78.

Croll, Andy, '"People's remembrancers" in a post-modern age: contemplating the non-crisis of Welsh labour history', *Llafur*, 8/1 (2000), 5–18.

Crowe, Charles, 'The Emergence of Progressive History', *Journal of the History of Ideas*, 27/1 (1996), 109–24.

Davies, R. Rees, 'Marc Bloch', *Taliesin*, 11 (1965), 68–75.

Davin, Anna, 'The Only Problem Was Time', *History Workshop Journal*, 50/1 (2000): 239–45.

Evans, Neil, 'Writing the social history of Modern Wales' *Social History*, 17/3 (Hydref 1992), 479–92.

Fletcher, Roger, 'History from Below Comes to Germany: The New History Movement in the Federal Republic of Germany', *The Journal of Modern History*, 60/3 (1998), 557–68.

Genini, Ronald, 'The Fraser-Cariboo Gold Rushes: Comparisons and Contrasts with the California Gold Rush', *Journal of the West*, 2/3 (1972), 470–87.

Gilbert, Felix, 'What Ranke meant', *The American Scholar*, 56/3 (1987), 393–7.

Grafton, Anthony, 'The Footnote from De Thou to Ranke', *History and Theory*, 33/4 (1994), 53–76.

Gwyn, Marian, 'Wales and the memorialisation of slavery in 2007', *Atlantic Studies*, 9/3 (2012), 299–318.

Harris, Cole, 'How Did Colonialism Dispossess? Comments from an Edge of Empire', *Annals of the Association of American Geographers*, 94/1 (2004), 165–82.

Hexter, J. H., 'Fernand Braudel and the Monde Braudellien', *Journal of Modern History*, 44/4 (1972), 480–539.

Hill, Christopher, Rodney H. Hilton a Eric J. Hobsbawm, 'Past and Present. Origins and Early Years', *Past & Present*, 100 (1983), 3–14.

Hopkin, Deian, 'The Rise of Labour', *Llafur*, 6/3 (1994), 120–41.

Iggers, Georg G., 'Historiography in the Twentieth Century', *History and Theory*, 44/3 (2005), 469–76.

Jenkins, Dafydd, 'Llafur gwlad a chymdeithas II', *Y Traethodydd*, CXXIX, 53 (1974), 256–76.

Jenkins, Dafydd, 'Lévi-Strauss ac adeiliaeth', *Y Traethodydd* CXXXI, 59 (1976), 102–17.

Johnes, Martin, 'For Class and Nation: Dominant Trends in the Historiography of Twentieth-Century Wales', *History Compass*, 8/11 (2010), 1257–74.

Jones, Bill, 'Cymry "Gwlad yr Aur": Ymfudwyr Cymreig yn Ballarat, Awstralia, yn ail hanner y bedwaredd ganrif ar bymtheg', *Llafur*, 82 (2001), 41–62.

Jones, Richard Wyn, 'Kulturkampf! Gwleidyddiaeth y Deyrnas Gyfunol a'r Rhyfel Diwylliannol', *Barn*, 681 (Hydref 2019), 11–13.

Patrick Joyce, 'The End of Social History?', *Social History*, 20/1 (1995), 73–91.

Keirstead, Thomas, 'Inventing medieval Japan: the history and politics of national identity', *The Medieval History Journal*, 1/1 (1998), 47–71.

Lal, Vinay, 'Subaltern Studies and Its Critics: Debates over Indian History', *History and Theory*, 40/1 (2001), 135–48.

Lears, T. J. Jackson, 'The Concept of Cultural Hegemony: Problems and Possibilities', *The American Historical Review*, 90/3 (1985), 567–93.

Leeman, William P., 'George Bancroft's Civil War: slavery, Abraham Lincoln and the course of history', *New England Quarterly*, 81/3 (2008), 462–88.

Lloyd-Morgan, Ceridwen, 'Rhai Sylwadau ar Ferched a'r Gyfundrefn Addysg', *Y Traethodydd*, CXLI, 598 (1986), 6–11.

Manning, Patrick, 'Diversity: among historical practitioners, in research, and in teaching', *Perspectives on History*, 12 Mai 2016.

Matthews, Gethin, '"Y Dynion Mwyaf Diniwed ar Wyneb y Greadigaeth" – Y Cymry a Brodorion Columbia Brydeinig', *Y Traethodydd* CLXIV, 690 (2009), 147–56.

Nairn, Tom, 'The English Working Class', *New Left Review*, 1/24 (1964), 43–57.

O'Leary, Paul, 'Masculine Histories: Gender and Social History', *Cylchgrawn Hanes Cymru*, 22/2 (Rhagfyr 2004), 252–77.

Parker, David, 'The Communist Party and its Historians 1946–89', *Socialist History*, 12 (1997), 33–58.

Porter, Bernard, 'Further Thoughts on Imperial Absent-Mindedness', *Journal of Imperial and Commonwealth History*, 36/1 (2008), 101–17.

Pryce, Huw, 'John Edward Lloyd: hanesydd Cymru', *Y Traethodydd*, CLXVII, 701 (2012), 101–16.
Pryce, Huw, 'Medieval Welsh history in the Victorian age', *Cambrian Medieval Celtic Studies*, 71 (2016), 1–28.
Reid, Robie L., 'Captain Evans of Cariboo' in *British Columbia Historical Quarterly*, 2/4 (1938), 233–46.
Renton, David, 'Studying Their Own Nation Without Insularity? The British Marxist Historians Reconsidered', *Science and Society*, 69/4, (2005), 559–79.
Reynolds, David, 'International History, the Cultural Turn and the Diplomatic Switch', *Cultural and Social History*, 3/1 (2006), 75–91.
Rodman, Paul, 'Old Californians at British Gold Fields', *Huntington Library Quarterly*, 17/2 (1954), 161–72.
Rotter, Andrew J., 'Gender Relations, Foreign Relations: The United States and South Asia, 1947–1964', *The Journal of American History*, 81/2 (1994), 518–42.
Rowlands, John, 'Chwarae â chwedlau: cip ar y nofel Gymraeg ôl-fodernaidd', *Y Traethodydd*, CLI, 636 (1996), 5–24.
Scott, Joan, 'Gender. A Useful Historical Category', *The American Historical Review*, 91/5 (1996), 1053–95.
Said, Edward, 'Orientalism once more', *Development and Change*, 35/5 (2004), 869–79.
Samuel, Raphael 'British Marxist Historians 1880–1980', *New Left Review*, 1/120 (1980), 21–96.
Samuel, Raphael, 'Reading the Signs', *History Workshop Journal*, 32/1 (1991), 88–109.
Samuel, Raphael, 'Reading the Signs: II. Fact-grubbers and Mind-readers', *History Workshop Journal*, 33/1 (1992), 220–51.
Sawyer, Stephen W., 'Authorship and agency: George Bancroft's democracy as history', *Revue française d'études américaines*, 118/4 (2008), 49–66.
Schweizer, Karl W., a Schumann, Matt J., 'The Revitalization of Diplomatic History: Renewed Reflections', *Diplomacy and Statecraft*, 19/2 (2008), 149–86.
Scott, Joan W., 'Gender: A Useful Category of Historical Analysis', *The American Historical Review*, 91/5 (1986), 1053–75.

Stone, Lawrence, 'History and Post-Modernism III', *Past and Present*, 135/1 (1992), 189–94.

Thomas, Keith, 'History and Anthropology', *Past and Present*, 24/1 (1963), 3–24.

Tollebeek, Jo, 'Seeing the past with the mind's eye: the consecration of the Romantic historian', *Clio*, 29/2 (2000), 167–91.

Tollebeek, Jo, '"Turn'd to dust and tears": revisiting the archive', *History and Theory*, 43/2 (2004), 237–48.

Vitzthum, Richard C., 'Theme and method in Bancroft's *History of the United States*', *New England Quarterly*, 41/3 (1968), 362–80.

von Humboldt, Wilhelm, 'The historian's task' [1821], *History and Theory*, 6/1 (1967), 57–71.

Wallach Scott, Joan, 'Gender: a useful category of historical analysis', *American Historical Review*, 91/5 (1986), 1053–75.

Westad, Odd Arne, 'The New International History of the Cold War: Three (Possible) Paradigms', *Diplomatic History*, 24/4 (2000), 551–65.

Weeks, Jeffrey, 'Foucault for Historians', *History Workshop Journal*, 14/1 (1982), 106–19.

White, Hayden, 'The Burden of History', *History and Theory*, 5/2 (1966), 111–34.

White, Hayden, 'The Question of Narrative in Contemporary Historical Theory', *History and Theory*, 23/1 (1984), 1–33.

Whitelock, Anna, 'Studying history is the passport to the future', *BBC History Magazine*, Hydref 2015.

Wickham, Chris, 'The Uniqueness of the East', *Journal of Peasant Studies*, 12/2–3 (1985), 166–96.

Mynegai

achosiaeth vii, 5, 7, 8, 9
Affrica 22, 113, 117, 143, 158
Affricanaidd 142
   Affricaniaid 141, 146
   Affro-Americanaidd 100
Ail Ryfel Byd, Yr 11, 15, 29, 72, 78, 95, 96, 100, 101, 106
Alecsander Fawr 49
Alexander, Sally 15
Algeria 142
Almaen, Yr 26, 27, 47, 48, 52, 55, 56, 57, 58, 59, 74, 77, 93, 98, 99
   Dwyrain yr Almaen 99
   Gorllewin yr Almaen 98, 99
   Ymerodraeth yr Almaen 55, 57
Anderson, Benedict 135, 136, 137, 144, 146
Anderson, Perry 69, 77, 84
Annales, Ysgol 11, 12, 29, 77, 96, 97, 119, 120, 121, 124, 126
   Annales d'histoire économique et sociale 28, 119
Annales Cambriae 4
anthropoleg 29, 32, 56, 113, 114, 115, 116, 117, 121, 122, 123, 125, 126, 156
aradeiledd ix, 66, 68, 70, 72, 73, 74, 76, 77, 82, 83
archifau 9, 14, 46, 48, 52, 53, 54, 55, 56, 104, 117, 161
Arglwydd Penrhyn 159
Ariannin, Yr 143
Aristeas 6

Arnold, Matthew 144
Arthur 4
Arthuraidd 51, 147
Asia 6, 69, 143, 147
   Asiaidd 69
Auclert, Hubertine 15
Awstralia 143
Azande 113, 114, 116, 117, 120, 125

Bafaria 52
Bancroft, George 50, 56
Barthes, Roland 12, 13, 105
Beda 4
Beddoe, John 114
Bernal, J. D. 78
Bernstein, Eduard 73
Bhabha, Homi K. 145, 146
Black Lives Matter 157, 159, 160
Blackburn, Robin 84
Blackledge, Paul 72
Bloch, Marc 11, 28, 29, 119, 120
Bohata, Kirsti 147
Bohemia 50
Bolsieficiaid 28
   Chwyldro Bolsieficaidd 73, 74
Bonaparte, Napoleon 47
Braudel, Fernand 120
Brenner, Robert 71
Brutus 4

caethwasiaeth 67, 84, 100, 101, 158, 159, 160
Carr, E. H. 2, 3, 4, 5, 6, 7, 8, 155, 157

Casnewydd 51
cenedl 16, 47, 48, 50, 51, 53, 54, 59, 115, 135, 159
cenedlaethol 4, 10, 14, 17, 18, 27, 45, 46, 47, 48, 49, 50, 54, 55, 56, 58, 59, 77, 78, 109, 135, 156, 160, 161
cenedlaetholdeb 45, 59, 108, 136
cenedlaetholgar 10, 108
Cicero 6
clasurol 2, 4, 45
Cohen, G. A. 70, 72
Collingwood, R. G. 8
Colston, Edward 157
Comintern 73, 78
Comisiwn Brenhinol Henebion Cymru 161
Comiwnyddiaeth 15
  comiwnyddol 12, 69, 73, 99
  pleidiau comiwnyddol 30, 78, 79, 80, 95
  Y Maniffesto Comiwnyddol 71
Communist Party Historians' Group 94, 95
Corbin, Alain 121
crefydd 14, 65, 119, 130, 144,
  crefyddol xi, 5, 9, 83
Cromwell, Oliver 119
Curtis, Ben 140
cyfalafiaeth 65, 68, 71, 79, 80
cyfalafol vii, ix, 1, 12, 69, 73, 75, 82, 83
cyfundrefn vii, x, 12, 27, 30, 31, 70, 77, 106, 107, 116, 125, 131, 132, 134
cyhoeddus x, 35, 38, 101, 133, 139, 140, 159, 160
cymdeithas(au) vii, ix, x, 10, 11, 12, 14, 15, 18, 23, 28, 29, 32, 34, 35, 38, 65, 66, 69, 70, 71, 75, 76, 81, 82, 83, 85, 94, 97, 99, 100, 102, 103, 104, 105, 107, 113, 114, 115, 116, 117, 118, 119, 120, 121, 123, 124, 126, 131, 132, 133, 137, 138, 156, 157, 159, 161, 162
  chwyldro cymdeithasol 29, 71
  cymdeithas sifil 75, 76
  cymdeithaseg 11, 14, 28, 77, 119, 120, 135
  cymdeithasol vii, viii, ix, x, xi, 5, 8, 11, 12, 13, 14, 15, 18, 29, 30, 36, 37, 38, 65, 66, 68, 69, 70, 71, 72, 78, 81, 82, 83, 84, 93, 94, 96, 97, 98, 100, 102, 104, 105, 107, 109, 113, 115, 119, 120, 124, 126, 130, 132, 133, 134, 139, 140, 141, 144, 156, 157, 159
  gwyddorau cymdeithasol viii, 13, 67, 73, 98, 99, 106, 116, 124, 134
  hanes cymdeithasol 11, 12, 22, 27, 28, 38, 50, 66, 67, 77, 79, 80, 84, 85, 103, 105, 135, 137, 138, 139, 142, 147
Cymru 17, 29, 30, 51, 66, 102, 103, 114, 135, 137, 139, 141, 143, 144, 145, 146, 147, 148, 159, 160, 161
Cymreig 10, 38, 51, 137, 139, 143, 146, 159

Chwigaidd 9, 11, 49, 80, 81, 115
Chwilys vii, 97, 98
Chwith Newydd, Y 79, 95, 100
chwyldro 75, 78, 80
  Chwyldro Bolsieficaidd 73, 74
  chwyldro cymdeithasol 29, 70, 71
  chwyldro democrataidd 80
  Chwyldro Diwydiannol 1, 93, 94, 95, 118, 142

Mynegai

Chwyldro Ffrengig 46, 48, 82, 136
Chwyldro Gogoneddus 48
Chwyldro Gorffennaf Ffrainc 55
chwyldro gwleidyddol 28
chwyldro gwyddonol 2
Chwyldro Haitïaidd 78
Chwyldro Seisnig 77, 80, 83

dadgoloneiddio 17, 157, 158
damcaniaeth vii, viii, ix, x, 2, 4, 7, 8, 9, 11, 15, 27, 37, 51, 65, 67, 72, 73, 74, 75, 77, 79, 94, 98, 99, 106, 119, 131, 133, 137, 140, 141, 145, 146, 155, 156
Damcaniaeth Cadi viii, 141
Darnton, Robert 121, 122, 123
darostyngol 18, 93, 105, 106, 107, 108, 109, 139, 142, 146, 147
Davidoff, Leonore 124
Davies, Russell 103
Davies, Sioned 147
De Affrica 157
de Beauvoir, Simone 15
de Saussure, Ferdinand 13, 31, 32, 131
de Ste. Croix, G. E. M. 84
democratiaeth 11, 12, 50
democrataidd 48, 55, 80, 99, 100, 144, 161
democrateiddio 18, 48, 51, 156
Denmarc 58
Derrida, Jacques 12, 33, 105
Deyrnas Gyfunol, Y 58, 96
Dilley, Andrew 21
Dimitrov, Georgi 78
diplomyddiaeth 10, 12, 14, 54, 55
diplomyddol 9, 11, 155

disgwrs viii, xi, 13, 15, 34, 35, 36, 38, 105,129, 131, 132, 133, 134, 135, 136, 138, 139, 140, 141, 142, 143, 144, 145, 147
diwylliant x, 1, 10, 16, 23, 36, 37, 38, 47, 48, 51, 53, 75, 76, 77, 81, 83, 95, 96, 100, 105, 106, 109, 115, 118, 119, 120, 123, 124, 125, 126, 134, 136, 137, 144, 146, 147
diwylliannol ix, xi, 5, 9, 14, 15, 17, 18, 22, 29, 38, 47, 65, 66, 68, 70, 75, 81, 83, 96, 99, 100, 106, 109, 118, 119, 120, 125, 131, 135, 139, 145, 146, 147, 156
hanes diwylliannol 30, 37, 38, 39, 50, 67, 82, 84, 124, 129, 132, 133, 134, 136, 137, 141, 143
Rhyfel Diwylliannol 158
tro diwylliannol 12, 13, 14, 16, 37, 124, 126, 129, 131, 134, 139, 155
Diwygiad Protestannaidd 54
Dobb, Maurice 79
Dosbarth ix, 1, 14, 15, 33, 66, 68, 69, 70, 71, 72, 75, 76, 77, 79, 80, 81, 82, 83, 84, 124, 129, 132, 138, 139, 156
dosbarth gweithiol vii, 33, 71, 74, 75, 76, 77, 81, 82, 94, 95, 96, 102, 103, 104, 118, 119, 137, 138, 142, 145, 159
dosbarth llywodraethol (rheoli) ix, 35, 71, 75
Downs, Laura Lee 105
Drydedd Gymdeithas Gydwladol, Y 73, 74
Durkheim, Emile 11, 119

Llunio Hanes

Duw 5, 10, 11, 50, 52, 53
Dwyreinoldeb 36

economaidd ix, x, xi, 1, 5, 8, 11, 12,
15, 18, 21, 22, 23, 28, 29, 35, 65,
66, 67, 68, 70, 74, 76, 77, 78, 79,
81, 83, 94, 95, 98, 100, 106, 107,
108, 124, 139, 156
Edwards, O. M. 56
Eidal, Yr 29, 54, 58, 93, 96, 98, 101,
106
Einstein, Albert 27
Eley, Geoff 85
empiriaeth 2, 3, 8
 empiraidd 8, 9, 10
 empirwyr 9
Engels, Friedrich 67, 68, 69, 70, 71,
72, 73, 94
epistemoleg viii, 2, 3
Evans-Pritchard, Edward Evan
113, 114, 116, 117, 118, 120,
125
Ewrop 11, 24, 26, 27, 30, 46, 47, 49,
51, 52, 54, 59, 75, 81, 82, 95, 96,
100, 108, 125, 131, 135, 136, 139,
143, 144, 147, 156
 Ewropeaidd xi, 9, 45, 50, 55, 58,
 59, 82, 106, 108, 115, 125,
 136, 139, 141, 142, 143, 144,
 158

Febvre, Lucien 11, 28, 119
Federici, Sylvia 84
Ffederasiwn Glowyr De Cymru
103
ffeministiaeth 95, 104
 ffeministaidd 13, 15, 37, 79, 84,
 104
ffiwdaliaeth 68, 71, 79, 80
 ffiwdal 69, 81, 100

Ffrainc 28, 29, 47, 48, 50, 52, 55, 58,
77, 93, 96, 97, 119, 121, 133, 142,
146
Ffrancis, Hywel 103
Fichte, Johann Gottlieb 47
Floyd, George 157
Foucault, Michel viii, 12, 13, 34, 35,
36, 105, 131, 132, 133, 138, 139
Frankopan, Peter 147
Freeman, E. A. 56
Friedan, Betty 15

galluedd xi, 5, 7, 8, 24, 29, 37, 94,
95, 99, 100, 104, 107, 109, 158
Gandhi, Mahatma 107
Geary, Patrick 45, 59
Geertz, Clifford 122, 123, 124, 126
Genovese, Eugene 77, 84, 100
Gibbon, Edward 3, 4
Gildas 4
Gilroy, Paul 146
Ginzburg, Carlo 98, 122
globaleiddio 16, 17
goddrychedd ix, 102, 130
 goddrychol ix, 21, 98, 101
Goldblatt, David 17
Gramsci, Antonio ix, 29, 67, 73, 74,
75, 76, 77, 106, 142
Green, J. R. 27
Groeg viii, 3, 6
Guha, Ranajit 107, 108
Gutman, Herbert 84
gwladwriaeth x, 14, 24, 26, 34, 46,
50, 59, 75, 81, 94, 98, 108, 140,
143, 144, 156
 cenedl-wladwriaeth 16, 26, 47,
 50, 51, 58,
gwleidyddiaeth 12, 14, 16, 95, 124
 gwleidyddol x, 2, 9, 11, 12, 14,
 15, 16, 18, 21, 22, 24, 25, 26,

Mynegai

27, 28, 30, 36, 38, 46, 47, 49, 50, 51, 52, 54, 58, 66, 68, 70, 74, 76, 77, 79, 80, 81, 82, 83, 94, 95, 100, 102, 103, 104, 106, 107, 108, 115, 119, 138, 139, 142, 144, 156, 158
gwrachod 113, 116, 122, 142
gwrthrychedd ix, 7, 29, 130
gwyddoniaeth xi, 8, 9, 11, 74, 78, 125, 138
gwyddonol x, 9, 11, 25, 27, 29, 46, 56, 57, 58, 59, 114
chwyldro gwyddonol 2

Habermas, Jürgen x, 140
Hall, Catherine 85, 124
hanes llafar 6, 98, 99, 101, 102, 103, 105, 109
hanes llafur 29, 30, 66, 67, 81, 102, 103
hanesiaeth ix, 9, 10, 25
Hartley, L. P. 10
Hawliau Sifil 100, 156
Hay, Douglas 77
Hecataeus 6
Hechter, Michael 143
Hegel, Georg 68
hegemoni ix, 75, 76, 77, 106
    hegemonig 131, 132, 133, 135, 138, 139, 141, 142, 143, 144
    hegemonaidd 75, 76, 77
Heinrich I (Brenin) 59
Helfa Wrachod 84
Hempel, Carl 7, 8
Herodotus 6
Hessen, Boris 78
Hexter, J. H. 81, 157
hiliaeth 17, 114, 141, 157, 158, 160
Hill, Christopher 66, 77, 78, 79, 80, 81, 83, 95, 118

Hilton, Rodney 66, 77, 79, 80, 81
Himmelfarb, Gertrude 39
Hiroshima 129
History Workshop Journal 104
Hitler, Adolf 7, 8
Hobsbawm, Eric 66, 77, 79, 80, 81, 82, 94, 102, 137
hollfydol 16, 17, 78, 155, 158
Hopkin, Deian 103
Hroch, Miroslav 137
hunaniaeth 1, 4, 15, 23, 37, 38, 50, 84, 95, 96, 139, 156, 157
Hunt, Lynn 124
Hutnyk, John 145
Hwngari 95
hynafol 2, 17, 47, 69, 117, 136, 144

iaith viii, 13, 30, 31, 33, 37, 47, 48, 51, 84, 105, 123, 124, 134, 136
ieithyddol xi, 5, 31, 32, 37
ideoleg ix, 8, 12, 16, 45, 47, 66, 70, 75, 81, 83, 95, 99, 108
ideolegol 68, 69, 78, 83, 99, 108
Iggers, George G. 14, 17, 35
imperialaeth vii, 17, 82, 95, 158
India 15, 49, 59, 93, 106, 107, 108, 142, 144, 145
isadeiledd ix, 66
Israel 45
Iwerddon 59, 114

Jamaica 159
James, C. R. 78
Japan 46, 59
Jenkins, Dafydd 31
Jenkins, R. T. 10
Johnes, Martin 102, 143
Jones, Bill 38
Jones, Gareth Stedman 138

Jones, Richard Wyn 143
Joyce, Patrick 138

Kautsky, Karl 73, 74, 77
Kiernan, Victor 80, 82
Knox, Robert 114
Kohn, Hans 26

Laqueur, Thomas 125
Latour, Bruno 125
Le Roy Ladurie, Emmanuel 97, 98
Leerssen, Joep 47
Lefelwyr 80, 188
Lenin 73, 77
Lévi-Strauss, Claude 32, 119, 120, 121, 123, 126
Lincoln, Abraham 7
Linebaugh, Peter 84
Lloyd, J. E. 57
Lloyd-Morgan, Ceridwen 14
Lüdtke, Alf 99
Luxemburg, Rosa 77

Llafur 51, 68, 71, 77
   Aristocratiaid Llafur vii, 82
   Cylchgrawn *Llafur* 30
   Hanes Llafur 29, 30, 66, 67, 81, 102, 103
   Pleidiau Llafur 11
   Undebau Llafur 75
Lloegr 26, 27, 28, 29, 49, 50, 51, 52, 53, 54, 77, 81, 94, 114, 139, 146
Llyfrgell Genedlaethol Cymru 160

Macaulay, Thomas Babington 48, 49, 115
Malinowski, Bronisław 115
Manning, Brian 80
Manning, Patrick 156

Marcsiaeth 65, 70, 73, 74, 76, 83, 98, 107, 109, 142
Marx, Karl ix, 7, 11, 28, 65, 66, 67, 68, 69, 70, 71, 72, 73, 76, 94, 98, 106
materoliaeth hanesyddol ix, 65, 67, 68, 69, 72, 73, 74, 76
Maximilian II 52
Meiksins-Wood, Ellen 84
menywod viii, x, 14, 15, 18, 23, 36, 37, 45, 93, 101, 103, 104, 105, 108, 109, 134, 138, 139, 140, 141, 142, 157
Merthyr 51, 93
Michelet, Jules 48, 49, 53
Mill, James 158
milwrol 9, 11, 22, 27, 35
modern 2, 3, 10, 15, 17, 18, 25, 30, 45, 46, 51, 52, 54, 55, 59, 67, 81, 84, 97, 102, 116, 117, 118, 129, 131, 132, 133, 136, 140, 142, 144, 155, 158, 160, 161
modernaidd 130, 131
moesoldeb ix, 65, 70, 76
Morganwg, Iolo 51
Moroco 142
Morton, A. L. 78
Mukherjee, Supriya 17
Mussolini, Benito 101, 106

Naidu, Sarojini 15
Nairn, Tom 77
naratif 26, 27, 33, 37, 39, 49, 98, 158
Natsïaeth 99
   Natsïaid 8
Nehru, Jawaharlal 107
Nennius 4
Newton, Isaac 78
Niebuhr, Barthold Georg 53

Mynegai

Oesoedd Canol, Yr 2, 4, 29, 45, 47, 50, 51, 52, 54, 57, 59, 67 97, 147, 155
O'Leary, Paul 139
ôl-fodern 12, 13, 14, 31, 33, 37, 39, 106, 108, 109, 129, 131, 135, 138, 147
ôl-foderniaeth 129, 130
ôl-fodernaidd 31, 84, 105, 131, 142
ôl-strwythuraeth 131, 139
ôl-strwythurol 13, 31, 33, 37, 129, 131, 134, 135, 137, 143, 147
Owen, Robert 159

Palacký, František 50
papurau Newydd 160
Paris 121
Passerini, Luisa 101
Past and Present 80, 117
pau x, 139, 140
penderfyniaeth x, 37, 94, 98, 106, 107
penderfyniaethol 8, 66, 74, 83
Persia 6
Picton, Syr Thomas 159, 160
Plaid Gomiwnyddol yr Eidal 98, 106
Plaid Gomiwnyddol Brydeinig 77, 78, 79, 95, 109
Planck, Max 99
Plekhanov, Georgi 73, 74
Portelli, Alessandro 101
Positifiaeth x, 8, 9
Powel, David 51
Price, Adam 143
Price, Thomas (Carnhuanawc) 50, 51
Pritchard, James Cowles 114

Prost, Antoine 30
Prwsia 26, 47, 52, 54, 55
Prydain 1, 11, 22, 28, 29, 34, 35, 49, 77, 78, 82, 93, 94, 95, 96, 97, 98, 100, 107, 139, 142, 146, 157, 159, 160
Prydeinig 22, 67, 71, 78, 79, 80, 82, 83, 84, 107, 144, 157, 158, 160

Rediker, Marcus 84
Rhodes, Cecil 157
Rigby, Stephen H. 72
Roberts, Gwyneth Tyson 145
Roosevelt, Franklin D. 100
Rostow, W. W. 12
Rotter, Andrew 15
Rowbotham, Sheila 15, 84, 104
Rowlands, John 33
Royal Anthropological Institute 114
Rudé, George 95
Ryle, Gilbert 123

Rhagluniaeth Duw 10, 50, 51
rhamantiaeth 48
Rhufain 45, 47, 53
Rhufeinig 3, 6, 47, 52, 54
Rhydychen 25, 56, 157
rhyfel 7, 14
Ail Ryfel Byd 11, 29, 15, 72, 78, 95, 96, 100, 101, 106
Rhyfel Byd Cyntaf 11, 27, 28, 35, 74
Rhyfel Cartref America 100
Rhyfel Cartref Lloegr 54, 78, 80, 81
Rhyfel Diwylliannol 158
Rhyfel Fietnam 100
Rhyfel Oer, Y 11, 16, 100

Llunio Hanes

rhywedd viii, x, 14, 15, 36, 37, 105, 125, 129, 135, 137, 138, 139, 140, 141, 142, 145, 147, 156, 157

Said, Edward 36, 125, 143
Samuel, Raphael 13, 94
Satia, Priya 158
Sbaen vii, 58, 97 ,142, 146
Scandella, Domenico 98
Scott, Joan Wallach 140
Scott, Walter 47
Seeley, John Robert 158
Siarlymaen 47
siartwyr 95
Sieffre o Fynwy 4
Smith, Anthony D. 137
Smith, Dai 103
Sonderweg 99
Southcott, Joanna 82
Stalin x, 70
  Staliniaeth x, 70, 73, 74, 76
strwythur viii, xi, 5, 7, 31, 33, 37, 69, 81, 83, 100, 108, 134
  strwythurol xi, 5, 7, 8, 13, 24, 28, 29, 32, 33, 66, 76, 77, 85, 99, 131, 136
Stubbs, William 25

Tawney, R. H. 12
Taylor, A. J. P. 7
testunau viii, xi, 4, 6, 10, 14, 17, 22, 33, 39, 45, 47, 48, 55, 94, 104, 108, 117, 124, 129, 132, 133, 134, 144, 145, 147, 155
Thomas, Keith 94, 117, 118, 122
Thomas, M. Wynn 147
Thompson, Dorothy 79, 94, 95
Thompson, E. P. 12, 29, 66, 71, 77, 79, 80, 82, 94, 95, 96, 100, 102, 104, 107, 109, 118, 137

Thompson, Paul 101
Thompson, Steven 140
Torr, Donna 79
traddodiadol 2, 9, 10, 11, 14, 15, 16, 24, 29, 33, 36, 51, 97, 98, 101, 103, 109, 124, 156, 158, 161
trefedigaeth(au) 22, 50, 82, 106, 107, 108, 125, 129, 131, 134, 141, 142, 143, 144, 145, 146, 157, 158, 160
Trevelyan, G. M. 27
Trinidad 160
trydydd byd 16
Turner, Frederick Jackson 26

Undeb Sofietaidd x, 66, 70, 79, 82, 95
UNESCO 159
Unol Daleithiau'r Amerig 7, 15, 16, 26, 46, 50, 56, 59, 93, 99, 100, 129, 143, 100

Vico, Giambattista 48
Victoria (Brenhines) 34, 38
von Bismarck, Otto 55
von Herder, Johann Gottfried 47
von Humboldt, Wilhelm 53
von Metternich, Klemens 55
von Ranke, Leopold 9, 11, 16, 23, 24, 25, 26, 27, 38, 46, 51, 52, 53, 54, 55, 56, 57, 58, 59, 155, 161
von Savigny, Friedrich Carl 53
von Treitschke, Heinrich 55

Wagg, Stephen 17
Wang, Q. Edward 17
Webb, Beatrice 102
Webb, Sidney 102
Weber, Max 11
Westad, Odd Arne 16

Mynegai

White, Hayden 13, 32
Whitelock, Anna 162
Wickham, Chris 69, 85
Wilhelm I 26, 56
Williams, Chris 143, 146
Williams, Gwyn Alf 66, 135, 137
Winter, Jay 30
Woolf, Daniel 17

ymerodraeth 144, 158
    Ymerodraeth Alecsander Fawr 49

Ymerodraeth Awstria 55
Ymerodraeth Awstro-Hwngaraidd 50
Ymerodraeth Brydeinig 22, 34, 49, 107, 158
Ymerodraeth Rufeinig 3
Ymerodraeth Rufeinig Sanctaidd 47
Ymerodraeth Yr Almaen 26, 47, 55
Ymoleuad, Yr (Ymoleuo) xi, 2, 9, 11, 46, 136, 137, 142, 158